江苏省基础教育前瞻性教学改革实验项目（重大研究项目）
"物型课程建设的研究与推广"成果系列丛书

物型课程
教育的空间诗学

刘　慧　李云华　蒋秋华　著

东南大学出版社
SOUTHEAST UNIVERSITY PRESS
·南京·

图书在版编目（CIP）数据

物型课程：教育的空间诗学 / 刘慧，李云华，蒋秋华著 . —南京：东南大学出版社，2020.11

（江苏省基础教育前瞻性教学改革实验项目（重大研究项目）"物型课程建设的研究与推广"成果系列丛书）

ISBN 978-7-5641-9125-2

Ⅰ.①物… Ⅱ.①刘…②李…③蒋… Ⅲ.①课程建设－教学研究－小学 Ⅳ.① G622.3

中国版本图书馆 CIP 数据核字（2020）第 181041 号

物型课程　教育的空间诗学
Wuxing Kecheng Jiaoyu De Kongjian Shixue

著　　者　刘　慧　李云华　蒋秋华	责任编辑　陈　跃
电　　话　025（83795627）	电子邮箱　chenyue58@sohu.com
出版发行　东南大学出版社	出 版 人　江建中
地　　址　南京市四牌楼 2 号	邮　　编　210096
销售电话　（025）83794121/83795801	
网　　址　http://www.seupress.com	
经　　销　全国各地新华书店	印　　刷　南京迅驰彩色印刷有限公司
开　　本　700 mm×1000 mm　1/16	印　　张　17.5
字　　数　331千字	
版 印 次　2020年11月第 1 版　2020年11月第 1 次印刷	
书　　号　ISBN 978-7-5641-9125-2	
定　　价　62.00元	

＊本社图书若有印装质量问题，请直接与营销部联系。电话：025-83791830。

《江苏省基础教育前瞻性教学改革实验项目（重大研究项目）
"物型课程建设的研究与推广"成果系列丛书》

编委会主任：孙其华　马　斌
主　　　编：陈瑞昌　陈　宁
编委会成员：林慧敏　王笑梅　庄惠芬　刘　慧
　　　　　　陈燕飞　储昌楼　刘湉祎　孙陆培

《物型课程　教育的空间诗学》
著　　　者：刘　慧　李云华　蒋秋华

总　序

教育理念作为一定历史时期人们对教育发展的理性认识，体现了教育的价值取向和理想追求，是教育改革发展的重要价值引领和实践导向。

在过去数十年中，伴随着教育理念的变革，全球教育正在经历一场"范式转换"的革命。20世纪70年代开始，西方的教育科学研究由探究普适性的教育规律转向寻求情景化的教育意义。课程研究开始超越以"泰勒原理"为典型代表的具有工具理性主义取向的"课程开发范式"转向"课程理解范式"，对课程的理解不再简单定义为"跑道"，而是转为一种多元的"文本"，对教学的研究亦走出教育心理学的单一视域，"开始运用多学科的'话语'来解读教学的无尽意义"。育人模式从封闭式的知识传授系统转向以"素养中心、能力中心、学生中心"为特征的开放式的学习社区。

20世纪80年代开始，中国教育也拉开了现代化的序幕，教育范式从"应试教育"转向"素质教育"、课程范式从"灌输传递"转向"对话中心"，教育思潮从"教师中心"转向"儿童中心"再到"双主体"……教育现代化在学者的争鸣论辩、国家方案的迭代更新和教育实践的持续检验中深入推进。情境教育、跨学科课程、主题学习课程及体验式学习、浸润式学习等得到广泛实践，课程多样化渐成常态。

物型课程正是在时代内涵充分发展与教育范式转型变革的历史背景下，由江苏教育人进行的一次前瞻性理念探索与创新性教育实践。它历经了近7年的实践探索与理论推演。

2013年12月4日，时任省教育厅基教处处长马斌在《江苏教育报》发表了《物型课程：环境育人的新维度》一文，首次明确了物型课程的概念，并从"四个空间"进行了阐述。2016年6月，《江苏教育报》连续刊发物型课程系列文章，进一步阐发了物型课程的内涵、具体表现和实施途径，省内外多家媒体予以转载。2017年7月，省教育厅文件《关于启动实施江苏省中小学省品格提升工程的通知》（苏教基〔2017〕4号）中明确提出：重视全过程的校园物型课程建设，体现物态造型的教育价值、课程意识、学科文化、人文寓意和学生身心需求。2018年6月1日，由江苏教育报刊总社牵头实施的"物型课程建设的研究与推广"被批准为江苏省基础教育前瞻性教学改革实验项目（重大研究项目）。从理论研究层面，教育部原副部长王湛，江苏省委教育工委副书记苏春海、徐子敏，江苏省教科院副院长王国强，知名教育专家杨九俊、成尚荣、彭钢、倪娟、操太圣等对物型课程的基本内涵、理论架构、实践原则等进行了专业指导。专家们认为，物型课程拓展了优质教育的内涵，拓展了发展素质教育的空间，拓展了深化课程改革的路径；物型课程是教育媒介功能价值的再发现，是对传统教育观念、课程模式、教学方式的再突破，是在新的时代背景下实现教育根本任务新路径新方式的新探索；物型课程项目为推动基础教育改革和江苏教育现代化开拓了新场域，贡献了新方案，探索了新经验；物型课程体现的最为重大的意义就是由物关联起学校全部的生活意义、价值所在，让学生从认识物体到探究物体最后转为对物的创造力，由此建构起课程；要从建筑美学的角度去理解优美的校园环境的特征和基本元素，由美学主客体间的对话，产生独特的体验、认知和情感，形成与显性课堂教学的功能互补。

在项目运作过程中，江苏教育报刊总社充分发挥媒体平台和组织优势，建构了以设区市执行学校为核心，中小幼各学段基地学校为主体的行动方阵，形成了执行学校、基地学校分层研建推进，五大区域研建联盟合作的立体化研建网络。同时，由全国、省知名学者，教育专业媒体专家，基础教育研究领域专家，及一线校长、骨干教师组成项目研究的专业团队，为项目实施提供专业保障。江苏一大批名校名师参与到物型课程研建之中。项目研建始终坚持"贴近学校现场的实证研究与基于证据的教育思考"，在区域调研、区域研讨和学校行动研究中不断开展概念反思、逻辑反思和实践反思，致力于结构更为丰满系统的课程形态与结构，物型课程研究成果不断涌现，截至2020年9月，《人民教育》《江苏教育》《江苏教育报》等媒体以专栏、专版的形式，刊载了近40篇物型课程研究文章。项目组分别在张家港市实验小学、淮安市周恩来红军小学、常州市武进区星河实验小学、阜宁师范学校附属小学、南通市通州区实验小学、南京市金陵中学河西分校举办了物型课程专题研讨活动，形成了在实践研讨中实现理念推进升华的双螺旋式的理论建构路径。

学校空间变革—场馆建设—课程建构—教与学方式演进—儿童学习意义重构……从立项到研建推进的两年时间里，项目组逐步形成了自己的理念架构。在物型课程的概念界定上，我们认为物型课程是以物为载体，以型为着力点，以学习者能力素养提升与意义建构为核心的综合化课程体系，是学校物质空间教育意蕴的总体设计和综合育人载体，是国家整体教育观统领下的校本课程探索与实践。物型课程从中国古代的格物致知思想、马克思主义唯物史观、现代建构主义环境理论中汲取教育智慧，充分挖掘"物"的教育意蕴，开发覆盖整座校园的课程资源、物型育人模式具有"以物育人""在场学习""全域学习生态""文化塑形""智慧情境探究"等特征，重点培养学生5种能力——"物道"，即道德养成；"物理"，即学习能力；"物情"，即人格情感；"物趣"，即审美能力；"物行"，即实践能力。

物型课程超越传统的环境课程和学科课程，整合教育、建筑、文化等资源，形成贯通办学理念、历史、特色的综合课程，也是符号性的个性化校园课程。物型课程通过空间形态、学习方式的深度革新来全面升级校园建筑设施的教育意蕴，升级学习空间及其价值，实现主体赋权，它试图建构一种全新的学习系统，整个校园就是一个"活着"的学习系统，它提供一个全域的生长的学习情境系统，使学习者置身于真实生活，置身于本原世界，通过手脑体验感知、智慧情境互动等新型教育方式，在元认知层面实现主体知识建构与意义生成。公共教育系统负责提供主体教育资源支持，学习者在全域学习系统中获取智慧给养，建构深度认知，其创造性发现与探究亦可为全域学习系统不断带来新的生长点。由此，物型课程建构着一种公共教育体系与个体学习方式有机融合、系统生长的新型教育生态。

教育理念的产生与演绎始终是在教育实践的土壤中生发的，也必然离不开教育实践的历史检验。但凡真正有历史价值的教育理念，无不遵循这样的发展规律——由教育实践产生教育命题，由教育命题产生教育概念，由教育概念推演教育命题，由教育命题指导教育实践，这是一个循环往复、螺旋上升的过程。物型理念的产生发展就遵循这样的逻辑。相应的，作为《江苏省基础教育前瞻性教学改革实验项目（重大研究项目）"物型课程建设的研究与推广"成果系列丛书》，在结构方面也必然遵循这样的基本逻辑。《物型课程 理论探索与实践路径》是项目整体理论体系与实践框架，《蕊春物语 物型课程的探索与实践》《教育与设计 物型课程场馆建设的维度》《物型课程 教育的空间诗学》《物型课程 打开创想城里的儿童学习》4本专著分别从课程范式研究、场馆设计与课程建构、教育的空间变革、未来学习方式转型等维度对物型课程进行了全方位解读。其理论内核紧密相关，呈现维度各自不同，既可以相互印证，又得以相互补充，五位一体共同构成物型理念与实践的开放、多元化系统。

当然，我们非常清楚地认知到，尽管物型课程是在传统优秀文化和教育智慧结晶中不断孕育生长的系统，它充盈着丰富的活力和可能，但它还处于理论体系和实践形态的雏形阶段，仍然不尽完善，其存在或超越唯有赖于长期教育实践的历史检验。

我们所探索的课程变革和共同期待的物型未来，是为着推动教育现代化迈进更深刻细致的内涵，为着每一所校园更充实教育意蕴，为着每一个生命更全面发展，愿我们终将相会于这样的时空。谨以此套丛书的出版作为2020年的一次见证。

孙其华

（江苏教育报刊总社党委书记、社长，

江苏省教育厅教育宣传中心主任，编审，教育学博士）

前　言

当一所学校以起舞的灵魂

在创意中舒展　实验间绽放

回到"百草园"

美好家园充满了童心野趣

生命正自然生长

童年生活

正常而积极

看得见的背后有看不见的富足……

我们对学校有一个设计和比喻——小径分岔的花园。

这是一个意象，也是一个实体。

为什么是花园？

因为儿童本身就是花朵，他对花园有天然的亲情和相识能力，他是来投亲的，他是来生长的。所以，我们的校园必须郁郁葱葱，必须有一种会呼吸的草木精神，否则，儿童的视觉会暗淡，心情会枯萎，灵魂上会不识路。好的教育不是传授，是"遇见"，是你想让孩子看见什么，用什么来调动他的注意力；好的校园不是钢筋水泥浇铸出来的,是种出来的,是长出来的,它必须像一座巨大的感官式园林,与儿童的感官相匹配;它必须有迷宫和谜语的气质,与儿童的探险精神相呼应。大自然是最好的课堂,它不仅是用艺术和伦理的语言写成的,它还是用科学的、逻辑的语言编撰的。伽利略就曾说:"自然界的每一个细节都流露着数学和几何。"大自然从不让人厌倦,一只偶然路过的鸟,一尾蝴蝶、一只螳螂和蟋蟀的到来,一场不期而至的雨,一抹月季或桂花的暗香浮动……让我们校园的每一天、每一个时分都是新的。大自然从不重复,正因如此,它才能满足儿童无限的好奇。

为什么要"分岔"?

这是个既具象又抽象的说法,既针对物理空间也针对教育空间。一条通直的路,无论多宽,孩子们走上去,也只能越走越拥挤,越走越整齐划一。中国园林在营造上有一个原理,即以曲为美,只有岔道多、拐角多、小径多,人才能分流,空间方显深阔和幽远,才藏得住有趣的事物,才容得下形形色色的足迹。教育亦如此,每个孩子都是独一无二的,他们有着各自的天赋、兴趣和方向,我们尊重和鼓励个性化、差异化的生长,并为之提供相应的机会和路径。所以,在校园设计和课程提供上,我们力求丰富缤纷,用种种可能性和自由度来承接孩子的天性和个性。

"分岔"的校园,"分岔"的教育,无论在空间上还是精神上,都是让人舒适和愉悦的。

诚然,未经设计的校园是不值得穿行的。我们追求户外的"万物生长""情景生长""故事生长",我们追求校园的感官化设计和心灵化运营,我们营造梯级式、成长型的"童话空间""童话人生""童话逻辑",我们鼓励校园里的"探秘""偶遇"和"美学散步",我们诱使"心"与"物"随时随地的"化学反应"……

法国新科学认识论的奠基人加斯东·巴什拉在《空间的诗学》中指出,空间并非填充物体的容器,而是人类意识的居所,建筑学就是栖居的诗学。2012年至今,围绕着中国元素、江南文化、园林美学,我们完成了"百草园"系统、"三味书屋"系统、"会呼吸的路"系统的设计与开发。除了用"雕刻家的眼力和工匠技术"完成这些精雕细琢的作品，我们还特意留出了一片堪称"荒野"的空间。荒野，是生命最初的基础，是生命最原初的动力。翻开孩子们的"自然笔记"，随处滚落着散发草木气息的诗句："小鱼的尾巴动了，百草园的春天到了……""几天前的雨后，我在这里遇见一只水牛……"

教育，是一场生活，是一场关于大人和孩子的生活，是教师和学生相互遇见的生活。在这场生活中，教师和孩子都具有生长性。作为校园生活的设计者、谋划者，我们每天都要问自己：我们准备好了吗？我们埋伏了哪些事物迎接孩子，迎接他们的目光、心灵和智慧，迎接他们的好奇心和发现力？这些准备，有的是物，有的是人，有的是事；有的是显性的，有的是隐性的，它必须有足够的长度、宽度和深度，来承接形形色色的孩子，我们称之为"心灵化运营"。

"心灵化运营"，是师生共同阅读校园、深度消费校园、丰富童年生活的一种努力，充分利用校园空间的自然风物、美学元素和文化信息，及时观察、捕捉孩子们的个体"遇见"和现场反应，通过教育者的介入、助推和引领，刺激故事的发生，拓展事件的长度和空间，将个体事件放扩为校园事件，将生活事件提升为心灵事件，将游戏事件演绎为教育事件，从而在审美、伦理、心性和价值观等方面对儿童施加积极影响，以此完成生活和教育、休憩和学习的立体功能。

在我们的校园里，一棵长刺的树和一棵香樟树、山白蜡没什么两样，都是百草园的居民，它与其他柔性花树一起，构成了生态的丰富性和完整性。如果我们总试图把植物身上的刺都拔掉，把大自然里所有的锋芒都磨光，那我们推荐给孩子的世界不仅是残缺的，而且是虚伪的。一棵美貌且极具母性的柿子树，仅仅是供孩子们庆祝丰收吗？答案是开放式的，比如超越"果农"利益的秋日审美，比如"有限消费原则"，比如"舍得"和"出让"，至少让孩子触摸到一种新的美学和伦理。金色的秋季，风中游走着桂花的香味，一个孩子亲近桂花，想把它折下来，是温柔地制止他？还是让这个偶发的事件延展成一个甜蜜的校园事件？

"心灵化运营"的关键不是"物"，而在"人"，在教育者的发现力、思考力和引导力，在教育者的知识结构、心灵敏感性、精神美学和价值观系统，有什么样的人，就会诞生什么样的校园故事和心灵事件，就会把事件引向不同的层次、方向和终端，就会塑造什么样的童年生活。

让我们不妨回到 2013 年，从这座园子的改造开始记录——

与其说是改造一座园，倒不如说是我们创造一个可以撒野的园子，着眼的是建筑的灵魂、景观的灵性。改造的立足点来自我们的办学愿景：让学校成为美好的童年记忆；来自我们的新教育宣言：做精神明亮的人，过正常而积极的童年生活。

一所小学的校园，应该是学生在这里能找到童心野趣，生命自然生长的地方；应该是教师们能找到幸福感、归属感的地方。一所学校的美丽建设，更应该是为儿童的需求服务，站在儿童立场上，以游戏精神去引领童年的无限可能性。会呼吸的路、童心迷宫、小池游鱼的鲜活陪伴，百草园与三味书屋的经典与创新，无一不诉说着环境对人的无形育化作用。我们把校园改造作为继承百年老校精神并不断超越自我的过程：不仅仅是美观，更是处处承载激活理念；不仅仅是物质，而是需要灵魂思想体会；不仅仅是显现，还是用来传递文化、启迪自我、发展自我的场所。

一所小学校园的改造，不仅仅来自校长个人的思想，它的前期构成，奏响了设计的交响乐——

我们把视线投向所有可以与学校建设相关的人员，进行了多方征询、调查问卷、座谈讨论、意见征询：

对社会——咨询专业人士，对建设有亮点的学校考察走访；与上海、北京多家设计公司洽谈，进行细致比较。

对家长——我们用热情召唤家长的参与，倾心相待，多次互动沟通，就种什么树、养什么花、各处可以进行怎样的设计做了意见征询。

对师生——唤起主人翁精神，组织师生讨论、建言，并把前期设计进行展示（心目中的美丽校园）。学生喜欢什么？在学生心目中，校园该是什么样子的？我们的校园应该给学校发展、师生发展带来什么支撑？对这些问题都进行了大量的调查研究和分析，掌握了第一手翔实的资料。

对前辈——我们邀请老校友、老教师谈他们的最深回忆，了解他们对今后学校模样的建议。百岁老校友记忆深处，范贤亭留给他悠远深邃的滋养。很多退休老教师的言辞中，教学楼前繁茂的香水月季是那么灿烂鲜明。

我们以精益求精的态度，反复论证、汇总、研究、分析，与设计方几十次讨论修改，定下了风格：统一在传统与现代对接中，在以现代建筑思想表现的江南园林中处处体现人文情怀。这是结合了学校的地域历史和周边环境确定的。然后定位了各个景观建筑物点位：童年乐园——会呼吸的路、生态鱼池、童心迷宫、百草园……以自然野趣，还孩子一个完整的童年，一个自由的童年，一个游戏的童年；借用经典但又融入个性理念——在希望的田园里，以"教育的林中路""生命的林子""小径分岔的花园""历史的回声"来构成，让孩子在其中寻找到童年的乐园。

当一张张图纸开始清晰勾勒未来的美好，却还需要最关键的一步——用各种材料各种施工手段呈现，由此产生了奇迹背后的那些故事：

施工背景：1. 时间紧。2013年7月12日公示结束后才开工，赶在师生到校前务必完成。2. 酷暑天。除2013年8月1日的一场不痛不痒的雨，几乎都是暑热天，连续超高温，对施工是个严峻的考验。而我们，就在这样的情况下，开始了校园的美丽缔造：

智与严的华丽对接

会呼吸的路上如何种草？如何解决浇水问题？施工方无计可施，我们的总务处，在困境之下锲而不舍地追寻，想出了巧妙的设计：先埋下管子，其上有细孔，外覆无纺布，水自管中慢慢渗透，节水又科学。

成长树的空运历险记。花木本来已经都承包了，但是我们始终在全程跟踪、监督着，一路跟随去挑选树木，做上记号。当高大粗壮的成长树运抵学校后，难题却摆在了眼前，如何种植？坑已经挖好，浇水的管子已经埋下。怎么办？总务处调来了一百吨的吊车，于是壮观的一幕出现了，高大的树木从地面升到高于四楼的空中，再徐徐下降，终于安放妥当。刘慧校长领着孩子们以第一锹土，奠基了改造工程中的第一抹绿意。

我们在整个工程的过程中，最讲究的就是一个"严"字，运用最出神入化的就是一个"抢"字。公示当天晚上，学校管理层就立即和工程队对接，抢出时间，想在前面，并一开始就制定了统筹安排的进度管控办法。

在招标前，学校就严格审查投标方资质，不仅要求合格且要有学校施工经验。

对保证书的内容逐条琢磨，再进行签署，严格控制工程的进度。

在成本的节约上，也有严格规定，能达到同样效果同样标准的，一定要找到最物美价廉的那份材料。

百草园路面的铺设，严格要求，达到完美。先布置一大块空地，再画出纹路，然后按纹路切割后取出再铺设，认真逐块检查，不允许一块漏过。

刚与柔的完美相辅

对施工方严格要求：不允许有任何安全隐患。当发现花窗上方格子不平，涉及上方现浇的板，可能有安全隐患时，毫无商量进行返工，换来了之后每一次施工的认真对待、一丝不苟。

童心迷宫的植物高度和假山门洞的高度设计多少才合理？在研究了儿童身高和活动规律的前提下，与施工方多次沟通协调，让植株由原先的 2.2 米降到了 1.7 米，门洞的高度也更适合孩子的最大可能身高。

在百草园门头的改造中，设计中不能体现的钢筋水泥的密度、厚度，我们自己送质检部门检测，工程方戏称：可做防空洞用。

铺在路面上石头的厚度，按照前 5 厘米、后 3 厘米的标准，一块块丈量，不合格的坚决退回。

对自己，我们也有刚性标准：1. 不允许懈怠，每天按时到工地，对每一个细节严格把关。2. 尽善尽美，完善设计中不能体现的细节，施工过程中逐渐发现新的创意，如艺术馆东面墙上的八角窗和窗外的翠竹、阶梯教室和食堂之间的修竹一片、小径隔断,都是在施工过程中逐渐产生的新想法、新做法。

对工程变化,我们在刚性要求的同时也进行了柔性处理:虽雷厉风行,风风火火,却又不急躁不焦躁,一切为了更好更合理,增补、改换、删减——范贤亭墙高度的变化;路面上雕琢出的枫叶的灵性,与周边环境吻合;花墙旧廊的灵感一现与沟通实施……都在刚柔并济下一一落实。

当尘埃落定,当老师和学生们陆续进入改造完毕的校园后,都惊奇地睁大了眼睛,连连用"天翻地覆""不可思议""美轮美奂"来不停赞誉。非凡的战斗力和对儿童立场的准确把握,才创造了眼前的"最美的小学校园之一"。物理空间的改造似乎结束,但课程的生发远远没有终点:一座小径分岔的花园的诗性空间对人的育化,物型课程的文化注解和内涵提升,我们一直在实践。人与物、空间与梦想,一切都是欣欣然,一切都有无限可能性……

目 录

第一章　一座小径分岔的花园 …………………………………… 001

第一节　"百草园"物语 …………………………………………… 006

　　回到"百草园" ……………………………………………… 007

　　教育是一片森林 ……………………………………………… 013

第二节　又见"三味书屋" ………………………………………… 016

　　三味书屋·光阴的故事 ……………………………………… 016

　　生长的书房·校园是一种不断生长的美 …………………… 022

第三节　"会呼吸"的路 …………………………………………… 034

　　一条"会呼吸"的路 ………………………………………… 035

　　适合的，才是最好的 ………………………………………… 038

第二章　价值观：那些"人之初"的精神功课 ………………… 042

第一节　树的故事 …………………………………………………… 044

　　3个，树的故事 ……………………………………………… 044

　　柿子是谁的 …………………………………………………… 048

　　长刺的树 ……………………………………………………… 051

　　香樟树下 ……………………………………………………… 054

| 第二节 | 细节之美 | 057 |

　　文明的细纹 ·· 057

　　民主 ··· 060

　　敬业 ··· 061

　　二十四节气，流转的芳菲 ································ 064

　　百花深处 ·· 066

　　小圆点的故事 ·· 067

　　空鸟笼 ··· 069

第三章　语言：触摸人类最初的创造与想象 ················ 072

第一节　除了春天，禁止入内 ································ 074

第二节　语言，乘着诗歌的翅膀 ······························ 078

第三节　"橙色·秋语·大地"自然笔记 ························ 084

第四节　读懂：校园物型中的数学语言 ······················ 087

第五节　校园文化，那些带得走的基因 ······················ 091

第四章　学习变革：无序之序 ······························ 095

第一节　长链条学习：数学，联结校园空间 ·················· 098

第二节　小项目学习：在生活中发现问题，在问题中学会挑战 ·· 101

　　一、确定小项目学习问题，制定科学学习主题 ············ 103

　　二、拓展小项目学习领域，定制科学学习场所 ············ 105

　　三、基于小项目学习内容，定制科学学习对象 ············ 106

　　四、设计小项目学习流程，定制科学学习方式 ············ 107

　　五、关注小项目学习过程，定制科学学习评价 ············ 107

第三节　实景场学习：走向真实世界 ································ 109
一、我们的困惑 ·· 109
二、实景场学习的内涵和特征 ·· 110
三、实景场学习的操作路径 ··· 113
四、实景场学习的意义追寻 ··· 118

第四节　无边界学习：艺术综合课程 ································ 120
一、艺术综合课程是什么 ··· 122
二、艺术综合课程的特色 ··· 123
三、艺术综合课程的保障 ··· 125

第五章　童年记忆：一阕生动的歌 ··· 128
第一节　花儿与少年 ·· 129
花儿与少年 ·· 129
草地游戏 ··· 131
只拣儿童多处行 ·· 133
红叶李的友谊 ·· 136
课间十分钟 ·· 138
探秘百草园 ·· 140
伞的故事 ··· 142
校园的瞬间 ·· 144
一切，都已醒来 ·· 146
星冰乐 ··· 149
一只野鸡的故事 ·· 151
最美的"银杏" ·· 153
走，玩冰去 ·· 155

第二节　校园流行风 ·· 157
　　爱，流行起来了 ·· 158
　　树上的喂鸟器 ·· 160
　　诚信购书 ·· 162
　　百草园诗会——我与诗的美丽"物"会 ·················· 165
　　你好，大树 ·· 169
　　好一场金色的桂花雨 ······································ 172
　　缤纷秋日，"柿柿如意"——百草园的"秋收起义" ······ 177

第三节　童年的小时光 ·· 181
　　春·校园故事 ·· 182
　　春之韵 ·· 183
　　完美 ·· 184
　　一颗果实的梦 ·· 184
　　美哉，百草园 ·· 186
　　春·校园诗词大会 ·· 187
　　一座范贤亭 ·· 188
　　校园之春 ·· 189
　　那一湾春水 ·· 190
　　春在百草园 ·· 191
　　美在实小 ·· 192
　　百草园之春 ·· 193
　　爱在百草园流行 ·· 194
　　这几年，那棵树 ·· 195
　　校园里那道最美的春景 ···································· 196
　　校门口的"仪仗队" ······································ 197

　　　　　春之舞曲 ·· 197

　　　　　春光中的成长 ·· 198

　　　　　校园春光 ·· 199

第六章　学校生活：打开边界 ·· 201

第一节　原来世界是一本书 ·· 202

　　　　　从书房来了到书生来了 ·· 202

　　　　　阅读，一卷春风 ·· 205

　　　　　青年夜读——让读书自己从时间里流出来 ····················· 208

　　　　　三点读书 ·· 212

第二节　梦想无边界 ·· 214

　　　　　梦想艺术馆——尊重童年，播种艺术希望 ····················· 215

　　　　　陶艺吧——让童年有童年的样子，让成长有成长的美好 ····· 217

　　　　　视听房——光和影的折射，审美的鉴赏与创造 ··············· 220

　　　　　STEAM 教育——定制基于项目的 STEAM 学习 ············ 223

第三节　没有围墙的学校 ·· 228

　　　　　爸爸的有机芽苗菜 ·· 228

　　　　　艺术博士的"立起来剧场" ·· 234

　　　　　作家的文学课 ·· 238

　　　　　体育教练的游戏 ··· 241

第七章　展望——浑然一体的教育 ·· 245

后　记 ·· 251

第一章　一座小径分岔的花园

教育的本质是什么？是心灵的转向。具体而言，就是唤醒人的灵魂，解放人的身心，推动人的成长。而心灵转向的通道很多，或是丰富多彩的校本课程，或是个性特色的社团活动，或是美好怡人的校园环境。作为教育重要维度的校园物质环境，是学  校基于对教育的深刻理解，而以一种形象、立体的方式进行表达。其本身就是一种姿态、一种外现，陈述着内含而确然的教育倾向；浸染、渗透、传承着学校的文化信息，承载着一定的教育理念和文化意蕴，形象地表达着学校教育独特而鲜明的时代气息、文化气质和个性主张，是不可言说的学校教育之美。

缺少灵魂的校园像无家可归的"流浪者"

荷兰著名建筑大师库哈斯曾提到，现在的全球大都会（特别在亚洲）已经没有各自的特色……都市的发展全靠经济市场和消费力的推动，而非历史和文化传统造成，所以也无所谓历史和集体回忆，人类的经济生活流动最需要的就是机场、酒店和商场——这三样东西变成所有"通属城市"的坐标。这类"通属城市"往往是建筑洋了，特色没了；城市大了，空间小了；人口多了，交往少了。密集的人流后面是疏离的文化空间与人际关系。

借用这一观念，审视当下学校物质环境建设不难发现，现在不同的学校基本上按统一的标准、格式化的程序进行操作。标准的操场、气派的体育馆、雅致的图书馆等看上去大同小异，形式雷同，却失去了自我。正所谓有了气派，少了气氛；有了物象，少了物趣；有了空间，少了空灵，仿佛成了无家可归的"流浪者"。

这些现象折射出学校物质环境与精神气场的脱节甚至背离。没有了价值的根基、文化的流动、审美的追求、儿童的立场，校园物质环境也就失去了灵魂，没有了气象，成了简单的、碎片化的、异化的物质存在。

困境1：校园物质环境的审美价值取向究竟是什么？

著名建筑大师安藤忠雄认为，所谓建筑，就是以某计划概念为本，经由各阶段，在整体与部分中反复问答，然后逐渐下决定的过程。此时首先遇到的困难是，能否从当初的概念贯彻到最后。当下，校园物质环境建设往往流于雷同化、浅表化、格式化、碎片化。商业化、功利化的时代背景，使得一些校园景观常常简单地"拿来"，肤浅地复制。这些作品的审美结构往往零散而趋于同质化，鲜能忠诚自己的核心价值观，少有独特、别致的流淌与回味，容易导致人的审美疲劳与麻木。而一旦某种商业化、固定化的外在形象、框架、模板被当作物质环境建设的"葵花宝典"时，校园的整体布局、建筑群像则可能出现结构相近、风格无异的现象。建筑与建筑、与文化、与人之间，缺少彼此交织形成的独特的审美关联。

困境2：校园物质环境该怎样恰当表达特定的生活方式？

司汤达有个精彩的句子：美是对幸福的许诺。矗立在校园里的"幸福的建筑"，是一种"田园牧歌"的生活方式的恰当表达，充盈着明朗而开放的美感，让置身其中的人感受到生命的喜悦，积淀独特的校园记忆。任何一所学校都有自己的历史传统、文化脉络及行走路径，所以"放之四海而皆准""千校一面"的环境建构发展模式显然是不可取的。当校园物质环境仅仅成为水泥、钢筋等原料组合而成的一个巨大的容器，抹去了故乡山水的灵气、文化的韵味时，环境本身包蕴的众多教育美学的信息与精神资源也必将遭遇大量的流失，"乡愁"式的环境美感由此缺席。

物质环境是一种"生命的在场"，也是教育干净而纯粹的表达。一切设计和建筑作品，都在向我们讲述一种最适合在其内部或围绕其周围展开的特定生活。我们在建设过程中，要将之当成生命体来思考，凸显其不辩自明的个性。这些物质环境除了在物态上"养眼"之外，还要"养心"，成为我们精神上的"庇护所"，时时在无言地提出一种敦请，给我们一种"启示录般的狂喜"，促使我们成为特别的某种人。

教育，总是用最好的形式传播真理

柏拉图认为，"教育，总是用最好的东西"，教育不仅要选择客观真理作为内容，而且也决定用最好的形式去传播真理。怎样的建筑与空间设计，才可以使学校物质环境建构从"通属"困境中突围，经由最好的形式反映出教育最本质的精神之美呢？

深圳·香港城市建筑双年展上，香港大学教授王维仁策划的"再织城市"主题，给我们带来了启示。围绕这一主题，王维仁教授在都市建筑、地域和时间织理上做了冷静而全新的审视，并做了如下策展宣言："再织城市强调的不只是单栋建筑的造型和风格，而是建筑与建筑互相联系、交织所形成的城市空间。这不仅是市民日常生活的场所，也是一个城市的文化反映。"

由此可见，当设计摆脱了平面线型的、格式化的思维惯性，就会切实考虑到环境中的物质关系，物质构成的环境生态，以及如何最大化地满足人在物理空间与精神维度的双重需求，从而在以人为本的基础上，更好地考虑环境与物质、与生活、与文化、与人的融合。学校物质建设过程，要经历物质层面、心理层面和心物结合的过程，成为个体与群体精神共同生长的文化过程，将文化留存于建筑间，融化在生活里。

美学经纬如何"再织"校园空间

氛围,即教育的风格。人们对于校园环境的感受,不只是关注某一物质的存在、环境的感受,更经由它而获得与周围事物的亲密度,以及呈现出来的整体氛围与教育气象。这就提醒我们,在物质环境建设时,除了关注表面的观感,是否还应有"清晰的旋律""简单而严格的和弦",还要追问是否深度地表现了学校的教育哲学,是否能辐射到人的精神灵魂。在美学视野下"再织"校园氛围,即努力将心中的美凝结在每一块砖瓦之间,寻找和演绎具象和抽象之美的统一,使得环境与物质、生活、文化以及人之间互为联动,交融一体。巧妙的构思、完美的搭配、色调的统一、线条的流畅,都是对人类共通之美的诠释。而这样的"二度创作",正是物质环境之于教育本质的价值彰显、形式表达,实现了与精神环境的融合。

每一所校园从物质到精神,都有自身的"肌理",都在寻求多样与单纯、开放与紧密、复杂与简单的平衡。因此我们应从自然、和谐、气质等多个美学维度进行校园肌理与氛围的"再织",并在设计与创作的过程中,始终把握人性审美的尺度,实现皈依于美、重生于美的价值引领与意义建构,使整个校园成为一个审美文化场域,人能在其中实现审美地生存。

生态空间,自然之美。柏拉图认为,美存在于观者的眼中。有品质的校园环境,是"美丽的宁静",既美观又深具自然气质,能够激发深入其中的人通过敏锐的情感来体验自然的氛围。自然,意味着自然而然,天然去雕饰,更具人性,更有生命力;也意味着遵循事物内部的规律,行为优雅。作为校园核心主体的儿童,应该像野花野草一样自然生长。如何通过物化环境进一步释放儿童自然生长的天性,满足儿童自然生长的需求呢?

首先保留纯自然空间。如以"花田的想象"为田园意象,让师生自由认领土地,在草坪、空地,随意播撒草籽花种,借助风、水、阳光、空气,用自然耕作的方式,保持与自然的亲密联系,学习了解生命与自然之间的互动和相互依赖。

其次,景观设计以环境自然化为取向,追求艺术之自然,使校园飘浮着一种灵气,成为学生心动、神往又难忘的地方。比如我们学校开启了"回到百草园"的美丽工程,以草芽、水流、双桥、沙石等自然元素打造了一座让孩子自由撒野的童年伊甸园,让美与自然的天性苏醒。

人文空间,和谐之美。和谐是美的本质。美的物质环境应以精神理念系统为灵魂,从宏观角度构造出均衡和谐的统一体。校园物质环境建设要"兼具雕刻家的眼力和工匠技术",能够因地制宜,雕刻时光,注重起承转合,注重对整体格调的把握;同时,又要让不同的素材、不同的元素融洽地相处在一起,每个细节都注入我们的细腻、热情与耐性。

校园物质环境必须体现所处时代与地域某些最珍贵的价值观。我们在环境设计时充分尊重苏南水乡城市的地域特点、人文特色,让地域文化从校园四处渗透出来,犹如飘浮在四周的独特的气味。人入其间,如行走在江南画卷中,雨声荷声、绿杨丹杏、小楼画桥、秋千燕子,疏密、高低、浓淡,构成和谐而不失张力的审美冲击,传达了江南水乡传统的审美意趣,给人以文化的亲近感与归属感。

物质环境建设植根于社会和物理中,要与过去联系起来,成为未来的一种符号,努力让建筑"开口说话",借以提升人的灵魂状况。在物质与灵魂一体化的校园,人才会有归属感,才会充实、丰富,拥有美好记忆。我们认为,建筑是我们的"第三层皮肤",当人与物质环境和谐一致时,彼此之间就能相互作用,产生心灵的交流、文化的流动,并由此感受到美的存在与价值。

游戏空间,个性之美。校园环境建设,是知性与理性的产物,是梦想的广场,既有富足的意义,又有丰富的表情,要能让学生心情逐渐高扬,笑容慢慢绽放,从心底涌起兴奋感,甚至飘浮着游乐场的味道。我们以儿童为中心,以游戏精神为统领,构筑了"游戏空间"这一整体的景观意境,在坚硬感觉的建筑物上,营造出一种柔和而有活力的气氛,让环境成为游戏的资源,激发儿童游戏的冲动与审美的想象,洋溢着独特的游戏魅力。校园建设是一种诱导的优雅艺术,使人的内心敞开,有闲逛的冲动和游戏的激情,时时、处处迸发着想象和欢乐,上学成了充满惊喜和发现的小旅行。美好的童年记忆在此空间生发并延续：时光隧道、童心迷宫、成长树、梦想艺术馆……多样、有趣、平等的游戏空间，激发了学生灵动的游戏创意，进入这样的空间，孩子能自然地沉浸其中，而不仅仅是路过。行走校园，就是一次次发现之旅，让儿童在游戏中自我发现，释放个性。

我们身处怎样的环境，会在很大程度上决定我们相信什么。审美的存在、自然的生长、自由的呼吸，就是让我们从已经感到餍足的生活方式中摆脱出来，重新获得精神的平衡，迈出创造的姿态。美，不仅是教育的目的，也是教育的手段，存在于秩序与多变之间。从物质骨架到教育魂灵，在单纯的构成之中，实现复杂的空间，并通过美学经纬"再织"校园空间，追求工具理性与文化生活的和谐统一，让人与物、人与自然、人与社会、人与人、人与自我的关系在美的视野下经历重建与共融，成为"理想的贮藏室"。

第一节 "百草园"物语

马头墙、花格窗、小廊道，一溜儿青砖细瓦，就像纸页间滴落的一点墨，淡淡地，洇染开来。百草园的入口，石质门匾上的飞檐斗拱，素雅又浪漫，是园林风格中的重头戏，但是这样的飞檐斗拱，整个校园只有一个地方，环境就像是一首乐曲，是有节奏的，最强音只能出现一次。在百草园环境设计中，我们抓住中国元素，江南文化，园林美学，除了用"雕刻家的眼力和工匠技术"完成这些精雕细琢的作品，我们还特意留出了一片堪称"荒野"的空间。

作家王开岭《古典之殇》中有这样一段话："20世纪以来的人类，正越来越深陷此境：我们只生活在自己的成就里，正拼命用自己的成就去毁灭大自然的成就……或许，人类还有一种成就的可能，亦堪称最高成就，即保卫大自然成就的成就。""保卫大自然成就的成就",或许,是百草园系统更深刻的物语。

回到"百草园"

回到"百草园"。已经长大的儿童需要回到这里,回到看见一朵花就怦然心动的世界,这个世界有着简单而不可思议的幸福,因此离甜美的圣坛很近很近。正在路上的儿童需要回到这里,与空气、与泥土、与晒得人有些懒洋洋的阳光相爱。回到百草园,回到人类最初的精神故乡。

遇见什么,就会生长什么,成为什么

鲁迅先生的童年就有这样一座园子。鸣蝉长吟,油蛉低唱,蟋蟀弹琴,叫天子倏忽从草间直窜云霄。三味书屋里书声咿咿呀呀,绕在水云间。后来,从这里长出了一支笔,走出了一个时代的先锋。这支笔,这双眼睛带着匕首的锋芒,刺破了旧年旧景旧思想。曙光中,一个民族发出了新鲜的呐喊,<u>丛丛簇簇</u>。你会想起当年那座园子,那些随时会从瓦缝里、夹层中、石块下挺出来的草芽。

时装大师迪奥先生的故乡 Granville，是一座处在法国西北部的临海小城。他的母亲在庭院内种满花草。这是迪奥的百草园。海水的变幻、花卉的光影，伴随了他的童年。后来，全世界都看到了迪奥高定女裙上浪漫的花卉。这是一种优美的表达，表达着童年有一座园子的积极意义。

一个人遇见什么，就会生长什么；遇见什么，也会成为什么。尤其在童年。

遇见了梦，就会借一生追梦。遇见了美，便会以一生向美。

一座园子，是惠特曼"最初看见"的哲学，提供与支持着无数可能的遇见。人类的童年需要这样的园子。这里的日子是新的，发着光，带着笑。这里的路也是新的，小径分岔，花开一树又一树。它使儿童的每一天都会呼吸，使他们天生理解空气的能力永不退化。当天日的光辉流经他们的肌肤与心灵，生命就永远长在春天里，如同植物，欣欣然，与天地万物保持着最亲密的联络。

一座园子，是童年的"精神庇护所"，也为人的一生，昭示了明亮的方向。如果要做一个生动的文化比喻，除了东方的百草园，我还愿意把它比作西方《圣经》里的"伊甸园"，神秘的，带着打动人心的圣洁以及甜美。人类最初的种子都潜伏

在这里，在它们还没有完全醒来的时候，人生的故事早已埋下了重要的线索。"百草园"也好，"伊甸园"也好，本质相通，无问西东。它是人类的精神发育地，是一个人开始练习与世界对话、与生命相爱的圣殿。园子里，世界似乎很小，小得宛如一首歌，一个永恒的吻。园子里，世界也很美，那是《圣经》里上帝赐予亚伯拉罕及其后代的土地，到处流淌着奶和蜜。有一天，当园子里的儿童长大，出走，远行，跟着他们一起的，还有园子里鸽子树的声音、青草的颜色、阳光的微笑，还有田野的秘密、河流的故事……

生命的原野如果缺失了这座园子，缺失了园子里这段正常的时光，积极的生活，人类将成为失语的春天，只有色彩，却没有歌声。教育将成为失明的大地，只有笑容，却没有灵魂。

越来越多的智者，向世界述说着这座园子，这里的哲学。

越来越多的教育者，开始重视这座园子，这里的哲学。

回到"百草园"，回到人类最初的"伊甸园"。童年，是一条神秘的线索，是人生中最重要的季节，通往一生。

回到"百草园"，回到人类最初的"伊甸园"。在每一粒小得可以握在手心的种子里，都有一棵值得我们提前仰望的大树。

回到"百草园"，回到人类最初的"伊甸园"。为了童年，我们需要更好地省察教育。未经省察的教育如同未经省察的人生一样缺少价值。

准备一座园，为了童年，也为了一生

实验小学有一座园——百草园。是为童年准备的，也是为人的一生准备的。

园子里，看得见的是风景。一种关乎设计的风景。

当一所学校不是只为升学而准备，而是为人的一生在准备，那么，她所有的设计都会指向保卫童年，保卫童年应有的幸福、自由、快乐与个性舒展。每一个眼前的儿童、过去的儿童、将来的儿童都会成为设计的主体。

2013年盛夏，5 000多份问卷，5 000多个家庭，5 000多个孩子，与关心童年的所有力量在一起，共同指向了一场"回到百草园"的设计。

"渴望有小鸟飞来，落在一块绿绿的草坪上。"

"希望园子里有很多很多的树，能够吸引鸟儿来搭窝。"

"最好像外婆家门前那样吧，有一条河。小鱼游动，还可以摸到螺蛳和龙虾。"

"多种点花花草草，蝴蝶飞，蜜蜂飞。我在草地上打个滚儿。"

……

对理想校园的环境描述中，94%的语汇都在表达小鸟、花草、河流这些自然元素。正像自然之友创始人梁从诫先生所说的那样，没有孩子会生来不爱树林、池塘、草地，不爱野花和小鸟。如果他们茫然，那是现代生活对童心的扭曲。

2013年的盛夏，当草芽钻出来，水流欢笑着，一所学校就有了最美的表情——百草园。一种设计落地生根，一种风景成为文化。

园子里，看不见的是富足。一种关于生长的富足。

走进去，土地是芬芳的，万物

是自由的。

一粒沉睡的种子可以长成树,也可以开出花,可能长成苹果,也可能成为梨。从蝴蝶的翅膀可以推测它的身份;当天空出现云层,日出的色彩应有尽有,偶尔,云朵可能是鲜亮的苹果绿;一块小小的石头或者泥团背后也许隐藏着一首丰美的诗;而小径上的裂缝也可以告诉你一些秘密……河,不仅仅是一弯河;草,不仅仅是一片草;路,也不仅仅只有一条。

走进去,人是"苏醒"的。

在草地上打几个滚儿,再躺下来,含一片草叶,看看天边的云。蹲下身,看蚂蚁打架,蜜蜂采蜜,蝴蝶跳舞。甚至脱了鞋子,泼一泼水,弯下腰来,捡一块泥巴,比比谁扔得远……天性,在苏醒,幸福的意义就在这些生活和细节里。

"种子没有嘴巴,怎么喝水呢?""要怎么摇,才会真正下一场桂花雨,跟琦君散文写的一样美?""怎么可以测量出丝瓜的藤儿究竟有多长?""百草园的这条小河,水质和这座城市里其他的河一样吗?"……好奇,在苏醒,课程的价值就在这些问题和求索中。

后来,园子里,真的来了一个已经长大的儿童,带着他的幸福和新娘。美,在苏醒,看不见的竞争力就在这些情趣和向往里。

阳光下,田野里,小河边,奔跑、跳跃着的是一群活泼的、充满野趣并向往高贵的儿童。他们像野花野草那样自由生长着。卢梭说:"大自然希望儿童在成人之前,就像儿童的样子。如果我们打乱这个次序,就会造成一些果实早熟,它们长得既不丰满也不甜美。"教育最美好的秘诀,也许就在于寻找并准备好这样一座园,让儿童活得像儿童。

回到"百草园",童年的神灵栖居在园子的每一个细节中。每个儿童都可以从不同角度走进它,去遇见,去惊奇,去动情,去热爱。一切看见的、听到的、触摸到的,最终都将作用于心灵。当儿童的心灵感官在"百草园"这样的自然感官和美学系统中苏醒,接受诱惑、召唤和力量,他的生命,可以有多远就走多远。他也不会忘记,每一个远行的意义,都是为了有一天,能更好地回到自己。

每一条分岔的小径,都有一个生命的"清晨"

童年,是人生的"清晨",闪着露珠,披着霞光。一个人的精神若具备了清晨特征,他便永葆童年、精神明亮。通往"百草园"的路有很多,每一条分岔的小径,都站立着一个"清晨"。走通了其中的一条,那么你就收获了对儿童的尊重和理解,你的生命也将与"清晨"永远同在。

在"百草园",儿童们经常都会接受一种美丽而感人的问答,"你是谁?你想成为什么?你可以做什么?"这是一个伟大的仪式,它带着每一个"清晨"去看生命的远方,去眺望生命无数的可能……

园子里,一个叫陆修哲的孩子第一个举办了私人演唱会,当校长妈妈蹲下身,用掌心与他共同托举闪光的奖杯时,他说:"等我长大了,成了歌唱家,首场演出,一定是在我的母校。"他看着校长妈妈,看着窗外的百草园,眼睛里都是梦想的重量。另一个小男生陈厚源,从一碗红汤面开始,坚持"为爱写生"。这个从"百草园"出发的男孩儿,带着他的作品,走到了贫穷的山区、走到了充满艺术魅力的保利剧院、走到了苏州市的金色教育大厅……迄今为止,已经成功举办了7场私人定制展览。在张家港市沙洲湖科创园的沙洲BOX创客空间,他成为年纪最小的创客,将出版自己的第一本书——《为爱写生》。

园子里,5 200多个儿童都生长在"定制课程"的背景中,像花草亲近与认领土地一样,亲近与认领着兴趣与特质、爱与美。一次一次,遇见更好的自己。有一天,他们会像蒲公英的种子,不问风起的方向,无论落在世界版图的哪一个角落,灵魂都会富足地栖居。

回到"百草园",打开一种理想——让学校成为美好的童年记忆。创造一种生活——正常而积极的童年生活。修炼一种信仰——做精神明亮的人。

教育的神圣就在于,尊重"儿童是未成熟的正在成长中的人",欣赏"他如此年幼的生活",融入那人类最古老的,"诗意的,神秘的,史诗般的,游戏即工作的生活"。童年的天真和敞开、渴望和奔腾,是人类的彩虹。童年长什么样不重要,教育长什么样也不重要,重要的是灵魂和思想的模样。

像是一个太阳,当"百草园"经过童年,会让教育,会让人类,也会让整个世界有长大和生活的光亮。

回到"百草园",因为,这不仅仅是一座园子。

教育是一片森林

都说"游戏,是儿童的生活方式"。那么,如何设计一座游戏化的校园,让环境成为游戏的资源?如何让环境激发儿童游戏的冲动与审美的想象,让他们过上一种游戏化的生活?我们究竟需要一座怎样的花园,用它来寻找儿童成长的密码,创造属于儿童的未来?

回到"百草园",就是回到童年的"伊甸园"。回到看见一朵花就怦然心动的世界。在草地上打几个滚,晒一片懒洋洋的阳光,天性,正在苏醒!"种子没有嘴巴,怎么喝水呢?"露珠般清亮亮的惊讶,正在苏醒!早春,樱花树开着淡淡的花,风一吹,粉红的花瓣雨飘落在池塘,一个男孩对一个女孩说,我多想在结婚的时候,撒一场花瓣雨啊!美,正在苏醒!这里,不必华丽,但一定丰富,藏得下孩子的发现和秘密;这里,不必宽敞,但一定足够开放,可以安放自由的童心,可以让梦想自由地徜徉。这里有一年的风景、四季的色彩,但是,这里更有无限的游戏、无限的创意。

一座园子，一个生态的游戏场，引发着梦想，设定着梦想，实现着梦想。你可以在这座园子里撒野，同样也可以在这座园子里绽放！

童心迷宫，不仅仅是一丛绿植组合的童心迷宫，更是孩子们捉迷藏、躲猫猫的游戏场。今天，我们为孩子撒下怎样的谜面，明天，他们就会揭开怎样的人生谜底。我们总是相信，下一个惊喜，或许就在转角。

时光隧道，也不仅仅是一座石块垒起的假山。在孩子们眼中，它是一条神秘的时光隧道。在这条隧道上，开了一扇又一扇窗。打开一扇窗，看见一个世界。

一弯河，让孩子们玩出了野趣！捡一根树枝，测一测水深；把鞋子脱下来，比一比沉浮；泼一泼水，看水珠在空中飞舞；躲开老师的视线，悄悄去丛林中探险……

一片草，游戏精神在茂密地生长！在草地上爬一爬，滚一滚，撒个野；冲上去，杀下来，这才是男孩的生活；给小草扎个"辫子"，或者编一串草项链，是女孩们的最爱；做一个草球，来一场酣畅淋漓的草球赛；和老师来斗斗草，应了白居易《观儿戏》诗句：弄尘或斗草，尽日乐嬉嬉……

一条路，也会成为游戏的"田野"。我们将原来的钢筋水泥路全部剖开，变成一条条会呼吸的路，让野花野草长出来。小径分岔的花园里，"会呼吸的路"给了孩子们学习、游戏的自由空间。孩子们蹲下来，看到了蚂蚁打架，蜜蜂采蜜，蝴蝶跳舞；弯下腰，闻一闻花的清香，美，是看不见的竞争力；捡一块泥巴，考验一下臂力，比比谁扔得远……我们相信，一切看见的，听见的，闻到的，触摸到的，都将作用于心灵。

学校是一片森林，每一条小路都是林中路。常常看来仿佛相似，然而，只是看来仿佛如此而已。只有林中人才识得每一条林中路。

小路尽头盛开不同的花园：百花园、百草园、百蔬园、百果园……通往姹紫嫣红花园的道路却有千万条，它们是分岔的小径。如果你走通了其中的一条路，那么你就收获了对儿童的了解。

于是，河，就不仅仅是一弯河；草，就不仅仅是一片草；路，也不仅仅只有这一条。当游戏伴着儿童的灵魂起舞，一切，都已经不一样了。所有看得见的背后，都有着看不见的富足。

生动的背后是我们放任花朵般的少年游戏校园。但是，从自由、自在、自发的自然游戏走向审美游戏，我们还需要设计更为系统的游戏式课程及支持它的环境。如果说游戏是现实和梦想的对话。那么，课程就是在帮助孩子完成这场对话。

一座童话城堡，一个游戏的"梦工场"！

校园里的童话城堡，是我们的一个主题游戏的课程基地。一座童话城堡，就是一个游戏的"梦工场"，一个梦一样的开始。每一个孩子心中都住着英雄，城堡里，孩子们出演向往的角色，完成想象的自己。

此刻，每一个，都是长大的儿童！

我们每一个人都是爱丽丝，穿越兔子洞，在游戏的王国寻找仙境，寻找梦想。一条路，一朵花；一分地，一棵树；一间书屋，一寸光阴；一份记忆，一种绽放。一所百年的学校，一个小径分岔的花园，就这样被游戏精神照亮，形成了一种可以传承的文化记忆，一组不朽的基因密码。

游戏，是这个世界上最好的教育资源！有多少游戏，就有多少真正的孩子和真实的老师。如何最大化地开挖游戏这座"富矿"，让孩子们过着正常而积极的童年生活。我们一直在设想、实践，慢慢地，就有了这样一座小径分岔的花园，深厚的文化底蕴，孕育了景观的游戏化表达，让整个校园成为"童年的伊甸园"。

第二节　又见"三味书屋"

从百草园到三味书屋,不仅仅存在于鲁迅笔下,还诗意地站立于张家港市实验小学这个自然、美丽、自由的园子里。就在孩童撒欢的百草园里,有个安静的角落,两三株蜡梅,一溜儿青石板路,那是属于"三味书屋"的清简韵致。那里有被誉为"中国最美的小学图书馆"的实小的"三味书屋"。我们的校园就像是一个书的植物王国,每一年,校园里一定会生长出一个新的小书房、小角落。

三味书屋·光阴的故事

一个诗意呼吸的空间,一份真实触摸的向往。

书屋古典、低调,三间相连的格局。走进去,吸引你的,除了书,第一间屋后

墙上的手绘图,也是极有味道的。占据了一整个儿墙面的手绘作品,再现了当年鲁迅先生"从百草园到三味书屋"的古雅风趣,那是学校里美术老师联手创作的。

造型古朴的方鼎、斜插花枝的陶瓶、端然居于书屋正前方的八仙桌,与高背椅不动声色地呼应着,勾勒出"天地间第一人品是读书"的清淡风骨。低落的白色书几,配着一个个蒲团,可坐、可跪,读书,在这里,是极为放松的姿态。书屋刚落成不久,门还关着。一页页的窗,成为第一时间通往书屋的眼睛。屋外,总有身影来来回回。男孩儿、女孩儿,脚尖踮着,鼻尖贴着,小手扒着,挨挨挤挤地向往着。窗玻璃上,鼻尖印、手指印各种印记纷叠,读书的欲望也纷纷叠叠。对于孩子们来说,或许它更像犹太人沾在书里的那一滴蜜,即使还没有闻到、品尝到,即使只是看上一眼,那种不经意间弥散出来的味道,也会在突然之间,诱惑出一种名叫"读书"的冲动。

一处看得见的建筑景致,一根隐秘的文化线索。

从百草园到三味书屋,这是一处看得见的建筑景致,其实也是一根隐秘的文化线索,潜伏在书屋创始人、校长刘慧女士的精神世界。生于七十年代,书的资源极

其匮乏，童年时期，可读的书、读过的书并不多。《从百草园到三味书屋》却是那个年代，每一个孩子基本都读过的。读过之后，就没忘记，朴实又悠远的文字，落在每个人的心湖：窗外，草长虫吟；窗内，经卷咿呀。这样一个读书的文化意象，蛰居于心，延续到今天，就长成了一座书屋的模样，长成了一所每一个童年想读书就读书、爱读书就读书的校园。

博尔赫斯说："天堂应该是图书馆的模样。"这里做到了。书，或立或躺，或斜靠或半开。人，在其间，或读书笔录，或沉思交流。书与人，构成了一种艺术的存在。也许，这就是一层最婉转的昭示：读书的人生，就是艺术的人生，随时孕育着新鲜的故事，也向未来的种种可能性开放着。

一场自然自由的发生，一段打开世界的旅程。

自由，一种关于读书的精神宣言。音乐、书，拂过窗的阳光与风。一间有味道的书屋。一群读书的孩子。

午后，或者黄昏，从每一间书屋经过，你都会看见一些安静选书的孩子。木质的书架前，淡淡的光影斜扫，一个人，一屋的书，在寻找与择选之间，悄然完成着一场爱书的仪式。屋内，三五、七八孩童正读书。空间宁谧，他们的姿态放松而平静。面前翻开的一本书，仿佛是为自己而存在的一个世界。你会恍惚生出一种错觉，他们正坐在时间之内，又仿佛身在时间之外。阅读，让人变得博大和骄傲，也让人变得渺小和谦卑。

"打开书，在故事里多待一会儿吧！"这是书屋每一天的宣言。

"不如读书，不如在故事里多待一会儿。"这是走进书屋时，孩子内心的宣言。

每一天，根据课程安排，书屋总要剪出一段固定的时间，为一整个班级的孩子，提供走进来的机会。让他们在这个丰富的世界，把一本一本的书请进自己的生命。除此之外，那些零星散落的时间碎片，也被热爱着书籍的心拾拣着，一点一点加以利用。

布艺的沙发也好，软软的蒲团也罢，清简的桌椅也行，有书在，心就安定，人就自在。可以端坐在书案前，读上几行，记上两笔；可以拎着小蒲团，找一个角落，靠着墙，舒服地坐好，再慢慢开读。倚窗，与清风共读；对坐，与爱书的人神交；甚至，读倦了，盘腿往地上一坐，一躺，把舍不得撒手的书往膝上一搁，或脸上一盖，和书一起养个神。当解放的肢体，一旦与书相连，这样的解放就不仅仅关乎身体的自由，更关乎着心智的自由。

一个人，无论走多远，他的灵魂，都囚禁在自己的肉身之内。而阅读，是一种精神上的翻越。隐藏在阁楼里的读书人说，当书里的世界如袅袅轻烟散去，最后浮现出一轮书里的月亮，挂在现实的天空中，清光流转，直抵内心。一个人，通过阅读，成就了他精神上的浩瀚故乡。通过阅读，仿佛站到了世界的中心。有时候，又仿佛来到了全然陌生的荒野，四顾茫茫，却有奇异的力量自生命内处升起。

书屋里曾经挂着一只鸟笼，囚禁过一只鸟。因为向往读书时鸟鸣在耳、流水过心的美。因此，刻意地营造了这样一个情景。一开始，鸟会叫上几声，读书的人听来，也是甚好。过了几日，鸟，沉默了。再后来，笼打开，鸟飞了。那个笼依然挂着，保持着笼门打开的状态。

打开了笼子，给出了天空，鸟才会自由。自由，不仅取之渴望的心性，有时也取之于环境、空间的艺术。

转身，看见一个麻花辫的女生，十多岁的模样。正斜坐在沿着墙一溜排开的布艺沙发里，一卷书斜握在手。读着，读着，就抿着嘴，哧哧笑了几声。不知道是哪

一处章节,或哪一个句子挑惹了她的心。姿态与神色里,没有了课堂上端坐的考究,没有了探测书本之外,这个世界的谨慎。当鸟鸣声传来,似乎是微微一惊,她的眼睛掠过书的边角,望向了窗外,望向了那一片鸟儿飞过的天空。

用一间小小的书屋,经过全世界,只想,保有一个最简单的希望:保持生命初放时的自由。

"我坐在这里,并不完全是我自己。我是所读过和记得的东西的总和。只要我记得,我就是件珍品。"这是诺贝尔文学奖获得者、俄裔美国诗人布罗茨基的读书体悟。这也是一间书屋的光阴与信仰。只要来过,就不曾离开。有人说,这是"中国最美的小学图书馆"。

一种自由自尊的购书方式,一阕诚信立身的教育表达。

拱形的门角一侧,几丛修长的细竹边,有一方古朴质地的鼎,极方正。鼎内,常散落着一些大小不一的硬币。这方鼎,在实小,被称为诚信鼎。

每一天,书屋开放的时间,就会有孩子来这里自主选书、购书。新华书店与学校合作,定期选送一批适合孩子们阅读的书籍,供爱书者淘选。上千册书籍静默地搁置在简约的书架上,这些汇聚着人类思想光芒的精神产物,是一个个有质地的灵魂,在岁月里分泌出的珍珠。每一个年幼的生命,也许都像这些珍珠一样,唯有历经自我与世界的砥砺,成长,才见其珍贵。

一个孩子,只要愿意,随时都可以在上千册的书卷之间游走,挑挑拣拣,直到遇见最想要的一本。这种遇见,好比走过千山万水,突然发现,一棵可供休憩的、开满了花的树,内心里欢喜地说一声:"哦,原来你在这里。"遇见了,就拿下,就取走，只要把购书金投入诚信鼎，自主结算，自行找零。然后，在线订的登记本上记录下书名与款额、购买日期、购买者姓名，最后，郑重地盖上"三味书屋"的印章。这样，在形式上，完成了一次诚信购书的经历。简单得仿佛是伸手择一朵喜欢的花。不过，又不是那么简单。

东面的墙，正下方居中的位置，有一张诚信榜，记录着诚信购书营运以来诚信值的变化。线条折转着，起伏着。曲折里，透着诚信的品质在一间书屋养殖的状态，从缺失到渐渐唤醒与找回的过程。首先，所有的购书基金，都需要孩子们通过参与社区、家庭服务，红领巾暖冬义卖等活动获取。这种连接，直接养育着一种与自我、与社会发生联通并增值能力的态度。

孵化诚信，是一个渐进的过程，需要时光的雕刻，更需要等待花开的信心。当时，有一个很温暖的句子，流行在校园："如果一所学校，一本一本的书，丢失了，爱读书的人，一定是越来越多了，这些书，也许是跟了最适合他的人，回家了。"一场丢窃的事件，就这样成为一个回家的故事，温润了和书在一起的日子。后来，继续这样安静地买书，用诚信的方式，用相信与等待的力量。

从坚守诚信开始，一点一滴建设与捍卫着人类发展历程中一切的优秀品质。

1964年，美国洛杉矶奥海镇，理查德家中藏书堆积，无处置放。因为受巴黎塞纳河畔旧书摊的启发，在家门前摆出书架，开始售卖自己的藏书。他在书架上搁了一只空咖啡罐，只要客人投下钱币，就可以随意取书，自行购买。这种付款方式成为巴氏书店的一项传统，它基于对陌生书客全然的信任。巴氏户外书店也因此成为奥海镇的地标式建筑。

2013年，中国一座名为张家港市的小城里，一所创意与实验的小学里，也开启了这样的购书方式，从坚守诚信开始，一点一滴建设与捍卫着人类发展历程中最值得守望与回归的一切的优秀品质。

白色封面的登记册很素淡，安放在书桌一角，边沿上附着一支笔。翻开，一行一行的笔迹，安静地记录着，来过的人，买过的书。书屋成立以来，这样的登记册已经用掉了很多本。诚信鼎内的硬币数量和书架上随时被取走、随时又添新的书一样，每天都在变化。记录诚信值的线条，也慢慢地，回归到诚信的原点，回归到平稳安定的状态。数值的变化，是精神质感的沉淀，是道德品性的攀跃，更是生命内在的升华。这一切，真的需要光阴。

时光，在一间小小的书屋，在每一个走进来、走出去的生命里，播种诚信的基因，生长道德的尊严。就像播下一颗花种，就像相信书本一样，始终相信这个世界，每天，都会更好一点点。

生长的书房·校园是一种不断生长的美

"三味书屋"是一个起点，时光晕染，又在生长着新的故事。记得 2012 年，书屋刚刚落成的时候，窗玻璃上留下了孩子们的一个个鼻尖印、手指印，各种印记纷叠。原来，由于学生众多，孩子们只能轮流着到书屋阅读，而那些没有进入书屋的孩子就特别地羡慕，读书的欲望更加强烈。资源还是远远不够，随即我们倡议在每个班级里都成立了一个"生日书吧"，孩子过生日，家长给孩子送上一本"生日书"。

2013 年，在一段书与人生的思考中，我们遇到了"最美的光阴"教师读吧。每一天，"最美的光阴"打开门，都有为你准备的一场读书沙龙。"三点读书"所倡导的不仅是读书过程中个人的孤独探索，更是一种集体的文化向度："风雨夜，听我说书者，三五人，阴雨，七八人，风和日丽，九十人。我读，众人听，都高兴，别无他想。"

2014 年，我们又看上了低年级教室对面行政楼的底楼。这里有一个阳光开阔的厅，两面大的落地玻璃，轻纱帷幔，常青藤旁逸斜出，生长随意。这是一个自然安静的场，理所应当成了低年级孩子的读书场。一个落地古旧的钟，钟盘显示中午12点左右的光景。于是，这里有了一个极其美好的名字——"钟摆小书"。

2015年，校园一个面积不大的中庭里，绿草花影点缀，红色英式电话亭，那是"旧书奇缘"发生地，英伦式棕绿大伞，在酒红色阳光雨篷下，透漏出阳光点点烘焙着书香。让人心情愉快，开始一段段与书相遇的奇妙旅程。

2016年，我们又找到一个地方，比整个世界还要大。校园紫藤架下，它静默地站着。"世界的书"，一个读书小站的名字。认识一个国家，就从这个国家的一本图书开始；认识一个世界，就从触摸这个世界的书开始。

2017年，在银杏叶子飞舞的日子，"一亩花田"，是最新生长出来的书房。瞬间已成网红。这里，落花成画，落雨成诗。夜幕降临，一盏盏读书灯下，一群青年教师在这里夜读成长。

…………

实小的园子里，一种叫书的植被欣欣向荣。书房，在一间一间地生长，我们永远预留着不期而遇的空间。书房来了，我们可以安放灵魂成长的气息。小小书房，各自盛开，如繁花。

校园，有一种美，那是书香之美。

校园，有一种美，那是在弥漫的书香中不断地生长之美。

花醒了，也开了。在这座小径分岔的花园里，花儿与少年正在一道绽放。孩子们遇见书，走进书，喜欢书，以至于纷纷开始写自己的书。2016年9月"我的世界是一枚果实"30本原创书是"儿童定制课程"模块下物化的产品。梅子涵先生为这些书写了序，曹文轩先生题词：书书成阶，步步登高。对于孩子们来说，这30本原创书意义非凡——

这是第一本属于自己的原创书。

第一次获得版权认定。

第一批被张家港市档案馆、图书馆收藏的小学生作品。

这些原创书籍将永久收藏在实验小学的三味书屋里,与世界各国大师的作品比肩。这也是三味书屋的镇馆之宝。2017年,第二季原创书也已经像绿树繁花一样,满园生长。

张家港市实验小学,是一座花和植物的王国。花,次第开放;书,一本本地盛放;书房,不停生长。阅读与花儿一样,在每一处相宜的光影之下,芳华无言,却生动悠远。还需要什么吗?光这些就已经是一段非凡的奇遇。这样安静的力量,必能托举一个个童年里闪在露珠上的梦想,也让园子里的每一个,成为精神明亮的人。

最美的光阴

卡座、屏风

书页、书卡

阳光、清风……

走过会呼吸的大道

点亮一段最美的光阴

书,在光阴深处

有一种读书,可以像过日子那样自然而宁静,泡香茗一杯,执一手书卷,清风徐来,茶香袅袅,心情可以在文字间舒展,心灵即刻在书香中沉静。

最美的光阴,实小教师独有的精神书吧。

走进书吧,右手边狭长的一条,是

一个素雅、清新的世界。白色的屏风、江南窗格的镂空设计,让人的思想也通灵剔透,彩条的卡座,点亮起整个空间的色彩,配以游鱼的背景,绿植的点缀,一切静静地铺陈,激起人一读方休的念想。课余,老师们就在这里读书、论书、思考,或独坐一隅,掩卷沉思;或两两相对,促膝而谈;或三五成群,各抒己见……

在这里,搁置一种自由,读书,就是最美的姿态。

在这里,可以尽情感受塞纳河左岸咖啡的浪漫,收纳江南文学与园林的雅致。

在这里,实小人肆意地丰满温馨的格调,触摸艺术的流行,创意幸福的气息。

在这里,我们邂逅"最美的光阴",修炼"成长的信仰","优·雅"前行。

一张素朴的卡片,是这个书屋里最寻常的存在。整理成沓的,零落在桌的,写满的,空白的,各有姿态。每一个来到这里的人,除了读书,更是在与作者对话,与自己对话。这些对话,落于笔墨,其实就是一种寄送,正寄往未来的自己。

当阅读,成为一个教师的生活方式,教育,也才有了向高处长、往远里播的希望与光亮。最美的光阴,人与书,你与我,一起完成对教育的盛大尊重,对生命的美丽敬仰。

钟摆小书

一个一个孩童往来

一届一届学生交替

一册一册小书更迭

这样一个小小的读书场

来来往往的奇妙

回环往复

仿佛跌进爱丽丝梦游仙境的树洞里

博见楼的底楼,一个阳光开阔的厅,两面大的落地玻璃,轻纱帷幔,阳光铺设得恰到好处。一面青砖石垒砌的屏风，清浅的流水自上而下缓缓而行，只薄薄的一层，擦过青砖石棱角自然的皮肤。常春藤自水边旁逸斜出，生长随意。一个落地古旧的钟，简明的线条，钟摆回环往复。

这个自然安静的场，应该是一个绝妙的读书场。一套简单的布艺沙发、明黄的厚地垫，随意安置几个布偶靠垫，没有别的过多的修饰。书却不少，原木色的书架铺满绘本及各类小书，几个藤条编织的篮子，也盛着大大小小颜色各异的书。

钟盘显示中午12点左右的光景，低年级的孩童三五成群走进来，有认识的朋友，爽快地打声招呼，继而在书架边驻足，寻找今天与自己心情相符的那册小书。轻轻取下一本，就在沙发上坐下，更多孩童更愿意坐那明黄的厚地垫，两腿一盘，背靠背的，依偎一起的，都是最闲适舒服的姿势。陆陆续续坐满了读书的孩童，路过的几个，也忍不住去书架、藤篮里搜寻一番，把书靠在钟框上，站着翻读几页。

一段午间静谧的阅读时光，钟摆不停往返，一个一个孩童不断走进，取走一本小书，又轻轻放回；一届一届学生往来交替，一本一本小书不断更迭，来来往往，回环反复。仿佛觉得那个钟摆就是一条时光的隧道，每一个翻书的孩子就是梦境里的爱丽丝。

往里延伸，还有一个孩童隐秘的读书洞窟。躲在一个小小的洞窟里，读书本身就是一种孤独的享受。一间一间的小洞窟，孩子们在那儿，安然、安适，随时都可能撞进一场正在发生的故事。

旧书奇缘

校园的中庭，面积不大，绿草花影点缀

细心一看，都是读书场

> 红色英式电话亭，那是"旧书奇缘"发生地
> 英伦风棕绿大伞，酒红色阳光雨篷下
> 透漏的阳光点点烘焙书香……
> 旧书"心"遇见

4月23日，世界读书日。读书，是日子，但不是数一个日子。

4月22日的时候，走过范贤楼中庭，在东北角打算拔几株铜钱草，装点在办公桌上。石臼里，绿油油的水草飘摇着，红色的英式电话亭，门打开着，白色的书架上，几十本书籍，或微微翘角，或略略泛黄，或依然如新，站着，躺着，斜着……

在红色邮亭中摆放几架纯白矮柜，侧放好两道布艺挂袋，就做成了迷你图书馆。馆内的每一本书，来自即将毕业的孩子对母校的反哺，他们把最爱的那本留存，期望有后来者读到曾留有爱书人温度的书卷，有所悟所感，尽可在布袋中取出卡片，随意涂写，投入邮箱或直接寻找主人，等待共鸣或争论。

文艺的说法是：一本旧书来到这里，谁会在今晚再次打开？书里的故事又会向哪里流传？书页会老，但阅读常新。和爱的书相遇，开启一段旧书奇缘……

春风沉醉的白天和晚上，这个英式邮亭默默宣昭：读书是一件奇妙的事，通过一本书能联结过去、现在和未来。胡适老先生曾读到一本书，上面有明代人的手迹，老先生欣喜于通过一本旧书和古人会晤。指指相印间，读书人的气息得以延续，一本书成就一段缘分。

今天，我们希望能成就更多奇缘。在攥着几株书香里的小草回办公室后，收到一个网页链接，那么巧，另一个相似的故事在大洋彼岸发生过——

红色公用电话亭被视为英国社会的文化标志,但如今已渐渐过时。英国各地的小镇居民发挥他们的聪明才智,来保卫这些"红盒子"。努力之下,数百个电话亭获得新生,被用来展示艺术、诗歌,最好玩的是变身为迷你图书馆。

就这样,万里之外,因为爱书,爱读书,在中西方不同的文化中,能迸发出一样的想象力和空间创造力。

世界读书日,仪式和活动到处发生。但读书不应该只是一个仪式,而是一种习惯,随时发生。去过台湾的两处诚品书店,网络上亲近过成都的方所书店,这些书店的空间,有一个共同的特质,那就是孵化和酵养着读书的习惯。

世界仍然生活在故事当中,只是今天最津津乐道的可能是马云的故事,以及这一类故事的变种,为了抵御这种单一,读书吧。透过书本,我们长久地凝视现实,让被遗忘的复活,赋予思想尊重,以配得上丰富变幻的当下。

世界的书

一间书亭,一个世界

紫藤花下,光影斑驳

一个人,一所学校

从一本书开始

感觉着整个儿世界

有一个地方,比整个世界还要大。紫藤架下,它静默地站着,在通往世界的路上,清醒地站立着。透着中国古典韵味的木架的廊下,小小的屋;流动着世界气息的书外,小小的屋。联结、创意,将这一个小小的世界点亮。春天,坐在廊下,仰望透过紫藤花的旷远的天空,感受俯首翻动书页的惬意,指尖勾起的是阵阵馨香。

世界的书,一个读书小站的名字。认识一个国家,就从这个国家的一本图书开始;认识一个世界,就从读世界的书开始。创意人希望通过它,让世界各地的书像遇见好朋友似的在这里相遇，从几本，到几十本、几百本，书本可以像植物一样牵起藤蔓，不断生长，生长起的不仅是书的数量，还有对世界的渴望，对未来的希冀，对生活的向往。在这里，取阅到的图书，或许他们是来自不同国度的各种书，或许他们是同一本书的不同国籍，那么，就在抚摸与阅读间去触摸不同的地域文化，感受不同的风土人情，不一样的情感方式。那些在文字间飞扬的色彩、光芒、声音、心情也许未必全懂，但一定可以飘逸开性格迥异的不同国度的味道，开启人生与世界的一场场对话。

读书小站的书源更多地可以来源于老师、学生、家庭的分享。小站创始初期，创意团队发出邀约：当你带着孩子出国旅行时，带着孩子去世界各地逛一逛最美书店吧！如果，回来的时候你能带上一本书，来"世界的书"小站，分享书，流传书，让读书的接力棒经由你的手传出有力的一棒，那么，世界的声音会因你而传递，我们会郑重地在书的副卡上写上您的姓名，书的出生地，分享的时间。流年飞转，或许你还能期待一场与它的重逢。我们等待着，从世界的四面八方捎回的世界的书。我们期待着，百年的生命可以以书的名义延续。

一所百年的老校，一个世纪的等待，"世界的书"小站，不是一场书的展览，而是我们的等待。等待着来自世界各地思想的汇集：墨西哥城钟摆书店的书、巴西圣保罗薇拉书店的书、英国伦敦旦特书店的书……我们期许，百年的光阴，留下的不仅仅是时间的印记，更有生命里贮存的，关于书的味道。这里，就是全世界，从这里，走向世界。

生日书吧

每间教室

一个小小的书角

赋予书

以及书以外的更多含义

在这个物质极度丰富的社会,生日,对于每一个孩子与家庭来说变得越来越重要,生日礼物也由各类高档衣物、各种电子产品,到请班上同学聚会,名目繁多。这些眼下最流行的孩子过生日收到的礼物,少则几百上千,多则上万,孩子们还在攀比着,谁收到的礼物最有档次,谁的生日最气派。

生日,到底给孩子送什么样的礼物最有意义?

"在孩子每年生日的时候,告别高额的花销,用心去为他选一本书,滋养爱心。培育心灵。当孩子长大,于浮华淡褪中回眸,于日月常新中凝望,年年岁岁一本书,串起的是世间最深层的爱、最温暖的呵护、最珍贵的财富……"

学校向每个家长提出了"生日送一本书"的倡议,并且在每个教室成立了"生日书吧",照旧是几个小小的书架,但这里的书用心生长着爱的味道。依然有书吧简介,但一段段简短的文字是读书心语。书,在这里有了简朴而隆重的仪式感,书的扉页上有家长写的生日特别寄语。书,在这里有了流转回环的浪漫经历,孩子们把生日收到的书本带到学校和同学一起分享。书,在这里觉察着世间爱与被爱的味道,丰富和沉积着对生命与生活的不一般的理解。

一本书，一份爱，一段时光；

一本书，一个梦，一个世界。

老师们说，"生日书吧"是一个安静读书的小地方。儿童的世界，要有一个安静读书的地方。不需要宽阔，不需要华美，甚至不需要一个多么舒适的场所。或斜斜地立着，或闲适地靠着，还可以几个人头碰着头，分享闪亮的发现，也为书中的一个人物争得面红耳赤。可爱的儿童，应该拥有这么一个可爱的读书的小地方。

孩子们说，在我们的教室一隅，有一个美丽的地方——生日书吧。在这一排排书架上整齐地摆放着同学们生日时父母们送的图书，上面写着父母对我们深深的祝福和殷切的期望。而周围的小装饰品、绿植，让生日书吧平添了几分活泼、俏皮。如果你有幸来到这里，你将会看到这个如童话城堡般的地方，有一个个小书虫遨游在书的世界中。他们一个个捧着书看得津津有味，爱不释手。碰到让自己颇有感触的书，同学们还把自己阅读后的心得、感想写在书的扉页上，和同学们分享阅读时的快乐与收获。对待生日书吧的图书，同学们都像对待自己的宝贝一样，不忍心去破坏。看完了，同学们也会井然有序地放好书，热心地把一整个架子的书都摆好。

生日书吧，印证着每一个孩子的成长足迹，从刚入学的懵懂小儿到即将毕业的奋发少年，他们在书吧中获得了无数的幸福与快乐。书吧里的每一本书，既是同学们各自的财富，也是全班同学共同分享精神食粮的平台。通过它，孩子们相互分享，共同品味书中的一字一句，看到更宽广的世界。书本不仅给了同学们智慧和知识，也给了同学们力量和勇气。

生日告别了肤浅的物质，多了书香的点缀；远离了世俗的攀比，在文字中徜徉。"生日书吧"，让孩子的内心变得纯净、沉静；"生日书吧"，成了教室里最温馨的景致。

课间、午后，捧一本父母送的书，细细阅读，慢慢品味，既有文字带来的快乐，又有亲情带来的幸福。

生日书吧的意义在于此，不止于此。

一亩花田

一间书屋

一个久远的故地

落满阳光与诗意

还有,书卷气、花草香、光影味

还有……

"如果你来访我,我不在,请和我门外的花坐一会儿,它们很温暖,我注视它们很多很多日子了。它们开得不茂盛,想起来什么说什么,没有话说时,尽管长着碧叶。"想来,汪曾祺先生一定也有一间开满鲜花的小屋吧!那里,有暖阳,可以听雨,赏画,看落叶翻飞。

一间落满阳光的屋,是传递着温暖与美好的。张家港市实验小学有一间叫"一亩花田"的书屋,书屋通透,四面都是透明窗门,玻璃的纯净随光影的变换,景致变幻莫测。不论从哪个角度看去,都可以是一幅画:兰清秀脱俗,端坐于门前,吐纳芬芳,静待人来;立地小架,藏着这季最美的语言,上书"无事此静坐,一日当两日";抑或夕阳西下,芭蕉剪影落地参差,偶尔来一阵风,叶影便随风摇动;更有甚者,微风路过,风铃声起,叮叮当当,此起彼伏,透着清脆与欢愉。

屋内,两张宽桌,几把扶手木椅,不同的是,它们都矮矮的,扎扎实实的,一年级小朋友坐下,高度刚刚好。书屋里最大的就是那一整面墙的书架,环保木质的柜体间，正好搁置宽宽大大的绘本，书架用于陈列，一本本色彩鲜艳、插图生动的绘本就像儿童惦念在心头的五彩的糖果，隔窗相望的瞬间，有一种叫"书"的诱惑，在催生一种叫"读书"的冲动。绘本有置于书架，也有平铺于桌面。因为书架上高层的书不便于孩子随时取阅，会有人定期将高高的书架上的书轮换放到桌面，时时，当孩子走进这间屋，桌面上的书总是新的，那种对书的沉沦就在此刻开始了。矮藤椅上，有个斜靠着的，那是还没有来得及完全坐稳就已经打开了书读起来的，间或，摇椅会晃动两下，以显示她读书的美好心情。矮桌上，两个小脑袋凑在一起，但没有声音，大概就喜欢这样靠着共读一本书的亲昵感吧。还有门前的矮矮的台阶上，也时常会有一个两个孩子边闻着花香，边陶醉在书里……

孩子时时来，书本日日新。儿童、书本，花朵带着向上的力量，正蓬蓬勃勃。只愿多年后他们在忆起这座园时会说："我的脸上若有从童年带来的红色，它的来源一定是这座花园，这间叫'一亩花田'的书屋。"

与儿童一样眷恋着这亩花田的，还有一群青年人。他们会携着三五好友闲坐书屋，人生理想的话题开阔于此；他们奉命集结，思想交锋，论剑教育；更多的时候，是在明月初升，风铃声动之时，打开一室的光亮，汇集、聚焦，手不释卷，灯火可亲。此种叫"读书灯"的夜读活动，让每一个青年人恋上这黑暗中的盏灯杯影，这样的灯光，让人感受着"风雪夜归人"期待的明亮、温暖与希望；这样的灯光，渡人亦渡己；这样的灯光，照亮的是心的世界。每每这时，书屋里更有了思想的味道，那些汇流成河的唇枪舌剑，见证着成长；那些邀约共谈的话题，分享着彼此。直到"岸上疏灯如倦眼，中天月色似怀人"，他们才带着余韵，带着争论，恋恋不舍……

一亩花田，这个孕育着无限想象、无数希望、无穷远方的驻地，立于此，让一个园又多了一份生长的期盼。

第三节 "会呼吸"的路

以美学经纬"再织"校园空间,构建出一座小径分岔的花园,努力实现生态空间、人文空间、游戏空间的完美合一。

在这个小径分岔的花园里,路都是"会呼吸"的路。路的两旁,或是姿态优雅的大树,或是形态各异的小花;路的中间,或是嫩绿的小草,或是色彩斑斓的花坛,有怒放的生命,也有飞舞的蜂蝶。小径分岔的花园里,每一位老师、每一个孩子共同呼吸,共同成长。

会呼吸的路,是育人的宝贵资源,承载着一种教育理念和文化意蕴,彰显着学校的文化气质、文化自信。

教育,就是要帮助儿童找到一条适合自己的"会呼吸"的路。

一条"会呼吸"的路

"会呼吸"的路,给每一个孩子自然生长的生态环境。

小径分岔的花园,是教育的生态园。在我们心中,每一个孩子都是蓬勃孕育的生命,像树,像草,像花。尊重每一个孩子的个性和特长、为孩子们提供自由广阔的生长环境,才能让孩子自然生长,才能让孩子的精神生命自由呼吸。

小径分岔的花园里,大树、小树生长,小花生长,小草也在生长;在园子里,我们坚持"儿童立场",关注每一个孩子的生命状态,促进每一个孩子的持续发展。

小径分岔的花园里,每一种花草树木都按照自身的生长规律自由成长;在园子里,我们根据各学科自身的特点,营造高品质的课堂生态,实施有品位的教学。

小径分岔的花园里,一切在和谐中自然地生长,没有催熟剂,不会拔苗助长,也没有矮壮素,从不控制根茎叶的生长而促进花、果实的生长;在园子里,我们"顺其天性",没有盆景工艺式的缠扎,没有驯技强化般的鞭打,正如卢梭所说:"教育必须顺着自然——也就是顺其天性面而为,否则必然产生本性断伤的结果。"小径分岔的花园里,我们让每一位孩子能够如春天的花朵般自由呼吸,自然生长。

因为一棵树,建一座花园,一座小径分岔的花园。从成长树开始,走出属于我们的小径。这条小径可以通往历史,可以通往自然,走向会呼吸的路,走向会呼吸的教室。

在实验小学,有一间"爱学教室"。那是孩子自己去创造、去设计的小天地,课桌椅被设计成积木的形状,色彩鲜艳,可自由拆卸,自由拼搭,甚至可以随意组合。

教室里的资源随处可取。书籍从图书馆走出来，走进了每一间教室的"生日书吧"。教室里不仅应该有书、有电脑，还应该配备简单的测量工具。

人们总说："孩子们的科学素养正在退化，为什么退化，因为你没有给孩子机会去发现。"我们在教室里投放了放大镜、测量尺，孩子们可以在课间自由选取这些资源去做测量，去观察蚂蚁。

会呼吸的教室，空间舒服、自由、美丽，是孩子们的家园。像冰心先生说的那样："让孩子像野花野草那样自由生长。"我们的学校就是一座孩子们可以撒野的园子。于是，这座园子回归了孩子们的心灵。

"会呼吸"的路，给每一个孩子积极生长的自由空间。

没有孩子生来不爱树林、池塘、草地，不爱野花和小鸟的。作为校园核心主体的儿童，应该像野花野草一样自然生长、积极生长。小径分岔的花园里，"会呼吸的路"给了孩子们学习、游戏的自由空间。

"会呼吸的路"，在校园里，营造出一种柔和而有活力的氛围，让环境成为孩子们游戏的资源，让园子成为游戏的自由空间。孩子们可以看蚂蚁打架、蜜蜂采蜜、蝴蝶跳舞，也可以捡起泥巴，在草地自由地撒野一回……孩子们创造属于自己的生活。在文化的园子里，在游戏的田野中，让孩子回到"看见一朵花就怦然心动"的天性；让孩子在游戏中释放个性，发现自我；让孩子感受因游戏而来的野趣和高贵。

褪去水泥的外衣，泥土终于与阳光热情相拥，种子恣意享受雨露的轻吻。呼吸着自由的气息，一棵树，又一棵树，在拔节！他们向往一片林；一枝花，又一枝花，在绽放，终究汇成一片海。呼吸亦然，教育亦然。给心灵留一点空间，给生命留一份本真！

"会呼吸"的路，给每一个孩子全面发展的多元路径。

一个人遇到一所好学校，是人生的幸运。学校构建"会呼吸的路"系统，就是让我们的每一所学校都成为儿童的幸运之所，让孩子遇见最美的自己。

"让孩子遇见最美的自己"，这正是我们学校物型课程的核心理念。

爱因斯坦说过："每个人都是天才，但如果你用爬树能力来断定一条鱼有多少才干，它整个人生都会相信自己愚钝不堪。"是的，有多少个孩子正在成为那条鱼啊！可是，仅有批判有用吗？教育需要改良，需要我们在座每一位的行动。让鱼成为最好的鱼！我们要给鱼河流，湖泊，乃至海洋。给每一个孩子创设适合他的课程。给孩子发现和认识自己的机会，让孩子在最适合的课程里遇见最美的自己。学校物型课程就是要唤醒孩子们的原生力量。这种唤醒，不是用成人的视角主观地为孩子预设未来。而是要给孩子机会与平台，让孩子不断去尝试，去发现，让他们"想见"属于自己的未来。今天他可能对写作感兴趣，明天他也许就会对别的感兴趣，孩子的未来具有无限的可能性。我们需要做的，就是为孩子提供个性化的课程，让他发现自己的可能，并让可能开花结果。这就是学校物型课程的意义所在。

小径分岔的花园里，每一条路，每一棵树，每一片草地，都成为会呼吸的画卷，给孩子们留下最幸福的美好记忆。

适合的，才是最好的

会呼吸的路上，我们用教育的视野与生命的工艺巧解妙剖，创生出细长的绿色生命线，这些路朝着不同方向延伸出去，让人的视线与心灵得到多元的延展。学生是一粒树种，学校好比一片生命的林子，每个学生都在这片林中寻找着、选择着成为自己的适合之路。面对着一条条林中路，教师需要用林业工那样敏锐的眼光专业的智慧去识别与体认每一条路径的独特，以更好地服务于学生，发展于学生。教育的美丽价值就在于给学生也给教师不同寻常的视角，给人生多种选择的机会，在一条条会呼吸的林中路上，让孩子像野花野草那样自由生长。

小径分岔的花园里，我们努力践行"让学校成为美好的童年记忆"的办学理念，倡导"做精神明亮的人——过正常而积极的童年生活"，建构我们的教育哲学：教育，让每个孩子找到适合自己的生长方式。创造"适合的教育"，让每个孩子成为最美的自己。

"会呼吸的路"既是校园最直观的外在表情，更是学校课程的意向表达。

我们以"学生发展核心素养"为依据和出发点，基于学生的身心发展需求、兴趣倾向以及经验与能力，以"国家定制（含地方定制）、学校定制、班级定制、自我定制"为基本路径，构建"儿童定制课程"体系，为每一类（每一个孩子）立体化定制优质课程，充分发挥各个层面的课程各自不同的功能，让教育适应每一个孩子，实现国家意志、时代需要与个人需求的完美契合，为每一个孩子的全面发展提供多元路径。

国家定制课程（含地方定制课程），是指通过专题整合、模块组合、跨界融合等策略对国家课程（含地方课程）进行校本化开发和创造性实施的课程。

专题整合，对国家课程的教学内容进行专题统领，以提升"学"的品质和效能。如，语文教师从"主题内容、作者、体裁、表达方式、学习策略"等角度对教材进行专题整合，让国家课程的实施过程变得开放而灵动。

模块组合，丰富孩子学习历程。如，为了提高语文学科国家课程实施的品质，我们校本化定制"口语交际模块"课程：低年级故事课程、中年级演讲课程、高年级辩论课程。如，英语教师从国家教材"购物"出发，选取学生感兴趣的话题，充分利用校园里的自然环境、人文景观等，为他们创设有趣的实际场景，定制"实景主题教学"课程——"圣诞义卖"。课程的实施，凸显了"愉悦的学习氛围""创造性的语言运用""多元化的能力发展"。又如，随着雾霾天气的增加，体育学科教师对国家课程进行二次开发，增加室内体育课的比例。课程研发核心组成员结合学校的足球（篮球）特色项目，精心设计活动篇（室内球操、素质练习）、理论篇（足球、篮球文化等）、游戏篇（创编室内球类游戏）、观赏篇（足球、篮球赛事）等课程内容，并在创造性实施过程中满足了儿童的发展需求。

跨界融合，提升核心素养。如，美术、音乐等学科教师跨越学科界限，基于国家课程及孩子需求定制"经典赏析"课程（百部经典影片、百首经典名曲、百幅经典名画）等，丰富孩子的人文积淀，培养孩子的艺术鉴赏能力及审美情趣。

学校定制课程，是指立足学校特色，基于中华优秀传统文化、学校优良的"范贤"（以贤为范）文化基因及孩子发展需求，为全校孩子定制的课程。主要通过"范贤文化课程""'三味书屋'阅读课程"等培养和提高儿童的"人文底蕴""科学精神"；通过"21天美丽行动"好习惯课程、"阳光体育"课程、"美时美刻"分享课程等引导孩子"学会学习""健康生活"；通过"校长妈妈开讲啦""研学旅行"课程培养孩子责任担当、实践创新等素养。

如，"范贤文化课程"的开发与实施过程中，我们不断优化环境文化识别系统，将精神文化元素"外显于形"。各校区先后进行校园改造，楼宇命名或选用中华经典文化中的妙语，或凸显学校核心文化元素。东校区的行政楼为"知明楼"寄寓管理者"智慧开明、豁达大度"；综合楼、体育馆分别为"博见楼"和"跬步楼"，昭示登高望远和脚踏实地；报告厅谓之"道存楼"，隐寓"道之所存，师之所存"的学习态度；教学楼分别命名为"半肯楼"（借用禅语）、"三省楼"，倡导学生善于思考，善于追问，善于发表不同的意见，鼓励学生躬身自省。南校区除了范贤亭、校训文化石以外，楼宇分别命名为范贤楼、端正楼、勤勉楼、果毅楼等。各校区的教室、办公室、教师读吧以及走廊等文化设计，主题突出，内容丰富。学生在潜移默化中传承"范贤"文化。

又如，"21天美丽行动"好习惯课程的内容分三部分。基于不同孩子的需求，学校分别定制了"生活习惯课程""学习习惯课程""心灵习惯课程"等。这一课程的实施，以"21天"为一周期，每个周期结束以后，学校组织所有孩子分别进行"我的第22天"好习惯成果展示，并启动新一周期的"21天美丽行动"好习惯课程实施。成果展示坚持静态展示与动态展示相结合。所有孩子利用教室的展示区展示"21天美丽行动"好习惯课程实施过程中的"21天美丽行动"契约、活动照片、活动感悟、评价记载、下一周期的实施计划等。同时，选择部分孩子或面向班级全体同学，或面向整个年级全体同学，或面向一个校区的全体同学，以"海报"形式静态展示，以"专场演出"的形式动态展示课程实施过程中的成果。

再如，"美时美刻"分享课程的实施，每一个班级，每一天放学前十分钟，让孩子讲述快乐，分享成长，收藏温暖能量，培育健康心理。"美时美刻"分享课程与学校微信公众号定期推出的学校定制课程"校长妈妈开讲啦"有机结合。每天10分钟，成就每一个孩子快乐人生的态度，培养每一个孩子健康人格的雏形。

另外，"修身三省、经典四品、百花五艺、成长六季"，这就是我们的"成长树"校本课程。每一棵树的成长，都需要阳光、雨露、肥沃的土壤。在"成长树"校本课程探索的基础上，我们建构了比较完善的"儿童定制课程"体系。

我们关注人文艺术修养，让书画影音走进了学生的生活，我们坚定地认为艺术是灵魂的香水，它不可以当水喝，不可以当酒饮，但是闻过它的人，灵魂中就有了它的香味。我们根据学生需求，定制社团活动，定制私人展馆，每一个孩子都拥有属于自己的百花社团。孩子们迈进实小的大门，就会认领到实验小学的"金色门票"，得到实验小学的印章，开启圆梦计划。一至六年级，"成长六季"系列活动，让孩子的每一年都有别致的成长。

班级定制课程，是由"金三角"导师团（教师团队、家长团队、社会专家团队）基于各个学段每个班级孩子的学习需求、发展目标而定制的课程，包括班级特色课程、各类精品社团课程。主要借助"STEAM课程"、百花戏剧课程、"一步一沙洲"家乡课程等培养和提高孩子的"人文底蕴""科学精神"等核心素养。

自我定制课程，是完全向每一个孩子开放的定制课程。教师引导每一个孩子根据自己的能力基础、爱好特长以及发展需求等，以"我的世界是一枚果实"为主要线索，自主申报，定制适合自己的课程——原创书课程（内容包括儿童的日记、诗歌、小说、游记、绘画作品、书法作品、摄影作品等）、"悦动体育"课程、"榜样学子"讲堂、"梦想艺术"课程（"个人演奏会""个人演唱会""个人书画展"）等，由学校、家庭、社会等共同努力，确保"自我定制课程"的有效实施，帮助孩子遇见最美的自己。教师引导每一个孩子基于"兴趣"的菜单选择，从"兴趣"出发，向深度发展，不断增强兴趣的"稳定性"，并以此改变自己的学习生活，找到改变人生的支点，享受自我实现的快乐与幸福。

小径分岔的花园里，我们为每一个孩子的全面发展提供适合的多元路径。园子里的每一处景观、每一门课程，都经过精心设计，都有教育的富足在里头。我们想方设法以人化物、以物育人、以物化人，让生活在校园里的每个儿童留存美好的记忆。

第二章 价值观：那些"人之初"的精神功课

　　心灵与外在空间是有感觉的，只有外在客观的环境与内在心灵的节奏同步配合，身心舒畅，才能让我们寻找到与这个世界同呼吸、共认同的匹配度。"美学生长"赋予了孩子某种经典品质，同样，价值观的常识启蒙，比如对生命和个体的态度、对大自然和动物的态度，基本的思辨能力、共同体责任感和使命感……这些作为"人之初"的精神功课，对童年来说同样很重要。

我们充分利用校园空间的自然风物、美学元素和文化信息，及时观察、捕捉孩子们的个体"遇见"和现场反应，我们通过一个一个具象的物，通过教育者的介入、助推和引领，刺激故事的发生，拓展事件的长度和空间，将个体事件放扩为校园事件，将生活事件提升为心灵事件，将游戏事件演绎为教育事件，生成一个个有意义的校园生活事件，来给孩子们输送优秀的价值观选项，供孩子们讨论和借鉴。从而在审美、伦理、心性和价值观等方面对学生施加积极影响，以此完成生活和教育、休憩和学习的立体功能。

张家港市实验小学这座小径分岔的花园，已有百年的办学历史，丰厚的底蕴赋予了它许许多多美丽的校园细节。那么，如何设计最有展示力的细节，传达出最想传达的教育智慧？我们带上了全部的自己，把这些年值得回味的校园细节慢慢考量，细细体悟，编织成网。越是考量，越是清醒。越是考量，越是通透。细节固然有千万，而经纬始终不变。贯通所有细节，让它们闪烁教育智慧的，是我和师生们所熟悉、所认同的学校价值观：遇见美丽的自己。

学校有一道花墙旧廊。墙面最中心的部分是一张泛黄的老照片，主人公不是校长，而是一位普普通通的老总务。这是为什么？

食堂前两个蘑菇亭。亭下挂着两只空鸟笼，笼门打开。这是为什么？

教学楼后有一棵树。一棵枯树。一棵已经没有了物理生命的树。但它却一直站立在校园中，从未消失，每一个经过的人都会看见它。这又是为什么？

……

这些，都是实验小学的教育细节，带着实小的味道，传递着实小的教育智慧，关于细节，我们有太多的故事……

第一节　树的故事

一座花园，总是少不了树的，这些树传递着生命的气息，葱茏着校园的物像，它们有自己独有的姿态，或纤柔，或刚硬，或内敛含蓄，或锋芒毕露，它们用自己的方式与自然相处，与世界相处，在校园里，它们更是被赋予了教育的属性，它们，之于儿童，亦师亦友。

3个，树的故事

第一棵树，是一棵枯树。2013年5月，"全国县域义务教育均衡发展督导评估认定现场会"在张家港市举行，实验小学有幸成为其中的一个展示点。在会议

筹备期间，我们发现了这棵树，当时，后勤部门准备重栽一棵新树，当我们站在这棵树下，细细聆听每一根枯枝的述说，我们分明听到了它在呐喊：我多想再活五百年。是的，从生物学意义上，它的确是一棵死去的树，然而对孩子来说，这可以成为最直观的生命教育。留下这棵树，不仅仅是因为生命教育，更重要的是，我们要让它打开教育的一个新视角，启发每一个教师：儿童有千百种，看待儿童的视角也应该有千百种。于是，这棵树被《人民教育》赋予了一个响亮的名字"永不消逝的生命"，师生们为它创作了一首小诗，还亲切地称它为"张家港市实验小学001号教师"。

生命，

没有绝对的消逝

只要我们愿意

枯树也可以成为风景

教育

没有无计可施的瓶颈

只要我们愿意

每一个孩子都可以成为一个奇迹

生动地给予我们惊喜

我们

没有无可救药的人生

只要我们愿意

第一次的际遇都能收藏能量

成为旅程中可贵的体验

要记住

生命，要努力绽放

树，打开了一群人的教育视角。多一个视角，就多一份智慧，这个世界，也许就因此多了一个美丽的儿童。

学校的百草园中庭，有一棵普通的香橼树。这是故事里的第二棵树。在实小，这棵树也叫"成长树"。这棵树，于是，不仅结满了香橼，也结满了童年的故事。

有些故事，属于每一个儿童。每一年开学季，孩子们自发地在树上悬挂多彩的心愿卡，每一个心愿，都是孩子们成长的小信仰。

有些故事，属于某一个儿童。一天放学以后，阳光薄金，秋风薄凉，一个男孩坐在树下，低着脑袋，呆呆地看着眼前的一湾荷塘。他静静地坐着，十分钟以后，他站起身，对着成长树挥挥手……已经不知道是第几个孩子，会在成长树下喃喃自语，那是独属于他的心灵对话，或许是因为成长中的某个心结，或许是由于和小伙伴之间的一丁点儿矛盾，当现实无处或者不便倾诉时，他们会来到树下。当一棵普通的树，被赋予了象征意义，它就承载了教育的功能，也许在你都不知

道的时刻，不知道的地方，一种精神的力量就被唤醒，就在生长。

这样一个场景，也常常让我们思考，中国文化艺术中特有的一种审美意象：隐喻文化。就像梅兰竹菊，就像高山流水，在中国人的审美心理中，早已超越了自然的属性和意义。

遇见美丽的自己，需要我们穿越事物的表象。因为，所有看得见的细节背后，都有看不见的富足。教育，是美苏醒的过程。

在实小，一张老照片、一个空鸟笼、一棵树，都有理念的投射，也是课程的象征。无数的细节都在静谧处，在闪光处，启发着我们，如何遇见，才会成为美丽的自己。

第三个关于树的故事，来自校园改造后。

在我们学校的操场边缘，种着12棵果树。原先那里种着的是一排行道树，那现在为什么换成了12棵不同的果树？我们想让走进园子的每一个人记住，法国思想家、教育家卢梭那段经典的话："大自然希望儿童在成人之前，就像儿童的样子。如果我们打乱这个次序，就会造成一些果实早熟，它们长得既不丰满也不甜美。"同时，这12棵果树也是我们学校定制课程的生动象征。世界上没有两棵相同的树，也没有两个相同的人。定制课程，就是要让苹果长成苹果的样子，梨长出梨的味道。因人而异，是定制课程的魅力所在。

我们定制的课程分四个层面，国家定制（是国家意志在学科课程里的创造性实施）、学校定制（满足共性需求以外的学校文化烙印）、班级定制（让儿童在每一个生动活泼的小社会里找到归属感）、儿童定制（教育的本质都是为了自我实现）。定制课程，从国家—学校—班级—儿童，是一个不断从抽象儿童走向每一个具体儿童的过程。其中，最有魅力的部分是自我定制。在张家港实小，每一个儿童根据自己的需求为自己定制一门课程已经不是天方夜谭。孩子、家庭、学校和社会组成的导师金三角团队，成全着一个又一个孩子完成自己的梦想。发生的故事很多，影响孩子的也很多。

牛牛，一个三年级学生，"为爱写生——家的味道"坚持到今天是第 210 天。这门课程缘起于妈妈为他做的一碗红汤面，于是，有了第一幅作品，随后，这些因为爱而发生的创作像涟漪一样扩散在这个男孩的世界。从教室到学校梦想艺术馆，从贫穷的山区到充满艺术魅力的保利剧院，迄今为止，他已经成功地举办了 7 场私人定制展览。更令人欣喜的是，他在张家港市沙洲湖科创园的沙洲 BOX 创客空间，申请了属于自己的创客项目，成为年纪最小的创客，他的绘画作品已经做成了文创产品走向市场。如今，他有了一个不大不小的梦想，那就是 365 天以后，准备出版自己的第一本书——《为爱写生》。他说，他不想用爸爸妈妈的钱出书，他要用自己的文创作品挣钱，一部分所得用来出书，三分之一的经费用于支持山区有绘画梦想的孩子圆梦。

每一个孩子都是一棵树的种子，握在掌心很小很小，几乎微不足道，但是，每一颗种子都有它自己独特的发芽路径，等它一天天长大，离天更近，就可以栖息不远万里的飞鸟，停靠千里之行的旅人。它不仅长成了最美的样子，还能承载他人的梦想。实验小学有 5 000 多名学生，牛牛只是其中的一个。我们所要做的，就是用我们的双手托举每一个孩子的梦想。每一个梦想都有自己的模样，每一个梦想都需要真挚的理解与尊重。因人而异的生长，才能让梦想绽放，让孩子遇见美丽的自己。

我们看一棵树，姿态通常是仰望。我们的孩子就像一棵树，面对着一棵必将长成参天大树的孩子，我们应该，提前仰望。

柿子是谁的

秋，是仰望的季节。"天高云淡，望断南飞雁"，是诗情，也是习惯。秋风起了，就有一种引力，让你忍不住昂起头，出神地看，飞鸟、流云、风筝、飘叶……此时的天，无比的生动。

校园里，大大小小的人围着一棵树，叽叽喳喳，很热烈。这是一棵美貌且极具母性的柿子树，果实累累，累弯了枝头。叶子也美，黄红绿，一派灿然。

也许，没有比柿树更能代言成熟的秋色了，尤其柿果身上的红，那是一方灼灼的红，通透、富饶、辉煌，看久了，你会目眩神迷，感觉内心被照耀，涌上一股暖暖的幸福感。我想，世上应该命名一种红，叫"柿红"。

这群六年级的孩子是来收柿子的。他们被老师赋予了劳动者的光荣和权利，他们被分配了长竹竿、大剪子、木梯子，他们摩拳擦掌，跃跃欲试。

几只灰喜鹊从柿梢上惊起，又落在附近的树上，不远去，像是在静观事态。

需要劝阻吗？当然不。

摘取是有意义的，有"秋令"和"农作"的意义，有"收获"和"分配"的意义，有"喜悦"和"汗水"的意义，有亲近果实的触摸意义。

这是童年生活的功课。这是我们校园"心灵化运营"的常态。

显然，孩子们已经等不及了。他们的小贪婪，早就像那一枚枚柿子，饱胀到极限。他们终于迎来了这节"劳动与技术课"，总务处的男老师既当技师，又作保镖。

这群小果农兴奋地攀爬着，吆喝着，欢叫着……每一枚柿子落入篮子，即有一群饥渴的小手扑上来，捧在掌心，抚摸它的皮肤，嗅一嗅它的味道。突然一声惊呼，原来刚落下的这枚柿子，里面竟然空了，不知被谁掏空了，只剩一副皮囊，而刚才在树下望它时，并无异样。大家七嘴八舌做起了侦探，一个声音跳得最高："我知道，是小鸟干的！它是被小鸟从上面掏吃的！"众人的目光齐刷刷抛向旁边那棵树，果然，那几只喜鹊的神情泄露了一切，它们正留恋地看着这儿，就像小孩子盯着桌上急剧减少的糖果。

有少年挥着竹竿去驱赶。它们飞走了。

欢笑声继续。柿子们被小心翼翼地装进袋子，有人提着，有人托着，不给果子们任何争吵摩擦受伤的机会。这届小果农们将怎么分配劳动果实呢？他们说，方案早就定好了：每个参与的同学得一枚，没有参与的班级得三枚，这可是经过精密统计和计算的。那么，怎么知道树上有多少柿子呢？答：早就用望远镜数好了，不多不少，刚好。最关键的来了，所有柿子都要摘吗？答：是啊，好像是……为什么要摘光呢？留一点给天空不好吗？

地上的袋子越来越满，柿子树显得越来越空荡……突然一个男孩弱弱地问："我能不要我的柿子吗？"他的声音虽轻，但很焦急。为什么呢？"我想，我想把我的那只柿子留给小鸟，刚才被赶走的那些小鸟！"

所有人都听见了男孩的话。

静默之后，人群又炸开了锅。"我的那只也要留给小鸟，小鸟可以把它变成种子，带到远方去播种……""我的留给树妈妈吧，所有的孩子都走了，她多孤单啊……""我的也要挂在树上，挂在天上，秋天才是红的……""好了好了，我们留下 10 枚，不，20 枚，自愿留下的，请举手……"

所有人的心都被柔软地敲击着。孩子的逻辑跳跃得多快、多美、多精彩啊！只要给其一根竹竿，他们的思维就能跃到云朵上去。他们已经开始思考了，他们在问：柿子究竟是谁的？柿子只属于人类吗？柿子只是用来吃吗？在他们的潜意识里，至少已经触摸到了一种新的美学和伦理：比如超越"果农"利益的秋日审美；比如"有限消费原则"；比如"舍得"和"出让"，不仅是同胞之间的出让，而且是物种之间的出让，这是一种道德，也是一种哲学。

孩子们的表现，一次次佐证着张家港实验小学的那个理念：儿童不仅是我们的教育对象，更是我们的审美对象。教育要完成的，就是这样一个循环。

作家阿来讲过一个他去美国科罗拉多州立大学的故事：一下车就闻到满城的果酒发酵的味道。后来发现，是好多街道旁栽着的苹果树。有一天终于忍不住问，为什么没有人摘这些苹果,结果得到一句反问:那小鸟们吃什么?再问:专门为小鸟栽的?答:也不尽然,春天可以看花。

对世界的理解,对美的敏感,对万物的怜惜,对自我的定位……留在树上的柿子,无人去摘的苹果,都是心灵的倒影。

至少有一枚柿子是留给母树的。

至少有一枚柿子是留给小鸟的。

至少有一枚柿子是留给天空的。

长刺的树

百草园"童心迷宫"旁长了一棵"造刺树"。笔直的枝干上趴着一簇簇尖硬的刺,长短方向不一,锋芒毕露,一副凶巴巴"别惹我"的样子。从落户到百草园起,它就这样我行我素、兀自生长着,除了有点孤傲,跟一棵香樟树、山白蜡没什么两样,都是这儿的守法居民,没听说它和孩子有过什么冲突。唯一的不同是,每年新生开学季,它总会招来一片惊呼,大家争着给它起绰号,诸如"狼牙棒""小刺猬""冷面刺客"之类。此外,它就没什么新闻了。

有一天,它却成了"网红"。学校承办了省教育厅的一项大型展示活动,午后的暖阳下,数百位客人流连在小径分岔的花园里,做了一场以"遇见"为主题的美学散步。

客人们发现了它,它肆意的尖刺让人惊诧。很自然地,大家联想到它的锋芒如何勾破了孩子的衣服,又如何邪恶地刮伤柔嫩的手臂。大家紧锁着眉头,思索该如何惩治这棵有原罪的树。

艾瑞德国际学校一位老师的话与众不同：这是一棵缺乏安全感的树，那些尖刺，是它自我保护的姿势。

是啊，它只是一棵特别的树，尖锐是它的面孔，锋芒是它的天性，这是它生命的理由，它进化的意义，它幸存至今的秘密，所以它才叫"造刺树"。若把这些尖刺削去，当孩子问其名字时，该如何回答呢？它还有生命的身份证吗？何况，植物有一种美德，其利器都是防御型的，而非进攻型的，是人对它产生了敌意，而非它对人发起了敌意。

我们最初决定留下这棵树，就是欣赏它的锋芒，是为了呈现校园里的"万物生长"，是想让孩子在好奇之后懂得敬畏，学会如何与锋芒相处。

若把一处静止的"危险"都连根拔除，孩子们又能从环境中学到什么呢？若连大自然都过度修饰，走出校门，他又如何分辨并绕过那些来自四面八方、汹涌而至的恶意与险情？

网红了一阵子的造刺树又重归平静了，也许它压根不知道这个插曲，依然躲在百草园的一隅，不言不语，看朝霞迎日暮，聆听孩童的欢笑声。

想起教育中类似的场景。放学时分，校门口传来一位老人的厉声问责："这两盆铁树，会扎伤我孙子的！"老爷子愤愤不平，认为学校应该规避一切危险：课桌椅、墙角、柱子都要用布包起来，上下楼梯老师要步步跟随，体育课不要使用单双杠……当然，那两棵"张牙舞爪"的铁树，更容不得。

一个小学生，若连一棵纹丝不动的树都绕不过，他还能绕过什么呢？

铁树作为一种景观，有一种威严、刚性、凛冽的气质，和"造刺树"一样，有独特的审美价值，作为大自然的成员，它们和其他柔性花树一起，构成了生态的丰富性和完整性。没有这种丰富性，童话就无从诞生，知识和科普也无处安放。

去海南旅行，看见满天的椰子树，几乎每一个游人都犯疑：这些椰果会不会掉下来砸伤人？导游摇头："不会，椰子是有灵性的。"

这当然是个美好的说法,但真相是,此事确实罕见。是啊,即便真有意外,岛民们也不会荒唐到去抹杀所有的椰树,就像你不会去责怪一条鱼为什么长骨刺。

其实,我们的校园里有很多带"刺"的居民:造刺树、铁树、月季花、荆棘、树藤、小池塘、滑溜溜的水石、蒲草、芦苇、湖心岛……在许多成人眼中,它们或许就是"恐怖分子"了,其旁应该竖一块牌子,画上一副"骷髅"或一个吐着黑色毒烟的妖魔。

那么,我们的孩子只能如临大敌、如履薄冰地慢慢走,或许,你再也见不到一群如风的少年了,你面对的将是养老院里的情景:一个个面容稚嫩的"老人",被一群护士小心侍奉着,园子里到处是拐棍和轮椅,他们和接送他们的祖辈们,精神上一模一样。

这样的园子是生了病、发了霉的。

而我们的池塘边,一群少年手拉手,欢笑着,攀着假山的石壁,轻快地用足尖点着光滑的河石,一圈又一圈……他们,没有一个落水!那一张张小脸上,放着光,满是挑战的满足和成功的喜悦神气。他们的班主任,则微笑着,静静当观众。

曾经,还有一个少年用一根竹竿,轻轻一撑,就落到了湖心小岛上,他此行的目的,是解救一只被困在岛上的野鸭;还有一个刚入校的女孩小心摘下一朵带刺的月季,精心包装后送给了妈妈作生日礼物,她的代价是手指上留下一个小红点;六年级一个班全体出动,用梯子和长竹竿,将高高的红彤彤的柿子,一枚枚收入囊中……

他们是挑衅危险的"勇士"吗?不,他们只是正常的孩子,积极的孩子。自由、好奇、奔跑、探险、探秘,乃其天赋,乃其天性,乃其精神上的维生素。《小马过河》的童话体验,只有趟过河的孩子,才能真正体会,才能把这个故事讲好,讲得生动而幸福。

一个裤脚从来没有被河水溅湿过的童年是不合格的。如果我们总试图把事物身上的刺都拔掉,把大自然里所有的锋芒都磨光,那我们推荐给孩子的世界不仅是残缺的,而且是虚伪的。有时候,成人的某些担忧是自私的,是出于对责任的避让;同时也是多余的,因为大自然会爱惜每一个孩子,儿童与大自然的友谊远超过成人。

"过正常而积极的童年生活"不是一条化妆的广告,它是我们的日常,是我们每一天的使命和结实的承担。激励我们前行的,唯有你们的祝福和共识。

哎呀,那个孩子的小脚踩到小池塘里去啦!不怕,每个教室的"爱心驿站"里,都有洁白温暖的袜子。

香樟树下

在实验小学,有几棵百年香樟树,那流动的绿色,是实小人一路走来撒下的时光碎片,承载着许多美好的回忆。

香樟树下,带着你的幸福和新娘回家。

那年初夏,正逢"六一"儿童节。一位从事艺术职业的年轻人,带着他美丽的新娘,来到他的母校——实验小学,寻找童年的记忆并拍摄婚礼视频。

那棵最老的香樟树,见证了这个年轻人的成长,从小小的稚童初来,到翩翩少年离去。年轻人拉着新娘的手,不停地指着:"这就是我给你说过的那棵树""那是我上课的教室!"……在午休的窗户里,突然钻出一个个小脑瓜:"新婚快乐!""新郎新娘幸福!"……一个昔日的孩子,接受今日孩子的祝福。

一个浪漫的故事里,我们看到最美的童年。一个人最幸福的时分,带着最亲密的人,要奔向的地方,一定是最美好的地方。而这个最美好的地方,是我们正生活其中的园子,带给孩子的,除了美好的童年记忆,一定还有更能带

走的东西,更能在某一个将来,让远离的孩子受益的东西,更能在他回望的时候,觉得富足和温暖的东西。

那是关于浪漫心性、审美情趣、阳光自信、勇敢坚毅的一场场托举和润泽。

香樟树下,毕业的我们带走的不仅是回忆。

香樟树下,一茬茬的孩子们来了又走了,就像春天里红色的香樟树叶一年年地换着绿色。在六年级的毕业典礼上,刘慧校长问每一个孩子:"你们觉得,一个人在最幸福的时刻,带着最亲密的人,会想到去哪里呢?那一定是个有故事的地方,一个藏着美好记忆的地方,一个曾让他快乐和迷恋的地方,对不对?我很期待,未来某一天,你们也能带着自己的新娘或新郎,满载着幸福,回到这儿,重温遥远的童年,你们愿意吗?"在场所有的孩童高呼:"愿意!"

孩子们不会空着手离开了。毕业,以怎样的姿势告别?用什么仪式相送?最容易想到的,自然是光影璀璨、歌舞彩旗、漂亮礼物、深情款款……然而,热闹欢愉之后呢?他们真正带走了什么?

让我们听听孩子们的心声:

小学,是每个人童年的开始。六年过去了,我从比桌高不了几寸的孩童长成了少年。我就像是一只快乐的小鸟一样,在母校这个大鸟巢的哺育下,渐渐长全了羽翼,有了飞向蓝天的能力。离开鸟巢,并不是抛弃鸟巢,它将永远伫立在鸟儿的心中,比之前更牢,更坚固。无论飞多远,飞多久,都无法忘记母校的模样,无论能否回到母校,都不会忘记母校的恩惠……飞向蓝天,带着母校的希望越飞越高,但我知道,我们永远飞不出母校深深的牵挂。

又是一年毕业季!站在小升初的路口,聆听校长妈妈的谆谆教诲,回首:母校那苍翠挺拔的香樟走过一对美丽的新人,这里有他们美好的童年记忆。纷飞的落叶里似乎传来孩子们爽朗的笑声,那是我们最诚挚的祝愿。

六年的小学时光似指缝间的水,转眼即逝,是这所学校,证明我曾经来过;是校训教会了我刚毅、果断,走得更远;是老师,将我从一个懵懂的孩童培育成倜傥的少年……当校长妈妈问起长大后是否愿意带着自己的新郎或新娘回到母校时,我定是那个喊得最卖力的:"我愿意!"

我愿意,带着那份最本真的感激与最美好的幸福,回到这儿——曾陪伴着我的、永远可爱的美丽母校!

毕业了,我们带走了母校殷殷的希冀,走不出的是她长长的目光……

毕业,也意味着新的开学。走,也意味着新的来。当我们开始思考每个从母校离开的孩子带走了什么的时候,我们就在思考,我们可以给孩子什么样的教育,什么样的童年日常,可以给孩子注入什么样的基因,以至于他们可以携带一生、受益一生。

香樟树下,教育教学生长无穷的生命力量。香樟树下,还成为教师专业发展的定制品牌。

在实小的校园里,一群"精神明亮的人",他们践行着"端勤毅"校训,用智慧孕育理想。"'教之道'定制品牌"就是为教育人量身打造,在由教育专家、教师、家长共同组成的教育场域中,以个人或者团队的形式,分享、学习,走进"教之道",聆听"香樟树下说"——

"英语词汇教学绝不仅仅是教学单个的词,涉及音、形、义、用四个方面,那么在平时教学中,怎样能更好地处理这四者之间的关系呢?"英语老师现身说法,从感知、巩固、习得三个方面介绍了词汇学习的妙招,提高学生的语用能力。

"如何通过具体情境让学生亲近数学?如何训练学生理性思维,提升核心素养?"张梅、钱惠维、庞烨铃、陈宇四名数学骨干教师组成团队,在"教之道·数学专场"中分享了自己的教学秘籍,她们用生动的案例告诉我们,儿童在数学中获得的远不止于数学,通过数学学会思考,学会实践,学会创造,获得情感、态度与价值观的熏陶,让自己由内而外地散发理性气质、坚毅品格与追求真善美的情怀。

木心先生说过:"没有审美力是绝症,知识也救不了。"审美能力是每一个学生的重要素养。怎样学会审美?"教之道·艺术专场"中,美术老师顾菊芳从名画

《蒙娜丽莎》和建筑巴黎圣母院中蕴含的美妙的"黄金分割比例"谈起,让我们感受到美离我们并不遥远,它就在我们身边。儿童的审美教育,是一个长期的潜移默化的过程,要通过多种途径对他们进行正确的审美引领。

一场场的精彩讲述吸引了现场教师和家长的目光,激发了他们热烈的讨论,小小的会场成了"苏格拉底广场"!"思则睿,睿则圣!"博观约取,厚积薄发。这样的引领,这样的碰撞,让每一位实小人都在教育的天空下愈行愈远。

百草园中,范贤亭旁,我们从容行走;香樟树下,最美光阴,我们携手育人。

第二节 细节之美

细节,这个命题是温润的,它带着一种"小即美"的故事属性;这个命题是细腻的,常怀有柔性的光辉;这个命题更是智慧的,它富有一种"以小见大"的蓬勃气息。的确,校园细节与教育智慧之间,总有着千丝万缕的联系。细节里隐藏着机会,也凝结着机会。小小的细节,甚至会决定教育的高度与品相,撑起教育的"大气象"与"大格局"。

文明的细纹

始终相信,艺术,是灵魂的香水,一旦闻过,就难以忘怀。儿童的嗅觉最灵敏,艺术的气息会令他们迷恋一辈子,追踪一辈子。

"梦想艺术馆""小小音乐厅",正是学校的"香水瓶"。每个爱艺术的孩子,都可在此搭建"私人定制"的舞台,展示自己采集或收藏的"香水"。馆厅外,有一面墙,除了张贴孩子的展演海报,就是推荐世界名曲与大师绘作。

可某一天,我走过那儿的时候,笑容僵住了。

我看见,"蒙娜丽莎的微笑"吊着膀子,还有梵高的"向日葵"、齐白石的"虾图",像风筝一样懒散地挂着,软塌塌的纸,无精打采。我一阵揪心,虽是复制品,但它们本应的尊严哪儿去了?"香水"的高贵和精致哪儿去了?或者说,设置者的眼里有没有看见美?做这些事的时候,有没有一颗虔敬之心、庄重之心?有没有接收到来自艺术的指令?

午间,和孩子一起用餐,是我的功课。

温馨的氛围、饭菜的香味、勤奋的小嘴巴、调皮地对视,这一切都让我愉悦。但偶有那么几个瞬间,让我皱眉,比如用餐后,你会听见重重的餐盘丢掷声,你猛然心惊,器物碰撞的冰冷声线,像尖叫,撞击你的耳膜。

那记刺耳声,若给它取个名字,叫什么呢?

应该叫"抛弃"吧。与此相反,有一种声音,叫"端放"。前者表达的是"嫌厌",后者说的是"谢谢"。

这些看到的、听到的、触摸到的,似乎是很小很小的事,小到司空见惯。可是,我怅然若失,我意识到了某种粗粝,我们的教育中似乎缺失了一角,那是一种对物的态度,那是一种文明的细纹,上面镌刻着纪律……

想起了几个小故事。

20 世纪有位女性艺术家,叫露西,奥地利人,她一生经历了两次世界大战,虽然生活动荡流离,但不影响她专注于一件事:做陶器。她的作品像她的人生一样纯粹到极致（哪怕会见朋友，一次也只见一位），她被称为"灵魂陶艺家"。她说："只有专注于当下，才能听到材料的意愿。"越过喧闹与嘈杂，她听到的是器物的声音，心跳的声音。她的才华和灵感，来自对物的虔敬与热爱，神明般的虔敬，细如发丝、深入骨髓的爱。日本著名的企业家稻盛和夫，也是如此，他说，他经常听见作品发出的"窃窃私语"声，甚至"哭泣声"。那些作品，在他看来，完全是自己的孩子，连着灵魂和神经。

看电视剧《红高粱》，最让我动容的，是酿酒师罗汉师傅对高粱的一片痴情，他反复念叨一句话："高粱是圣灵。"他说："人有今生和未来，高粱也有前世、今生和来世。守候到这么高，不容易。只有这些高粱长高了，长熟了，才叫高粱，才能酿造高粱酒。喝过了我们的高粱酒，你才知道这高粱是多好的生灵啊！"

这就叫匠心，叫敬畏，叫感恩。

所以，当侵略者闯进家乡，闯进高粱地野蛮践踏时，他选择用生命去抵挡，去搏击，去捍卫。这就叫血性，叫赤子，叫忠魂。

高粱是神圣的，那么其他呢？那么，餐盘呢？在支持了你的肠胃之后，难道它不值得被轻轻地、端庄地放下吗？它配不上一个仪式吗？

闲暇时，喜欢品茶。茶，是有灵魂的水。一盏有内涵、有意蕴的茶，不是靠沸腾就能完成，它需要水品、茶品、器品和人品，需要细节、风物和心境。古人品茗，须净手更衣，焚香听琴，一袭棉布宽袍，两三至交知音，温火慢煮，素心相对……这就是茶之艺、茶之道。如此，我们才能在小小杯盏内，透视那幅激荡舒卷、云起云落的水墨画，身心方获淋漓的浸润和滋养。

艺术，生活，器物，都有着细细的纹理和秩序。

什么是高贵？什么是雅致？什么是和谐？

就是认识这些细纹，懂它，怜惜它，尊重它，并与之深度合作。

虔敬，应是人类对待一切日常事物的态度。它可以很重，很端庄，很肃穆；它可以很轻，很温柔，很暖和。一个性情美好的孩子，应学习聆听器物的声音，聆听材料的意愿，懂得如何安置它们，赋予它们最舒适的形状、姿态和待遇……

让我们深鞠一躬，对生活中的一切，说声谢谢。

不久，孩子们变了——

艺术馆的那面墙，所有的作品，开始被悉心装裱，隆重陈列。

餐厅里，盘子落下时，有了谦恭柔和的声线。

校园里，涌出了一些美好的细纹。

民主

学校会呼吸的大道旁，有几张乒乓球桌，桌底有个小篮子，几副球拍，几个小圆球，是最受孩子们青睐的器具之一。每个中午时分，每张乒乓桌总是被层层包围，两个在桌上你来我往，奋勇厮杀，其余有呐喊的，有评论员，也有摩拳擦掌跃跃欲试的。这样的热烈吸引我走近他们。我注意到，人虽多，但没有一个因为游戏规则而争吵，一个上场玩一阵，满头大汗，心满意足地下来，继而兴高采烈地为同伴加油鼓劲，玩得热烈而有秩序。

"为什么这样遵守游戏规则？"

"因为规则是我们自己提出的，大家讨论决定好坏，公平、合理！"

说得真好！孩子的游戏，理当孩子制定规则，尊重它生成的民主形式，诚实地遵守它，游戏因此成为热烈、有持久力的狂欢，而不是一群人的孤单。

"从第一时间接到指示起我就照办。

管住我的手、脚、嘴，不乱放物品。

我一定鼓励别人，而不贬低他们。

我总是要在恰当的位置。

我一定总在教学楼里走动。

我一定恰当地运用一切材料和设备。"

这是美国一所小学某一个班级的"班规"。没有任何振奋人心的标语性质的语言，读来非常朴素甚至直白。但是，分明能感觉到，走心。目标简单明确，可操作性强，评价直接有效。这样不走寻常路却走进心坎的班规是谁制定的？

"全班每一位孩子＋老师＋最想让自己努力一下就能到达的地方＝完美班规。"

孩子的游戏规则、班级的班规制度，这些规则的制定，无不是民主的精神脉络的走向，所达之处，欢欣雀跃、生机盎然。一个学校的落成样态，生长风貌，又有怎样的流转故事？

实小南校区的园子，小径分岔，诗意青青。可当初的校园改造方案，却是几易其稿，始终不尽人意。忽然想起世界著名建筑大师格罗培斯设计的迪士尼乐园各景点之间的路径时，那著名的"让游客自由选择"的理念。游乐园的路径让游客选择，我们的校园，自然欢迎孩子、老师、家长、社会的意见。

轰轰烈烈的"我的校园改造建议"，如盛大的蒲公英种子的发布会，落进一个个火热的心田，迸发出绚丽的光芒。一场场全覆盖的展览、一次次公平公正的投票，必然生发出美好。如今，这个小径分岔的花园，已经亭亭而立，飞鸟赠轻羽，游鱼舞微波。

民主渗透到每一处细枝末节，将生活点亮，我们看见，蝴蝶飞过沧海。

敬业

从微信朋友圈里截取了一个情报：老师们又在深夜磨课了。夜色如水，想象他们办公室暖色的灯、写满笔记的本子、斟词酌句时的表情……仿佛看见一尾尾不知疲倦的鱼，在寻找最斑斓的光影。第二天晨曦微露的时候，每一个他们，又将微笑着奔赴与每一个孩子的约会。

是什么样的热情将寒夜的空气点燃？让人分明听见生命燃烧的爆裂声！风雪夜归人，夜归的老师们赋予了敬业最美的诠释——热爱与信仰。

是的，敬业是对工作的热爱与信仰。这绝不是个大而空泛的词，敬业，是每一天得稳稳行走，是每一刻的孜孜以求，在时间的平凡里求取伟大。

学校西门南侧的花墙旧廊，小径通幽处，藤萝绿蔓间，清晰可见一幅镌刻在墙正中的照片画。主人公是全国优秀教育工作者老总务赵德兴。白汗衫黑布鞋，推着一辆载满书本的三轮车，躬身向前，艰难推引。照片记录的是老总务的日常瞬间，久立端详，黑白线条的简单勾勒，忽而立体丰盈起来，娓娓讲述着一个个平常得不能再平常却坚韧到精神血脉的故事。

过去的故事，现在的故事，光阴轻轻联结。从破旧的校舍、粗陋的设备，到如今的粉墙黛瓦、一流的设施，流转的，只有光阴。新老实小教师对孩子的热爱，对事业的忠贞，对教育的信仰，从未改变。

"端勤毅"，我们的校训。"端"是敬业之形，"毅"乃敬业之心，如何达成？业精于"勤"。这个"业"，在老师，是传道、授业、解惑的担当；在学生，是做人、立志、创造的成长。

所以，孩子们，从小要培养敬业的精神。那么，怎么做，才算"敬业"了呢？

首先，我们得规划我们的生活，先来制定个小目标吧：

1. 我每天的精神好不好？是不是对身边的事物充满兴趣？
2. 我对家人、朋友、老师，或者陌生人的态度好不好？是不是"有话好好说"？
3. 我的学习习惯好不好？是不是有点得过且过的意思？
4. 我的创造力好不好？是不是过于按部就班，像一头木木的山羊？

…………

其次，要勇敢地承认，我们每一个，身上都有几个不大不小的缺点。如果能面对它们，挑战它们，最终战胜他们，那真是太棒啦！

最后，我们把改正过来的好的习惯、清晰的思维、明亮的梦想，装进我们行囊，于艰难行走间，也能大声歌唱。

你说你迟到

是天微雨，车太多

冬天的被窝让人眷恋

你说写好字太难

方块字笔画多结构复杂

写一会儿手就发酸

你说上课听着就好

课文里的插图可以描画

阿拉伯数字的排列组合

何必识破她的魔法

安逸的生活像奶糖

镜像里，另一个你

早起晨跑

渐渐有了好看的轮廓

欣赏书法

在撇捺间看见远古的故事

喜欢数学

领悟天地间最纯然的美

懂得安逸的生活不是奶糖

是将停下运动的虫儿裹挟其中的琥珀

你会怎么选呢

敬业，就是敬畏生命的光亮，一刻也不停歇

二十四节气，流转的芳菲

校园内，草地、长廊、池塘，一步一景，处处透着自然和雅致。春萌、夏炽、秋收、冬藏，被融入课堂，变成四季歌、生活谣。"春雨惊春清谷天，夏满芒夏暑相连；秋处露秋寒霜

降，冬雪雪冬小大寒……"二十四节气歌绽现在校园花墙长廊时，节气成为课程，以最生动的方式，将季节的概念传递给孩子。

如果把节气比作门，二十四个节气就是二十四道门。每打开一道门，立刻感到骤然的变化，这种变化有气温的变化，有自然环境的变化，最重要的是你感觉的变化。

这是一个奇妙的课程。

美术老师随时挥舞彩笔，为每个到来的节气涂上别样的色彩，预示着新的时节的来临，一路经过的孩子在不经意间就能感受……

"孩子们，我们一起来吟诵《二十四节气歌》吧！"

孩子们若有所悟，朗朗吟诵起来。

"对于二十四节气，你们有哪些了解呢？"

"我知道我知道，我会说一些二十四节气的谚语，打春阳气转，雨水沿河边。惊蛰乌鸦叫，春分地皮干。清明忙种麦，谷雨种大田。……"

"我能背诵诗句：'好雨知时节，当春乃发生'是写春的；'小荷才露尖尖角，早有蜻蜓立上头'是写夏的；'三伏一带秋，还有二十四个秋老虎'是写秋的；'冻笔新诗懒写，寒炉美酒时温'是写冬的。"

"说到二十四节气，我的脑海里则浮现出一幅幅画卷：春江水暖、柳丝盈盈、

草长莺飞、耕牛遍地、麦浪起伏、桃李满园、瓜果飘香、大雁南飞……"

语文老师课堂内外结合，带着孩子晓谚语、诵古诗、懂民俗，从冬至开始，跨越春夏秋冬四季，到下一个冬至结束。在这一年四季的诗词之旅中，吟诵学习了近百首诗词，立春、雨水、惊蛰、春分、清明、谷雨、立夏……这些节气的名字念在嘴里是那么美好。同时，这样的美，让人迷醉，让人心旷神怡，让人遐思翩翩。是动美也是静美，是优美也是壮美，是诗意也是画韵，是天籁更是人文。

计算机老师引导孩子通过网络学习，搜集、甄选、整理二十四节气的素材。科学老师带领孩子们从量温度、测日影、观星空、辨方向、识天气、看月相、认物候、认花草、知稼穑，深入开展实践活动，深入探索节气奥秘。孩子们对照二十四节气，绘制精美的图卷，用国画扇面小品的形式描摹二十四节气，一幅幅简洁清雅的画面，真是匠心别具，墨趣、情趣横生。比如画惊蛰，一把水墨写意的茶壶，高高的壶把手上，一只工细的小虫静静盘桓，两条细长的触角似在美妙地颤动；大暑的一幅也很简洁可人：椭圆的扇面，偏右一边，斜垂下嫩嫩的细长柳枝，一只蝉儿轻伏枝上，别无他物，大面留白，给人丰富的想象空间……孩子们春分齐竖蛋，清明绘纸鸢，惊蛰习农谚，谷雨辨五谷，夏至学习俗，立夏秤称人，芒种粽飘香，大暑、小暑识果蔬，寒露、霜降赏金蕊……

我们朗朗上口的二十四节气，如同一首饱满圆润的诗歌，为春雨渲染出迷蒙的江南春景，为芒夏织出明媚的炎炎夏日，为露秋蒙上扑朔迷离的面纱，为冬雪画下纯洁宁静的图景。它的诗意美，它所带有的智慧，都悄悄地被镌刻在每个中国人的精神气质中，散发着中华民族所特有的魅力。二十四个节气是二十四道门，每扇门都有自己的温度，每扇门都有自己的风景，每扇门都有自己的特性。我们任由它按照次序打开，我们用笑脸去欢迎每节气的到来，世界就会永远的美好。

百花深处

实小校园的东侧,一个普通的回廊,有一点古朴的陈旧,风霜来过,老师和孩子们每天在回廊走过,成为日常岁月里最平常的剪影。

有一日,孩子们惊奇地发现,这个旧旧的回廊上挂上了一个匾额,上书"百花深处"。一个个小小的手指,指着四个朱红色的字,一张张笑脸,"咿咿呀呀"地读着,煞是有趣。孩童问:"百花深处,百花在哪里呀?这个回廊怎么叫'百花深处'呢?"

先来说一个有趣的故事。

相传明代万历年间,一对年轻的张氏夫妇,勤俭刻苦,在北京新街口以南小巷内,买下20余亩土地,种菜为业。数年后,又在园中种牡丹芍药荷藕,春夏两季,香随风来,菊黄之秋,梅花映雪之日,也别具风光,可谓四时得宜。当时文人墨客纷纷来赏花,这个地方被称为"百花深处"。张氏夫妇死后,花园荒芜,遗迹无处可寻。这个地方变成小胡同,"百花深处"这个名字,流传至今。

后来,齐白石老先生曾经居住过这里,写字画画,声名远扬。于是,当有人问"百花深处","百花"在何处?胡同里的老人们就会回答:"'百花'在白石老人的丹青里呀!"

这么美丽雅致的名字,蕴含着人们对艺术对美的深刻褒奖。于是,实小的一处旧回廊,就借用了这个名字。

这个旧回廊,是实小最老的地方之一,20世纪的建筑里中规中矩的廊道。孩子每天都从这儿,奔向他们要去的目的地,脚下的地砖、身旁斑驳的墙,似乎已经承载不了儿童的新鲜活力。是啊,它太老了,想要讲述一个时代的故事,可是,儿童已经像风一样,呼啸而过。

未经设计的校园是不值得穿行的。这是实小校园环境育人的理念。一朵花,一座桥,一幅画,都是精心设计,埋伏在儿童必经之路上,给他们惊喜和冲击,让他们欣赏与审视，思考与再出发。

"百花深处"，"百花"究竟在哪里呢？一个孩童来解答了："你瞧，回廊的这头是'梦想艺术馆'，那儿有许多漂亮的画呀，画上花团锦簇！"另一个摇着小手："你说得不全对，除了画儿美，艺术馆里的书法、陶艺教室的陶瓷、梦想剧场的歌声……不都像百花齐放一般美好吗？"一个漂亮的女孩子指着回廊的尽头："你们看，那边就是美丽的'一亩花田'，许多娇艳的花儿都开放了，我们从这里走过去，就能见到'百花'了！走吧，我们看花去！"

一串串银铃般的笑声，从斑驳的回廊轻盈地飘远，"百花深处"，让这个园子的一个普通角落，在夕照中有了温暖的底色，以及美丽的遐想。

小圆点的故事

九月，校园里的一切都在生长。

香樟的华盖已经足够撑起一片小天地，让浓荫里的花花草草能自在地在风中摇曳，于是，校园里有了那一丝丝的香，微微嗅，入心的甜。

安安静静的校园，随着开学迎来了它的小主人们。整葺一新具有江南特色的门头，童心迷宫，还有百草园里，被一群群"小麻雀"抢占了——刚刚进来的一年级新生，哪里看到过这么美丽的学校？这不是公园吗？虎头虎脑的小子到处跑，哪儿都是新鲜，哪里都值得探险，到处都是顶着汗珠的一个个绯红的小脸——包括厕所，居然有了他们的秘密！

发现"秘密"，是从那"特殊的味道"飘出来后不久。

不知道是什么时候，随风飘在校园里的那"有一点点香""有一点点甜"的味道怎么变了？入鼻的，竟然有一股说不出的"骚味儿"啊？环顾四周，循着味道，锁定目标——厕所——男生厕所！

有心的总务主任一次次课间蹲守，终于发现了秘密：

"来，看看今天谁会赢！"

"比就比，谁怕谁?！"

"哈哈哈，看你，看你，都飙到外面去了！"

"不算不算，再来……"

天哪，这几个小子远远地站在厕所中间，在比谁尿得远！怪不得！他们把这个比赛作为乐此不疲的游戏了！

没有"惊扰"他们，总务主任找到了班主任。都是女老师，怎么办呢？教育了，指导了，不见得每次跟着、看着这帮小皮孩上厕所吧?！臭味依旧，甚至有扩大的趋势！

行政例会上，大家坐下来，你一言我一语地聊，一个"金点子"产生了。

第二天，所有的男厕所都在小便槽的台阶上出现了站位的"小脚丫"，也在小便槽的对面出现了一个简易的"靶"——小红圆点。总务主任带着这几个孩子，笑眯眯地说："来，比一比，看看你们谁能够射中靶心。"游戏不变，只是多了"辅助工具"和规则。

再皮的孩子，此时看看总务主任，也有些尴尬。主任鼓励他们："别怕，试试，我来做裁判！"

"激将"之下，果然"开赛"了，而且有了裁判，个个"准头"十足！其实，细心的总务主任再看看这个点位是不是合适，以便针对不同身高的孩子调整小圆点的高度……

说来也怪，自从有了这"小圆点"，厕所的味儿不知道从什么时候起，回归了正常。而在实小的男厕所里，这小小的红圆点，保留了下来，也成了一年级新生进来的第一个游戏项目。

原来，教育的秘密就在于——读懂童心。因为童心，乃儿童世界的秘密！

空鸟笼

在校园一角,有两个蘑菇亭,亭子下面挂着两个打开的空鸟笼,清风里微微摇晃。很多来访者都很好奇:既无鸟雀,为何悬挂两个空鸟笼呢?

故事要从三味书屋刚落成的时候讲。书屋里曾经挂着一只鸟笼,囚禁过一只鸟。因为向往读书时鸟鸣在耳、流水过心的美,因此,刻意地营造了这样一个情景。一开始,鸟会叫上几声,读书的人听来,也是甚好。

过了几日,鸟,沉默了。偶尔几声鸣叫,读书的孩子却听出那一丝丝的悲鸣。对于鸟鸣与书屋的应和,在实小人心上浮起了质疑:王维《鸟鸣涧》里的鸟鸣如此清幽旷远,给人以无边诗意,这是为何?

自由的鸟雀,自然有自由的歌喉,缘此。再后来,笼打开,鸟飞了。我们把笼子挂到了室外蘑菇亭下,保持着笼门打开的状态。

打开了笼子,给出了天空,尊重一双翅膀的自由。自由,不仅取之渴望的心性,有时也取之于环境、空间的艺术。打开鸟笼,放飞小鸟的时候,那些望向天空的眼睛,是天地之间的湖水浩瀚澄澈。是啊,在高洁的书卷之上,在自由的思想之地,怎能容许束缚的场景发生?

打开鸟笼,放飞小鸟,这是这所学校的一场重要的教育事件。

我们经常追问:教育的本质是什么?是心灵的转向。具体而言,就是唤醒人的灵魂,解放人的身心,推动人的成长。尊重生态规律,崇尚自然之美,构建更美好的物型空间。

空鸟笼,是一种"美丽的宁静",既美观又深具自然气质。没有了囚禁之意,它就能够激发人通过敏锐的情感来体验自然的氛围。自然,意味着自然而然,天然去雕饰,更具人性,更有生命力;也意味着遵循事物内部的规律，行为优雅。

空鸟笼，也是一种"宁静的警示"，它告诉这里的人们，这里曾经发生过物种的绑架与不公。它成为自然万物平等意识、大地伦理的重要标识，自然而然地流淌出教育安静的力量。

空鸟笼里，鸟儿已不见踪迹；百草园里，鸟儿在欢腾。

在科学老师的技术指导下，实小的孩子们开始研发"喂鸟器"。形状、颜色、功能、投食方法……无一不用心对待。后来，校园的很多树上就挂着不同的"定制喂鸟器"，供鸟儿们栖息进食，让它们自愿成为园子里尊贵的"居民"，而非"囚笼"里的"俘虏"。

这是这场教育事件的重要转折，物型空间从单一的追求人的愉悦到深刻的物种平等、仁爱慈悲、心灵成长不断蜕变。

事实上，对于如此繁茂生长的园子，这样的事件一直在发生：一个孩子带来了一只观赏的野鸡，放在百草园的湖心小岛上，一群孩子看到来了新动物朋友，兴奋不已。人群里一个孩子提出了一个疑问："你们能体会到这只野鸡绑着绳子囚禁在小岛上的感受吗？我不知道这是什么感受，我只经历过困在电梯里那种令人窒息的禁锢和恐惧。"知道了这个消息，我们做了一个问卷调查，这只野鸡何去何从？大家来发表自己观点。大部分孩子选择了让它回归大自然，让它不受束缚地自由生活，最终学校尊重孩子们的选择，找到了当地一个环境较好的林子进行了放归。

当孩子们越来越关心石块下压着的蚂蚁家族，那些破壳而出的雏鸟，是不是像极了一个个婴儿朦胧的睡颜？

当动物和孩子们在一起，世界就多了一点童话色彩和理想主义。人和动物建立起来的全部关系，最终都会回到人的身上。

艺术展上，孩子创作的陶艺作品"鹅母子"，令人深深感动。鹅妈妈怀抱着鹅宝宝，洁白的羽毛泛着光辉。圣洁的优雅，让我想起了意大利画家拉斐尔的名画《抱子圣母》，这不正是生命美学的生动再现么？

"住在童话城堡里""动物狂欢节""诗歌课程""自然笔记"这些自然诞生在校园的课程，是孩子与动物、自然相认相亲的情感结晶，他们由此真正建立起对生命的理解，觉察到每个生命物种的意义，并开始重视人与所有生命的关系。

我们越来越发觉：校园物型的改变、师生对一次次事件的思考，是校园心灵化运营的产物。而身处怎样的环境，又反推着每个人的不断觉醒，重新获得精神的平衡，迈出创造的姿态。空鸟笼事件、喂鸟器的诞生、解救湖心岛的野鸡……这一场场众人参与的轰轰烈烈的"义举"，已经远远越过了人类种群立场，或者说，孩子们对动物的爱，是"大地伦理"最自然的表达，所有的物种都是平等的，都有生存、游戏、高歌和发生故事的权利，和人类是能平起平坐的。

又一个春天来了，一大群一大群的鸟儿飞回。请深情地看看它们吧，留意它们的每一丝声唤和萌动，珍惜它每一个诗意的瞬间。不做对春天、对生命熟视无睹的人，重视每一个经过我们生命的动物，我们是一样的，是世界的孩子，亦可以是，一粒尘埃。

第三章 语言：触摸人类最初的创造与想象

对于孩子来说，语言的发育和精神的发育是同样重要的。他们将来的工作、学习，包括求职写自荐、恋爱写情书，都要通过语言。一个人如果在童年时代错过了诗意，那他一生都会呆板乏味。如果一个孩子仅仅从语文课本中体会诗意，那这样的教育是僵硬笨拙的。为此，我们致力于生活中的诗意投放和精致的校园语言环境的搭建。

一是来之于经典。校园里随处可见来自世界各国的作家、诗人的经典语句，给孩子们一个辽阔的阅读视野。香水月季大道上是汪曾祺的一句诗："如果你来访我，我不在，请和我门外的花坐一会儿。"教师报告厅选用了王开岭先生的经典语句："让灵魂从婴儿做起，像童年那样，咬着铅笔，对世界报以纯真、好奇和汹涌的爱意……"

一位作家说,写作的秘密是什么?就是找到几位自己喜欢的作家,然后,跟随他。

二是来自师生原创。校长室门上有刘慧校长的原创句:"一个人,永远不要停止对自己的想象。"毕业的孩子也给校园留下了他们的诗:"小鱼的尾巴动了,百草园的春天到了。"孩子们在池边,为大白鹅即兴创作了一首诗:"一只大白鹅,和另一只大白鹅,举行了水中婚礼。"

我们的校园语言是有翅膀的。它飞在课堂、走廊、转角、楼道、洗手间,乃至每一个垃圾箱盖上,当然,也在师生的招呼和日常的聊天里。

春天,我们遇见一场"百草园的诗会"。校园里诗意飞扬;秋天,我们策展"橙色·秋语·大地"艺术节。随处撞见的是秋天的语言。我们让诗意的语言像空气一样弥漫在校园,而这份空气,是我们师生共同吐纳的。这不是传统意义上的教学,这是呼吸,是耳濡目染,是日常生活。

语言环境建构之初是以语文学科为核心的,但当一个学科立起来了,它也激活与带动着其他学科语言的建立。在语言无声熏陶的同时,孩子们的感受力、想象力、思考力、表述力得到了蓬勃的生长。我们用生活还原童年,为孩子搭建立体的、丰富的生活系统,用心用情让这个美丽的校园承载更多的教育功能。

法国哲学家加斯东·巴什拉曾说过:"童年眼中的世界是一个图绘的世界,带有它最初的色彩,它是真正的色彩的世界。"我们的母语学习,就是要抓住这个有形象的、图绘的世界,立足于一个个空间上的点,我们进入时间的深处,触摸人类最美的创造与想象。

第一节 除了春天，禁止入内

"除了春天，禁止入内。"日本诗人谷川俊太郎的诗句，出现在校园里，一条蜿蜒的小路尽头。

阔大的芭蕉叶面、轻伏在地的花朵，包括鸟鸣与虫语的呢喃、浮动在空气里的风，都构成了这一句诗的背景。而这一句诗也在园中找到了生动的支点。诗与物的契合，也体现了物象、物语、物境的融合。

这是实小物型课程里，一个子项目"树言花语"的部分物境写照。在这座用美学经纬再织的花园里，儿童美学、自然美学、建筑美学是融通一体的，它的设计与推行维度，与其他子项目是一致的，始终在围绕着美学精神展开与呈现。

第一维度：唯有先看见，才能构建好人与物相遇的关联维度

树有言，花含语。自然万物中，草木言语是一种特别灵动与珍贵的存在。它们与其他物种一起，构成了大自然物语的广袤与丰饶。当这类"物种"需要植入教育领域进入课程设计体系时，我们需要预先看见它"自身的肌理"，把握它存在的美妙。

"树言花语"的第一维度一定是"看见"。用"看见"的思维去启迪、引领师生自然地与草木相遇，建立外在的第一关联维度，而后才能更充分地进入内部探秘，发生第二层次的相遇。这种看见，是美的发现，也是美的启示与昭引。

物型有品相的校园，一定是以自然空间为巨大背景的，会保有"美丽的宁静"，

始终能诱发人与自然物象关联时的敏感与美感。实小的园子就是这样一座百草园，是漂浮着自然灵敏气息与美学呼吸的场所。潇雨滴蕉叶，绿杨拂双桥，梁燕栖佳木，花露垂叶脉……高低、浓淡，构成和谐而不失张力的审美冲击，自然的审美、文化的生趣，都给予园中人亲切的归属感。

这是自然的伊甸园，也是儿童的伊甸园。

这种"看见"无须刻意设计，只要腾挪出足够充裕的时间，让儿童像春天里撒落的花种一样，散播在园子里的每一个角落，"看见"的情致就会自然发生。一亩花田会为他们捎来田园的问候；蟋蟀唱歌、蝴蝶做梦的小绿地，会帮助他们发现泥土深处的秘密；分支岔开的小径，走着走着就会在转角撞见开满山茶的树；飘飞的樱花，恰好落在了水面上的纸船里……

当一个人能专注地凝视一朵花、一棵树，乃至一株草，神圣性的启迪就会发生。

第二维度：必须有设计，才能打通人与物相生的重要路径

园子里提供了什么，儿童就会看见什么，而这也将直接作用于他语言与精神的层面，间接推动他成为一个怎样的人。

树赋其形，花赋其貌，形貌浑然，则有诗可赋，有词可作，有曲可唱。唐诗宋词、元曲歌赋、戏剧小说、丹青水墨，在人类的经典文学艺术作品中，它们散布、存活于各个章节、尺幅之间。美，是作用于美、催化于美、创生于美的。

对于美的渗入与领悟，一定不能只停留在"看见"的初级维度，必须进入它的内部维度。当人与物之间有相生的情节发生，美的作用和影响才会久远而持续。

人与物相生，源于人与物相遇，却要经由必要而精心的教育设计才能产生化学反应。因此，"设计"成为"树言花语"深度运行的第二维度。

如何设计？第一是基于儿童的审美视角，让设计成为儿童触摸得到的存在。一则征集令的发布，园子里的草木花朵都成了天然的课程资源，为孩童深度的进入作了导引。

附：

"树言花语"征集令

征集号：

秋日，阳光碎金，微风习习；

百草园，银杏、槭树、芦苇、桂花、月季、柿子……

色彩斑斓，岁月静好。

花园·物语，向你征集"树言花语"啦！

校园小景：银杏、槭树、芦苇、桂花、月季、柿子、白鹅、橘树、柠檬、石榴、木瓜、枯树、皂荚树、紫薇树、香橼树、落叶、草地……

名家名篇： 例： 1. 如果你来访我，我不在，请和我门外的花坐一会儿，它们很温暖，我注视他们很多很多日子了。　　　——汪曾祺《人间草木》 2. 它们开得不茂盛，想起来什么说什么，没有话说时，尽管长着碧叶，你说我在做梦吗？ 　　　　　　　——汪曾祺《人间草木》	我搜集（创作）的句子：
秋日经典： 例： 1. 湖波上，荡着红叶一片。如一叶扁舟，上面坐着秋天。　　　　　　——沙白	我搜集（创作）的句子：
师生金句： 例： 1. 一只大白鹅，和另一只大白鹅，举行了水中婚礼。 2. 早晨的时候，鹅是灰色的，不停地洗，洗，洗，洗白了。 3. 小鱼的尾巴动了，百草园的春天到了。 　　　　　——2018届毕业生　吴沛泓	我搜集（创作）的句子：

这则征集令也指出了一些明确的路径，尝试打通儿童与自然植物的联系，引领

儿童与花木在言语中完成美的相遇。各学科组把花木资源纳入并整合进了教学设计中，美术课上的花木写生、作文课上的花木笔记、数学课上的菜园测量、英语课上的花果情境……班级生活也渗入了花木的气息，节令诵读、午间漫步、认领花草等活动，无不在以花木为介，综合运用观察法、联想法、整合法等有效策略，有目的性地为儿童开启美学言语之旅。

园子里的漫步和相遇，开始有了积极的美学反应。十二棵果树，不再只是春华秋实的自然风物，它们还意味着一种哲思语言的诞生，"让梨长出梨的样子，让苹果长成苹果的样子。"桂花树细密的香气里，可以飘出唐诗，也可以摇落儿童的想象与诗句。即便是长刺的树、枯死的树，也可以成为独特的观察视角，转化成别致新颖的言说形式。

这种独特与别致的言说形式，是我们预设与期待中的教育效应。

我们能够感受到当下的社会语言、家庭语言、网络语言环境的粗陋，包括教育者本身语言系统的贫乏。一个家庭、一个校园、一座城市，没有精致、优雅、新颖的语言环境，也是文化缺失的表现。我们试图以树和花这些自然媒介，介入孩童的语言体系，鼓励他们不仅要学好用好文本，更要打破教材限制，走出教室，去到无界的自然里，通过勾联名家经典、勾联自身情感，激活语言体系，输入真、善、美。

行走在香樟大道，你会看见汪曾祺的草木情结；随意低头，你会在青葱的枝叶里，读到轻灵的诗词；转过修竹与廊道，你会发现古人曾有的语录；即便在冒出喇叭花儿的垃圾桶盖上，映目的也是牵牛花的现代童诗。

这是校园该有的语言，这也是教育应有的表情。

第三维度：应该常滋养，才能抵达人与物相合的美学意境

语言的发育会直接作用于精神的发育。童年若无诗，人生则可能趋于无聊无趣。"树言花语"这一子项目的存在，也是一种生动的提示，提示我们开启一种教育的智慧：清晨，当一个儿童走进校园，他不仅是来学习的，也是来生活的。校园生活中，若无诗意的投放、若无美学的滋养，人是难以完成真正的站立的。

滋养，是人与物达致相合的美学意境，这是"树言花语"追求的最高境界。从"禁止入内"到"除了春天，禁止入内"，从阻拦到"邀请"，诗意诞生了，语言的柔软度和亲和力提高了。整座园子的花、整座园子的树，都成了美的语言库、心灵场，随时可遇、可读、可思、可创。当这样的场景一直都在，滋养的力量就会生发。

"树言花语"在课程化的结构中，也深入孩童的世界，成为他们校园生活中不可缺少的部分，并逐渐发展成一种心灵化运营的习惯。花草树木携带节令的流转规律，在校园的空间不断制造着教育的惊喜。多样化的主题活动应运而生。"树言花语"同时扩容了学科建设维度与心灵发展维度。"橙色·秋语·大地"艺术节融合了艺术与言语的关系；"菜园里的数学"发掘了数学与言语的奥秘；"百草园里的诗会"贯通了花木与诗歌的联系；"实景场学习"帮助花木和英语完成了连接。人与物在寻求多样与单纯、开放与紧密、复杂与简单的平衡。

当"树言花语"实现了从物质到精神的双重建构，成为校园环境中重要的"第三者"，催生出无限可能的教育事件时，物型、物象、物语、物境之间就有了深邃而丰富的关联，并一致地指向与抵达"美之彼岸"。

一座园子，从花木的兴盛荣枯里，找到并激活了美的线索，进而发展为一个审美的文化场域。"除了春天，禁止入内"，人在其中，实现了审美生存。

第二节　语言，乘着诗歌的翅膀

提高学生的语文素养，让自由表达成为孩子们自发生长的欲望，一直以来语文老师都在为之努力。当孩子们在习作中或者在课堂语言的组织上出现词不达意的现象时，当孩子腹中词穷时，老师们在思考：如何让孩子们真正爱上语文，并提升他们的语文素养呢？

漫步在实验小学这座小径分岔的园子，发现了无数个让人驻足的地方：孩子们心心念念的百草园，这里鸟飞虫鸣、垂柳戏水、丹桂飘香、月季爬藤、鲤鱼畅游、"呆鹅"卖萌、双桥沉思……四季的多姿多彩，让每一个实小人忘返于此；让特长自由生长的艺术馆——琴棋书画、轻歌曼舞，私人订制的舞台时刻向每一

个学子敞开大门，于是便成了孩子追求精神明亮的风向标；诚信顶天立地、书香四处飘溢、心灵随意释放的三味书屋，给了孩子历练、独立、思考的一方天地。驻足间，蓦然欣喜：校园里一切的一切，不都是孩子尽情释放天性的场所吗？让儿童更像儿童，还他们天性的诗意。

《语文课程标准》中有这么一段表述："诵读儿歌、童谣和浅近的古诗，展开想象，获得初步的情感体验，感受语言的美。"这是语文第一学段的目标。童诗、童谣是学生喜爱的语言启蒙教材，既贴近孩子们的生活，又短小且节奏鲜明，读起来朗朗上口，深受孩子们喜欢。如果把校园文化和课程目标有机结合，这样既基于儿童发展的需求，又提升孩子的语文素养。于是，校园成了放飞童诗的物型基地，书写童真，放飞童心，让童诗创作成为收藏美好时光的最好选择。

喜爱诗歌的老师从儿童的视野出发，引领孩子走进学校的百草园，以游戏精神为核心，在"双桥"上漫步，在小溪边赏鱼，在月季丛中驻足，在文字间徜徉，和孩子一起欢笑的日子里，老师们惊讶地发现，孩子的学习欲望、表达能力空前喷薄，这是源自内心又高于内心的一种体验。让每一个生命都能在诗意的教育中开花，"收获时光，芬芳童诗"主题小课程应运而生，儿童语言乘着诗歌的翅膀在国家课程的校本化定制中丰富而芬芳。

玩耍间，童心"迸发"童诗

当五官全部打开，世界便会缤纷呈现。以前的课间活动，草坪也许只是草坪，玩耍也就是单纯的玩耍。但当校园文化融进了我们的课堂教学，那么就好好利用。课余时间里，老师们会组织孩子们在教室前的草地上打个滚，在屋后的百草园里捉个虫，闻闻呼吸大道的花儿香不香，甚至带着他们走出校门，看看外面的春天怎么样。孩子眼里写满了好奇和向往。"创造"和"打开"成了必然。于是带上丝线来给教室前的小草扎个小辫儿，爬上范贤亭旁的假山扮个"孙猴"，走出校门去踏青，"迁移"的队伍也很好玩……这样的日子，孩子是兴奋的，是自由的，多元的文化场涵养了孩子们的语文素养，充满童趣的语言在这一刻便会无意间迸发，那就来吧！自由地畅说，尽情地表达。写完自己的"大作"兴致陡增，于是课间读给同伴听，回家读给父母听。分享、点评、修改……这样的循环，孩子们乐此不疲，潜移默化中孩子们的语文素养得到了空前的提升。于是老师们把更多的时间留给孩子，走出教室，让一草一花都成为他们亲密的伙伴，这不，艺术馆前面的小小柠檬树，尽管极不起眼，但在孩子的眼中它如宝物般存在，那就围着它尽情玩耍吧！趴着的，抚摸的，窃窃私语的，呼朋引伴的，几天后的诗集中出现了这样的文字——"一棵小小柠檬树，一生奉献，不是结束，因为"新"又开始。珍珠般圆润的蝶卵，在此孕育生命的气息。阳光灿烂的一天，新生灵出世，也成了我们眼中的'明星'。下课后看一看，放学了，瞧一瞧。来年春天，蝴蝶飞舞，我也长大啦！"

午后的闲暇总是那么惬意，暖暖的阳光、青青的草香、含苞的月季，无一不吸引着孩子的眼球，这一刻，孩子们三三两两在校园里漫步、嬉戏，放松后的语言也是那么灵动——"我的学校，有一个被春覆盖的美丽花园。它，就是百草园。一条迷宫一样的小河，河水绕着绿树红花。小河上两座石桥，桥下小鱼嬉戏。一阵风吹来，草绿了，花开了，春天来了！美丽的百草园，迷人的一方天地。我们感谢你！"

体育课，玩个游戏，做个操，看似平常而普通，健身的同时，文学的种子却似萌芽……听听这样的声音——"切，切，切西瓜！围个圆圈做西瓜，圆圆西瓜我来切。切，切，切西瓜！我把西瓜切两半，哎呀，是我，快跑！撒开腿，使劲跑。追不到！切，切，切西瓜……"欢声笑语满童年。

用心地组织，看似无意地玩耍，却着实为童诗创作埋下了种子。

涂鸦时，童心"邂逅"童诗

孩子们喜欢信手涂鸦，在他们的世界里，一切都有生命的灵动，创意时常如出笼的小鸟自由飞翔。当涂鸦遇上诗歌，不是表达最好的诠释吗？百草园尽兴玩乐后，涂一涂，写一写；校长妈妈来到教室啦，画一画，赞一赞；观赏了大哥哥大姐姐的足球赛，仿一仿，学一学……支支画笔，片片童心，孩子们的世界满是精彩。蹲下身子，和孩子一同看世界，原来每一个生命都在蓬勃生长，包括内心的喜悦、渴望和梦想。当涂鸦遇上童诗，岂不是最完美的邂逅？课间、午后，孩子们在百草园嬉戏，偶一抬头，"网红树"的柿子熟了，因此任性的画笔自由涂抹，细细的笔尖语言流淌。

一节美术课，恰逢雨天，那就在画纸上滴上几点，大大小小的雨点洒落的同时，孩子们的诗性因此大发，画纸上不仅有大小不一、形状各异的雨点，更有动人的描述——"下雨了，我们在教室作画，听窗外雨点掉落的声音，滴答滴答滴答。雨点跳进百草园的小河里，把刚刚睡着的小鱼吵醒了，小鱼钻出水面，和雨点尽情玩耍。"

四季轮回，在孩子们的眼里，色彩因此而缤纷，从彩铅到水粉，孩子们的涂鸦工具越来越丰富，想象的翅膀不知何时起已经丰满。画一轮骄阳，涂一地金黄，点几处红色，抹几道天蓝，在成人的眼里，也许只是随意、随性，但是孩子的笔触早已超出了预知——"秋天是金黄的，田野里，稻穗变黄了，轻轻飘落的树叶也变黄了，它们正在为大地妈妈增添养料。秋天是红色的，红红的苹果、柿子，你挤着我，我挤着你，争抢着欣赏秋天。秋天是蓝色的，蓝天俯视大地，似乎在诉说衷肠。哦，原来秋天是多彩的呀！五彩斑斓，吸引着我们探求世界。"

要知道，在这之前，孩子们笔下的秋天，假如说有动人的语言，那也是单纯的好词佳句的积累、背诵后的运用，而现在，孩子们的童诗无一不来自大胆的想象和内心的真实体验。放手让孩子去画，尽情地让孩子去说、去写，他们的笔下一样有诗和远方。

种植隙，童心"翻转"童诗

洒满阳光的午后，在小小的盆里，种下棵棵绿植，亦种下了希望。于是，无数个等待成长的日子里，观察吊兰抽穗、发现网纹草变色、惊喜天竺葵开花、担忧长寿干枯……无数个美妙的日子丰盈了多彩的校园生活。这个时候孩子们"种"下去的不仅仅是一颗种子，还是一种习惯，更是一种信念——我和小苗共成长。因此，课间交流的话题也丰富了不少"盼啊盼，我的花儿开了！""长寿娃娃抽新枝，发新芽；我做'妈妈'笑开颜，乐开花。"这些年来，孩子们的发现和表达一同成长。过去，孩子们面对描写植物类的习作，很多时候是愁眉苦脸，因为他们接触到的掌握植物的生长规律，要么来自书籍，要么来自他人的介绍，缺少亲身的体验，这样的表达注定是苍白的。现在有了自己的实践，语言的丰厚成了必然。

难忘开学季种下的桂花树。随着年轮增长，孩子们长大了，桂花也开了一茬又一茬。今又桂花香，邵老师和孩子们下楼走近她，闻一闻、摸一摸、摇一摇，孩子们满脸写满了喜悦，眼神由衷地发亮，手脚早已不听使唤，尽情地跳，拼命地摇，摇下的已不再是桂花，而是孩子们无尽的快乐。轻轻地拾起，吹口气，拿个纸巾包好，小心地藏进口袋，那是女孩。大把大把地抓起，跳起来抛向空中，满头满身都是，那是"调皮蛋"。种树的那一刻，童诗早已在心中"翻转"——"一个阳光的早晨，一件让我们兴奋的事儿，在这个时间点出现，桂花树，我们来了！女同学，有的嗅，有的看，有的甚至在吃……不亦乐乎间，摇起了桂花树，蹲在下面的同学，被摇下的桂花，弄得满头、满身都是，惹得大家捧腹大笑起来。男同学呢？原来在桂花树下闹了起来，你瞧，拼了命地摇，桂花便如雨点似的落了下来，然后便是欣喜若狂。"

亲手种植、亲自体验，实践过后的表达显得尤为真实。

品读中，童心"携手"童诗

在实验小学这个美丽的园子里，有个诱人的地方——三味书屋。屋前屋后浓浓的花香伴着书卷墨气吸引着无数的孩子，爱上阅读便不由自主。闲暇空余，或趴或坐，只要手捧一书，便是由衷地满足。从绘本到漫画，从童话到小说，男孩女孩都能找到自己的最爱。尽情阅读的时光是每个孩子最曼妙的享受；"小百花"时间里，静静地徜徉书海成了每个孩子最甜的向往。积淀必定喷薄，创意早已超越模仿，灵动的语言是孩子们"读"出的精彩！笔下对三味书屋的描述，也许就是最有力的证明，最褒义的嘉奖——

"再次来到三味书屋，来到知识的海洋，领略进步的阶梯……""这里的书，种类繁多，科普、文学、漫画……应有尽有！亦或独自一人坐在窗边；或者三五成群围坐一起，享受这美妙的阅读时光。那青砖木格的墙壁、古典雅致的桌椅、铺着草垛的木凳，无一不散发着油墨气息。我们爱你，美丽的图书馆，迷人的三味书屋。"

阅读不是简单的翻阅，而是心灵碰撞后的消化和吸收，更是内化后的自我语言的成长。要知道在之前，孩子们的阅读远没有当前来的迫切。

一个诗意自然的物型场，柳枝抽芽、月季花开、小溪潺流、芦苇摇曳……"百草园"里的色彩和律动，丰富了孩子们的双眸。这么多年来，孩子们驻足"百草园"，用纯真的心灵感受着这里的一草一木，用稚嫩的话语描述着这里的点点变化，用灵动的语言书写童真，放飞童心。这些年来，孩子们从"百草园"出发，走向生活，走向自然，一路用诗歌收藏属于他们的美好时光。无数个美妙的花絮，串起了孩子们的童年时光。在童诗的创作中，孩子们的表达欲望是空前的，他们不再为写作苦恼，甚至更多的时候是不由自主地拿起笔，记录下自己的感受、想法、体验、收获、情感……与此同时，老师们都发现，孩子们交谈时的话语有童真，更有深度。

让教育回归五彩缤纷的生活，基于儿童的需求，找到适合他们发展的路径和方法，孩子们每一天的校园生活快乐而充盈。一首首童诗是他们对生活的记录，对美好时光的收藏,乘着诗歌的翅膀,愿他们逆风飞翔。

第三节 "橙色·秋语·大地"自然笔记

2019年11月,"江苏省小学教育专题研讨会"暨"张家港市实验小学'橙色·秋语·大地'艺术节"盛大开启,学校将儿童的"自然笔记"尽情展示,枝头花间、廊道墙边、假山池畔……处处都是童年与自然碰撞的绚烂火花。一种叫作秋天的语言在园子里流淌,静默,绚烂。

校园环境的重要性愈来愈被人关注。格调大方、色彩大气、装饰大雅的学校建筑,可以增强校园的生命感和教育意蕴;绿树掩映、曲径通幽、优雅灵动的美好环境,可以促进学生乐山乐水,增仁增智;整个校园环境场的和谐,是一所学校办学理念、文化积淀、品格涵养的重要体现。

然而,传统的"环境课程"仅仅被当作"学科课程"的背景,只是调节和补充,并没有形成课程体系。这个看似天然实则精心设计的课程,没有受到应有的重视和尊重。找到"环境课程"与"学科课程"之间的联系,选择适切开展课程学习的区域,规划符合儿童学习特点的课程路径,将"环境课程"与"学科课程"真正关联。继而产生融通,达到互相促进、共生同长,甚至浑然一体的态势,从而真正激发学生对大自然、空间美学、学科知识、学习途径的兴趣与探索的

欲望，达成轻松愉悦、主动探索的学习态势和生长习性，实为必要。"自然笔记"作为"环境课程"与"学科课程"的融通课程，应运而生。

自然无处不在，它是一种语言，我们需要的，只是尚待提高的认知度和感知力。"自然笔记"课程的落地，是自然世界和内心世界的一座桥梁的落成，从某种意义上说，"自然笔记"是自然语言的人类表达。

"自然笔记"课程名称的提出，源自《笔记大自然》一书。作者是美国著名艺术家、教育家和环保学者克莱尔。他总结了一套给自然写日记的方法和心得，教引我们走出都市的围墙，用人类善意的眼光，去观察大自然千变万化的瞬间。他告诉我们，给大自然写日记，也许比记录我们成长的日记更神奇，更令人激动。

学校是学生极大的学习场和语言场，给学生一个探究自然、记录生活的环境，非常必要。张家港市实验小学这座"小径分岔的花园"，是一个环境课程的盛大展现场。百草园站在这座园子的中心。这个不很大的园子，确凿是花鸟虫鱼的聚会场，更是孩童玩耍、探秘的乐园。孩子们每天都在举行盛大的欢迎仪式，或昂首仰望，或低头凝视，或静静观察，或匍匐行进，用他们最原始最赤诚的姿势，最灵动的语言，欢迎园子的来客。

他们说——

小鱼的尾巴动了，百草园的春天到了。

百草园的风都在假山里面玩躲猫猫，突然她们找不到出口了。你听——她们在呜呜地哭呢！

你在湖对面干什么呢？我在照镜子，只照得见上半身，湖里的大白鹅就是我的下半身。

…………

学校开展"自然笔记"课程的"第一站"，通过语文学科与美术学科整合的方式，用更加契合儿童发展的课程模式，进行校本化开发和创造性实施。

新课标对"观察"有明确要求："养成留心观察周围事物的习惯，有意识地丰富自己的见闻，珍视个人独特感受，积累写作素材"；"观察周围世界，能不拘形式地写下自己的见闻、感受和想象，注意把自己觉得新奇有趣或印象最深、最受感动的内容写清楚"。

可见"观察"是学习的重要基础。"自然笔记"课程，就是旗帜鲜明地鼓励儿童尽情观察：给予美好的环境场域、指引观察的方法、在丰富的活动中探索……

学科的整合给了"自然笔记"课程丰富的学科层次和愉悦的心灵获得。用原始的笔触描画，不固定绘画的方式，可以真实记录，可以加以想象，可以专项描画，也可以系列研究。观察给予描画丰富的空间选择性，描画又成就观察的时间延展性，成为纸页上的自然与心灵世界的表达。

古诗文诵读是语文学科的重要内容之一，是对文化的传承与理解。每一首古典诗词都是大自然的物境和人心境的一个呼应。学校搭建物境，实际上就是还原这首诗诞生的现场，把一首诗送回到她生活中的位置。人文的介入、大自然的介入、孩子的介入，就是为了促成"大情景"学习的发生，静静地等待一个个儿童去遇见，去发现。

张家港市实验小学的百草园里，经常会有"诗会"：在树下《咏柳》，在池边《咏鹅》，在双桥上吟诵《断章》——"你在桥上看风景，看风景的人在楼上看你"，在各个角落吟唱美丽的《江南》……

吟诵亦是"自然笔记"课程的重要部分。说与写（画），是自然世界到达心灵世界再反馈自然的丰富路径。草木的气息、孩童蓬勃的生命力，在吟诵中得到尽情展现。

在自己创作或与同伴合作的画作上，记录下当时的发现和心情，不仅能对观察所得进行补充，更是对自然更深层次的探索。如果说绘画更趋向于天性，那么文字记录就是理性的落地和想象力的发展。记录的过程是对回忆观察、补充描画、整理思路、反复吟诵的深入探究，直到"柳暗花明"，直到"瓜熟蒂落"。至此，丰富的"自然笔记"课程就有了美好的呈现形式。

实验小学的百草园不仅是游乐园，它还成了绝妙的课堂。2019年4月，学校举办了"儿童定制学习"课堂展示活动，百草园就是无边的美术教室和语文教室。美术课——"诗的春天"、语文课——"春天的诗"，打破学科壁垒，将春天与诗作了美好的联结，发现美、吟诵美、创作美，儿童的美学与诗性，在这个自然大课堂里完美融合。

"自然笔记"无疑是一张大自然的靓丽的名片。它记录自然，记录美好，记录真实与变化。在实验小学每一场活动中，"自然笔记"都是重要的展现形式，吸引无数参观者的目光，把无数成人与儿童引向自然的美好与心灵的思考中去。

实验小学学生探索"自然笔记"课程的脚步愈加厚重。诗文集《春色满园关不住》100篇已结集成册，正式出版，作为季节的印记，作为童年的回响。

大自然的语言与儿童的语言，都是诗性的。对儿童的教育与对大自然的探索，具有一致性。他们有的是显性的，有的是隐性的，且有着绵延性和变化性。"自然笔记"课程，应该是一门尊重自然发展的、"润物细无声"的、充满无限惊喜的课程，是一种展现观察、思考、语言、实践的广角课程，目的是将儿童引向"正常而积极的童年生活"。

第四节　读懂：校园物型中的数学语言

数学是人们在生活、劳动和学习中必不可少的工具，它能够帮助人们处理数据、进行计算、推理和证明，可以有效地描述自然现象和社会现象。数学源于生活，寓于生活，用于生活。在小学数学教学中，如果能够根据小学生的认知特点，将数学知识与学生的生活实际紧密结合，那么，在他们的眼里，数学将是一门看得见、摸得着、用得上的学科，不再是枯燥乏味的数字游戏。

2013年，在张家港市实验小学，我们以美学经纬"再织"校园空间，诞生了一座花园。会呼吸的户外课堂、移动的课程馆，在这个美丽的园子里自由绽放。庭院中设立了英语实景场课程基地；果树上，有孩子们自制的主题为"喂鸟器"的科学课程，丰富的植物，成了科学课"校园植物大搜查"的核心场地；一步一景的苏州园林风格，成了美术课写生最好的去处；一年四季变化，是语文课程吟诗作赋的灵感所在；而数学的数数、计算、估计、测量、几何探索……更是在这样的物型天地里无处不在。

由物感数——从具体到抽象的数感养成

什么是数感？顾名思义就是对数与数之间关系的一种感悟，即对数的一种深入理解，然后内化成一种对数的驾驭能力。《数学课程标准》明确指出：数感这种能力的培养在于理解数的意义，能用多种方法来表示数，能在具体的情境中把握数的相对大小关系，能用数来表达和交流信息，能为解决问题而选择适当的算法，能估计运算的结果并对结果的合理性做出解释。由此可见，数感是一个人基本的数学素养，在这种新理念的氛围下，培养学生的数感就成为教育聚焦的话题。

数学家华罗庚曾经说过：宇宙之大，粒子之微，火箭之速，化工之巧，地球之变，日用之繁，无处不用数学。这是对数学与生活的精彩描述。的确，数学知识来源于生活，又应用于生活。因此，培养学生的数感，从生活体验出发更显必要。不少孩子刚进入小学就会谈数学色变，不愿学、不会学的现象非常普遍，就是因为他的认数、数数的学习太抽象化，没有更多地走进生活情境去感受。"小径分岔的花园"就是一个最自然、最生活的数感训练场。如低年级的数学学习主要侧重于认数、数数、图形的初步认识、计算等，那么老师们就可以带领孩子们在课间、午后走进园子，尽情去发现那些隐藏的数学语言。孩子们在园子里走一走，在老师的指引下，会去数果树、数大白鹅、数月季花等；孩子们在园子里走一走，在老师的指引下，会发现从园子里的哪条路回教室最短；孩子们在园子里走一走，在老师的指引下，会去看一看哪棵树最高、哪种花最多等；他们还会自由地去找一找，园子里有没有正方体、长方体、圆柱和球，哪些物体的表面是长方形、正方形、其他图形……他们在园子里看着、玩着、找着，是不是就会有"十万个为什么"抛给老师和同学：白色的鱼有5条，黄色的鱼有8条，一共有多少条鱼呢？"会呼吸的路"左边有5棵果树，右边有7棵果树，一共有多少棵果树呢？……

在校园物型中发现潜藏的数学语言，培养学生的数感，让他们感受到数学就在身边，生活中处处都是数学，远比单纯的课堂授课更能提高孩子们学习数学的兴趣，有利于对抽象概念的理解。因为，弄明白为什么1+1=2，绝对要比死记1+1=2的公式好得多！

借物建模——由实到虚的概念建立

概念是思维的"细胞"，学生的运算、逻辑思维、空间想象能力，甚至于创新能力等，无一不以清晰的概念为基础；概念是学生学好数学法则、定律、公式等数学知识的基础和关键，是培养学生数学能力的前提，是解答数学实际问题的重要条件。因此，在小学数学教学中概念的教学十分重要。但是，小学数学概念教学的现状却不容乐观。

在数学概念教学中，常常会遇到在教室里无法达到预期效果的时候，特别是一些静态课堂上无法感知的数学概念。如感受大的长度单位"千米"，在我的教学经验中，学生如果在教室里学习长度单位千米，那他们只是在表象上区别米和千米，知道米比较短，千米比较长，很少有学生真正体会到1 000米到底是怎么样的一个概念，1 000米到底有多长。很多学生甚至包括高年级段的学生，也还处于感知的盲区。这就需要更大的运作空间。这时我们将活动空间自然延伸到校园的各个物型场馆中，静态课堂上难以描述和解释的数学概念，可以在具体物型的各个现实情境中进行数学感知活动来帮助学生建立。就以千米概念为例，我们利用"百草园"，去百草园里走一圈，步测百草园的周长，再计算出 1 千米大约需要围着百草园走几圈，感受"一千米有多长"，最后还可以进行实地测量验证误差有多少。再如我们还在校园中，设计了"我们的菜园"。它的设计、测量、种植，就完全由四年级的孩子们在老师的指导下完成。这里整合了很多相关的数学概念知识：图形的认识、面积单位、面积的计算、土地的合理安排和利用……

从学校物型课程的不同功能区，充分挖掘其中的数学资源，来填补学生认知的空白。在物型课程的情境中，让学生带着问题去研究，在研究解决问题的过程中自主探索并发现学习数学的好方法。学生在这样的情境中学习，不仅兴趣盎然，学得主动，而且对知识的理解也更为透彻。

研物探知——由书本到生活的能力发展

心理学研究表明：小学阶段的儿童对自己感兴趣的事情会尽力去完成，并且在遇到困难时，他们会主动去探索、研究，努力寻找方法，使问题得到解决，使能力得到提升。因此，走进物物相连的自然，结合数学的"综合与实践"板块开展各种实践活动，可以激发孩子们的学习兴趣，使孩子心里产生一种强烈的求知欲，为孩子进行自主探索创造良好的条件。

如苏教版五年级上册第二单元的学习，孩子们已经掌握了长方形、平行四边形、三角形、梯形的面积计算方法，为了更好地巩固新知识，并让学生感受数学与生活的紧密联系，教材安排了一个"综合与实践"的内容是《校园绿地面积》。我们研究了一下校园的各个物型场馆，发现这节课的内容完全可以进行扩充，让有的小组测量校园各个绿地的占地面积，有的小组测量操场占地面积，有的小组测量一排教学楼的占地面积，有的小组测量百草园占地面积……再通过分享活动，引导孩子去估计并感受学校的占地面积，计算校园里人均绿地面积等。

这样的综合与实践数学活动课，紧密联系了学生的生活经验，通过引导探索不同途径的解题策略，使所学的平面图形的面积计算得到了升华。学生通过动手测量，使学生从中体验到学习数学的乐趣，激发了学生学习的情感和探求知识的欲望，培养了学生的合作意识和竞争的意识，树立了学习的自信心。通过人人动手操作、让多种感官参与学习等方法，培养了学生的观察能力、形象思维能力、语言表达能力，以及初步的归纳和抽象思维能力。

伽利略说：大自然是用数学语言写成的书。只有充分挖掘和利用好"小径分岔的花园"这个物型场域里的各种数学元素，给学生自由探究的空间、自由摸索的时间、自由发挥的舞台、自由展示的天地，他们的潜能才能得到最大地开发，个性才能得到最大地张扬，数学学习的创新意识和应用意识才能得到最优化地培养。

第五节　校园文化，那些带得走的基因

爱因斯坦说过："教育是当一个人忘记了自己所学之后留下来的东西。"如果真是这样，我们渴望学校成为一个令其心灵向往、精神生长、没齿难忘的"乡愁"存在。如果真是这样，我们渴望每一个孩子，在这所学校经过六年的生命历程之后，能够留下哪怕一丝美好的童年记忆，让他们在今后面对生命的艰难困苦时，能够因为这一丝美好而找到继续坚强、继续微笑下去的理由。而这些，应该成为他们生命的基因、内在的气质、永久的品性。

创建于1904年的张家港市实验小学，自有丰厚的底蕴，积淀的校园文化由100多年前的贤人创造，绵延传承至今，是最深远的校园符号，更是最无声的文化语言，在潜移默化中为路过的人烙下印记，成为"乡愁"，成为每个人刻在生命中的基因。

学校最早的校名为"范贤初等小学堂"。1913年，第二任校长郭聘之先生确立的校训"端勤毅"，是学校教育文化的根基所在，也是中国传统教育的价值取向。百余年来，一代代师生谨记校训，秉承"范贤"精神，积极探求教育的本质，不断走向理想的教育。

学校进门处,校训石在香水月季簇拥中熠熠生辉,上书"端勤毅"。在超过百年的办学历史中,"端勤毅"校训是不朽的基因。

"所谓端者,修身立学端于正道",教育就是要引导人走向正直人生,唯有站得直、行得正的人才能够真正发挥生命的力量,才能够在人生的种种波折面前让自我的精神美丽站立;唯有正心诚意的人,才能够在学问的道路上乘风破浪,一往无前。

"所谓勤者,处事立学守于勤勉",人生在勤,不索何获?生命虽然是美丽的,但生命之美必须通过勤奋的生长才能够得以绽放。教育必须引导学生经由勤奋的长路,才能够到达美丽的彼岸。正如冰心所说的那样:"成功的花儿,人们只惊羡它现时的明艳,然而当初,它的芽儿浸透了奋斗的泪水,洒遍了牺牲的血雨。"这是生命的昂扬之气、铿锵之声,这都需要勤奋来磨砺,来养成。

"所谓毅者,弘志践行持于恒毅","锲而舍之,朽木不折,锲而不舍,金石可镂。"每一个人都是一块璞石,必须立下宏大的志向,经过不懈的努力和持久的磨炼,才能够展露玉的光艳和美丽。

由此衍生的"21天美丽行动"课程,紧扣校训"端勤毅",站在儿童立场,遵循科学的儿童身心发展规律,在学生生活、心灵、学习、思维四个领域,通过制定目标——美丽坚持——美丽晾晒——评价奖励,从个人、班级、学校、家庭、社会各层次,落实端正、勤勉、果毅的品质养成路径,促使学生养成未来优秀公民所必须具备的素养。具体落实中,我们把学校、家庭聚合起来,让这百年的优秀文化传承、延绵,具象化、联结化、立体化落实好习惯养成教育。

范贤,一百多年前的校名。所谓贤,圣贤也。就是能够把内心中的良知用行动表现出来，达到知行合一的人。在内在世界里，他们心存良知；在外在世界中，他们能够把内心的崇高践行出来，在一言一行中实现生命的美丽站立，完成人格的完美实现。如今"范贤"已经篆刻成学校的楼名，成为校园的文化符号，代言学校。这样的文化语言也生长在每一个行走的实小人身影中，更是这个院子里内在的精神塑像——"范贤"正成为一代代实小人"以贤为范，超越自我"的内在标杆。

在实小，两代总务的故事几乎人尽皆知。

在实验小学的花墙旧廊上，有一幅珍贵的照片，主人公是全国优秀教育工作者，老总务赵德兴。赵老师有四件宝物，如今它们陈列在实小的档案室里：一支缠了一层又一层胶布的圆珠笔，一块曾吸过大大小小钉子的吸铁石，一把印刷过千千万万试卷的滚筒刷，还有一根缝过一架又一架风琴的针。

"节约要动脑筋""干活手脚要勤""为师生要全心付出"赵老师的经典话语一直是许多实小人行动的准绳，他拉着平板车进校门的经典影像也成为一代总务标志性形象。"赵德兴"这个名字，在实小，在每一位教师的心中，是一枚鲜活的奖章。挂在心头，挂在百年实小再出发的枝头，每个人都可以从中找到自己前行的力量。

无独有偶，这样的总务在实小并不是只有赵老师一人。他退休了，但是一代代总务却秉承着百年的文化，用自己的行动诉说着特有的文化语言。钱喜春，现任总务。2013年5月16日至17日，张家港市实验小学承办的义务教育基本均衡现场会完美绽放！17日下午3点多钟，目送领导和来宾们离开校园，年轻的，仅担任了总务职务不满十个月的年轻汉子，忽然泪涌，然后放声大哭，边哭边像个孩子似的用手背胡乱擦泪。

原来，昨夜风雨浓，26米的四幅长卷在大风大雨中，由四楼垂下至地面固定，那时，在雨中近乎一个通宵的钱喜春，脸上奔涌的是雨水。如今，这一次侧身地擦泪，他不好意思地说："我是喜极而泣。"

"以贤为范，超越再超越；快乐出发，幸福再幸福。"这是钱喜春曾在QQ上的签名。这个园子，有太多他的足迹，在池中放入小鱼、螺蛳净化水源，带来大白鹅,生动校园景致,植下树种、花种,等待着他们长大,和孩子们在溪边编童话;追逐蝴蝶,和孩子们在时光隧道穿越;和孩子们一起探讨植物的生命历程……他的身影,自如自在,总务这个职务,被他演绎得如此意味深长。

如今,在这个园子里,看得懂、听得到、悟得透这样的文化语言的,有更多个总务、班主任、一线教师……花墙旧廊上,那历任33位校长的人物剪影更是厚重而又鲜活。一面墙,一隅情怀,一场教育的接力、精神的传承,正是他们,以"范贤"精神,引领了一代代实小人的不断超越。

在这个意义上,以贤为范更是校训"端勤毅"的向导:就像圣贤那样真正领悟学习的品质,生命的本质,端正、勤勉、果毅,朝向更加美好的人和事,以更美的自己向这个世界奉献最好的价值!

如今,这种精神,历久弥新,从外在到内心精神塑造,实小人赋予范贤更朴实丰富的儿童文化——"榜样学子课程""范贤学子系列""学而篇"……我们建立科学合理的"小学生榜样学习"评价体系,使"范贤"理念真正落地生根:创新开展"范贤讲堂""十佳范贤之星"等评比,可以在学生心中种下一粒种子,去发现榜样,学习榜样,进而成为榜样;形成全校性的"小学生榜样学习"网络结构:百篇名人传记、百场私人定制、百本原创图书、百本成长手记、百名范贤学子等,让人人成为自己、他者的榜样;建立张家港市实验小学"榜样德育·智趣学子"成长评价细则,并在实践过程中持续开展调研、分析,不断调整,以求更适切学生的个性化发展。

榜样化体系是对范贤文化的新时期应答,通过榜样这一价值载体的人格形象,激励和引导学习者自我内化榜样精神品质,让范贤精神根植于人的内心,成为人成长过程中的始终的光亮。

文化,一种无声的校园语言,它浸润在空气中,传承到血脉里,它的温度与厚度,将为一个人的一生奠基,成为来过这里的人带得走的基因。

第四章　学习变革：无序之序

学习目的是促进每一个儿童的最优化发展。其多样化、个性化、过程化、立体化的特点，对学校教与学的方式，课程学程观以及人的发展观也提出了新的命题。而承载了理念、人、物等的校园空间，也面临前所未有的挑战。

为适应学生多样化的学习需求及个性化的成长需求，学校空间正在被逐步重构，新的空间形态主要体现在复合化、人本化、学科化、智能化。我们致力于通过校园空间的变革，实现学习的变革、人的发展、学校的发展。

调整、重构学校物理空间的关系和秩序，建设全学习校园生态系统

物理空间，是由学校的建筑、道路、设施设备、校园环境等构成的自然空间。

我们尽力呈现空间的诗意与美学，小桥、流水、迷宫、隧道，百草园的郁郁葱葱、千娇百媚、草木气息，呈现出荒野气质的秩序和结构。以美学经纬再织的校园空间，不再是简单的物理空间的单一呈现，它是一个复合的折叠空间，越来越接近于突破教室这个常规的学习范围。建构这样一座园，将学习的空间打通，将美学的基因浸润，自然美学、情感美学、人格美学、艺术美学，在一座小径分岔的花园里，打通五感，自然中获得。

近年来，"环境是第三位老师""通过空间的设计与布置可以改善学习"这些观念也越来越被人们所认同。为了创建良好的"环境"，学校开始了对空间的重新设计和打造。我们竭尽所能最大限度重构各个空间的功能。面积增大、桌椅可以随意组合、功能性更丰富的爱学教室，给予学生更多施展的空间，是对学习方式变革的硬件支持，也是一种对个性的尊重，是教室改造的实验样本；梦想艺术馆兼展览馆、美术教室、小组学习室、兴趣专场室，空间的有分有合，有效地实现了资源的多元利用以及空间的多功能，实现教育的多元。

空间会说话，是无言的诉说。那些充满细节设计的校园小空间、那厅里的一个书架、楼梯拐角处的一个声音角、一亩花田，这些空间的再生产，带给人更多的舒适与友好。

空间成为教育的一部分，它不再是简单的承载体，而是主动的参与者，也是从心理学、行为学层面启发、影响使用者的重要因素。在这个空间里，到处可以学习，有意识无意识，都能有所学有所得。

建设、挖掘精神空间的内涵和价值，故事性、参与性，成就童年的美好记忆

学校的空间充满了生命的气息，空间中物件存在于校园，就不仅仅是物件，往往使其从使用价值转向教育的文化价值。人在其中穿行，一切静态的物件，通过观察与发现，转化为动态的教育事件。这是教育行为的又一变革。比如对生命和个体的态度，对大自然和动物的态度，基本的思辨能力、共同体责任感和使命感……这些作为"人之初"的精神功课，对童年来说同样很重要。我们通过一个一个有意义的生活事件，来给孩子们输送优秀的精神食粮。我们充分利用校园空间的自然风物、美学元素和文化设计，及时观察、捕捉孩子们的个体"遇见"和现场反应，通过教育者的介入、助推和引领，刺激故事的发生，拓展事件的长度和空间，将个体事件放扩为校园事件，将生活事件提升为心灵事件，将游戏事件演绎为教育事件，从而在审美、伦理、心性和价值观等方面对学生施加积极影响，以此丰盈孩子的精神空间。

鼓励、支持课程空间的开发和设计，创建立体式研学环境

学校是学生学习的场所，学校的空间设置以学习为中心，服务于学习和课程，甚至空间本身就是课程。

学校注重正式学习空间的设计与开发。三味书屋不仅是学生的阅览室，更多的承载着学校阅读课程的开发，从主题阅读到阅读分享、创作，以国家课程、学校校本课程为依据，带领学生探索与对话。学生还通过项目式学习，将室内与室外学习打通，语文，将创作与观察发现相连接；艺术，打破了学科壁垒，整合各方资源，实现课程的统整开发；音乐与美术的打通，美术与语文的相携共生等。这些课程的创生，将教材、教学、生活融为一体，知识、能力、价值融为一体，将学科课程、研究性学习、社会实践融为一体，自主探究合作融为一体，学与用融为一体，学生的核心素养的养成得以有效落地。

另外，校园课程还是不断地生长的。百草园的春夏秋冬、花草树木、鸟兽虫鱼丰富了课程的内容，将它们与国家课程中相关联的内容加以整合、利用和开发，不仅完成了国家课程的基础性建设，也完成了物型课程的独特性创造。

我们还注重非正式学习空间的设计开发，学校把自己的文化精神等设计成课程性景观，让校园的很多个环境节点都自带故事，支持学校价值观系统课程系统的建构。在舒适的环境中，自由地取阅、自发地讨论，一种自由开放的教与学的氛围让

非正式学习空间正越来越受到学生的青睐。

有人说,学校的环境将佐证这个学校是否足够优秀,在儿童定制学习理念下,我们积极设计、建构新的校园空间,以美学的方式、以创新的机制,让空间追得上儿童的成长,赶得及教育的发展,实现学校空间的价值和意义。

第一节 长链条学习:数学,联结校园空间

在数学史发展的长河中,数学概念的雏形能在古老的生命形态中找到,被认为直接与人类的感官经验世界相联系,伴随人类的应用而产生。如古代的结绳记数,以及我国古代著名的数学典籍《九章算术》,是 246 个实际应用问题的汇集。到 19 世纪,纯数学从自然观察中发展起来,以欧几里得《几何原本》为代表的抽象数学,创造了纯粹而严密的科学体系,超越了现实生活。数学发展成为一种更专业、更抽象的纯科学。对数学本身而言,纯数学无疑是数学世界中的"皇冠",但对儿童而言,应用数学才是生活与数学的最佳连接点,也是他们学习数学的最佳切入点。

"纸上得来终觉浅,绝知此事要躬行",数学组的老师们结合物型课程建设,为儿童提供学习的"境"、实践的"场"、创造的"域"等诸多数学核心素养培养实践平台,为儿童设计不同的学习生活,构建起丰富多彩的学习样态,激发儿童学习兴趣,提升儿童的数学思维深度,学有滋有味的数学。于是,数学长链条学习应运而生,以此优化

国家课程的学习过程,从而促进儿童全面、个性化、主动地成长和发展,培养学生带得走的数学学力。

叶之猜想,历一段数学审美的旅程

校园中的数学元素无处不在。三年级《周长的认识》教学,教师打开教室的边界,带孩子来到百草园。三两结伴,树叶成了他们的研究对象。树叶的周长不能用尺子直接量出,怎么办呢?小组里展开了热烈的讨论:在尺上滚一滚;用毛线围一围,再量毛线的长度……大家纷纷献计,用化曲为直的方法成功测量出了树叶的周长。百草园里的树干、不规则标识牌、小池塘……都成了孩子们运用化曲为直思想的实践阵地。研究是个快乐的过程,同时也带给孩子们很多思考:"百草园中树种繁多,叶子的形状也不同,周长长的不一定面积就大。""不同形状的树叶,周长可能相同。树叶的大小不一样,可周长有可能一样。""叶子越大周长就越长吗?不一定哦!比如说枫叶有很多凹凸,这样周长就有可能比大的叶子更长。""我觉得量一个不规则物体的周长,要2—4人辛勤的劳动,也就是说必须要有合作才能成功。"……

植物叶子,千姿百态,给百草园带来了美丽的彩色世界。六年级的孩子们也来到百草园,捡拾不同形状的落叶,开展了"树叶中的比"数学探究实践活动。

每个小组分工合作,探究有序。对同一种类的树叶长与宽的测量与比值计算,他们有发现,也有猜想。当不同树种树叶长与宽的比值在一块儿比较,进行排序后,孩子们有了更多的有趣发现:"平平无奇的小精灵——树叶,蕴含着许多数学知识,正如细长的柳叶,它的长与宽的比值遥遥领先于其他树叶,而那又扁又宽的木棉花叶长与宽的比值约0.9,形状近似正方形。""通过这次的测量和观察,我知道了树叶长与宽的比值,和树叶的形状之间的关系。同一种树叶,长与宽的比值都比较接近。比值接近的树叶形状也相似。树叶长与宽的比值越大,树叶越狭长。""经过测量与比较,我们发现,同一种树叶长与宽的比值比较接近,但不相同。看来'世界上没有一片相同的树叶'得到了验证。"

小小的树叶，孩子们却从中发现了数学的奥秘，正是数学本身具有的趣味性和无穷魅力吸引着孩子。我们要做的就是让孩子具有一双发现"美"的眼睛。让他们在冰冷的数学符号、数字、算式的背后，体验数学世界独特的美，寻找处处闪耀着孩子们智慧的灵性光芒："百草园中有很多数学信息，它们就像一个个秘密宝箱，里面藏着不少'珍宝'，需要我们用'金钥匙'去开启。""原来，数学的学习也能变得如此有趣味性。它不仅仅是印在书本上的一道道习题，更是在我们的日常生活中的聪慧发现。"……

当校园百草园数学活动的开展和交流成为一种新常态，富有乐趣和深度的数学学习也在真实地发生。孩子们体验中的真实感受让他们在探索数学世界的旅程中获得了一枚崭新的徽章。

几何绿地，种下生命的数学

传统的小学数学教学采用"蜗居"数学一隅的封闭教学方式，数学就是数学，数学教育只有数学。过于纯粹，使得数学课程缺乏应有的开放与活力，束缚着数学教学本身，以单一的方式在运行。"种数学"，融化书本套装知识，让数学学习的过程活起来。

学校范贤楼中庭有块不规则空地，当学校向年级公开招募："哪个年级能运用已学的数学知识来规划这块空地？"六年级的孩子们当仁不让接下了这个平面图形设计实践任务。以此为契机，参观、测量、设计，成为一项数学长作业，历时一个多星期。六年级各班以组为单位，讨论、设计、制图，在全班进行公开招标评比。年级里再进行第二轮评比，开展了投票统计活动，从几何学美学的角度评选最具个性、最美丽、最合理的设计方案。经过孩子们的统计，张斓馨同学的设计方案得票遥遥领先，学校采用她的设计方案实施绿化。这项长作业融合了"图形与几何""统计与概率"等相关知识在实践中的应用，孩子的数学学习更有了生长力。

因为孩子们大部分的活动时间在校园，如何发挥时间的优势让孩子们在校园里更好地"种数学"呢？五年级数学组根据教学内容需要，承担了维护责任。各班划拨责任地，各小组又在自己班级责任地里领养一棵植物，在每天上学浇水养护地过程中，三天一次测量记录植物叶苗的生长高度。21天的美丽行动，当一毫米、两毫米、三毫米……两厘米、十厘米……从缓慢到迅速地生长记录在孩子们的指尖流淌时，孩子们触摸着生命的生长，感受着植物生长的周期性规律。孩子们结合折线统计图知识，用数学图表描绘养护植物的生长趋势与感受，不同班级不同植物的生长趋势又进行了比较，产生了数学问题，他们用自己的实践去交流、去分享、去解答。拥抱大地、拥抱自然、拥抱数学，这种活的数学种植在孩子们的生活乃至生命里。

儿童的潜力如同空气，既可压缩于斗室，也可充斥于天地，教师把他们放在多大的空间，他们就有多大的发挥。这座小径分岔的花园里，一物一景都承载着课程意象，数学学科的价值系统也在不断生长着。目前为止，我们已开展了62个主题的"数学长链条学习"研究，带来了学习方式的变革、课堂结构的变革。以问题探究为主线，融合自主探索、团队合作、创新实践等元素，打破时空界限，引领学生从室内走向室外，从知识走进生活，让儿童经历"提出问题—尝试实践—反思质疑—评价延伸"的过程，开展为期一周、一月、一学期的学习，将数学学习和校园空间、现实生活联结起来，以数学种子的生长为核心，以物型课程学科建设为依托，立志成为儿童数学生长过程中的一缕阳光、一丝养分、一滴活水。

第二节 小项目学习：
在生活中发现问题，在问题中学会挑战

教育的改革，是要改变什么呢？其中一个很重要的问题，就是——学校到底让学习者学习什么。当然随之而来的问题就是，怎样学、如何教的问题。项目式学

习教育理念的出现，似乎给出了一些方向。项目式学习是一种以学生为中心的教学方法，它提供一些关键素材构建一个环境，学生组建团队，通过在此环境里解决一个开放式问题的经历来学习，它更强调学生们在试图解决问题的过程中发展出来的技巧和能力。

在 2017 版《义务教育小学科学课程标准》之前，小学科学课程比较注重科学知识的获得、科学技能的提升以及科学情感态度价值观的培养，学生在教师的指导下局限于对某一个科学现象的研究，在整体提升科学素养上还存在一些有待解决的问题。

1. 科学研究问题理论化，缺少生活性

科学课上学生研究学习的问题主要来自教材，由于教材只能大概满足某个年龄段学生的学习，所以不一定能够体现"科学来自生活"，但是对于小学生而言，生活中的科学问题更容易让他们产生共鸣和兴趣。

2. 科学研究内容零散化，缺乏整体性

科学教材是根据知识体系，以大单元的方式来编排的，同一个单元的内容之间具有联系性，但是在实际学习过程中，由于课时的安排、教师的观念等因素，学生在具体学习时还是比较零散，聚焦于某一个科学现象，整体研究的意识不强。

3. 科学研究过程固定化，缺少能动性

在科学课堂上，教师都会努力营造民主、平等的氛围，尊重学生学习主体的地位，但是事实上，学习的过程一般都是教师控制的，学生也会主动迎合教师的要求，这样学生的主动学习就相对薄弱了。

4. 科学研究方向局限化，缺失工程性

过去的科学学习主要体现在科学知识、科学技能以及科学情感态度价值观的三维目标上，注重学生对科学实验的操作，而缺少对学生工程意识的培养。

基于学校物型课程的相关理念，为打造更适合儿童的科学学习，学校引进了项目式学习的理念。通过小项目学习这种国家课程的校本化实施，为不同类别的学生定制科学学习规划、设计个性化的科学学习活动，让各类学生的科学学习更具适切性，更好地为"群体学习"中每个学生的个性化科学学习提供服务，引导学生在问题中学会挑战，提升自己的科学素养。

我们的小项目学习融合了物型课程和小项目学习的前沿理念，集中了学校科学教研组13名科学教师的力量，以团队的方式进驻小项目学习。初期，通过"请进来"和"走出去"的方式，让小项目学习团队的教师们面对面地向中外各级各类的专家们学习，也定期与集团校的科学老师们对话研讨，在边学习、边实践、边反思的过程中不断提升教师团队对于小项目学习的指导能力。

学校的小项目学习主要以社团的方式开展，目前三个校区共开设了六个小项目学习社团，六个社团利用统一的周三少年宫活动时间针对同一研究主题，开展个性化的定制学习。科学教师团队精诚合作，努力实践着国家课程的校本化实施，根据本土特色、学生特点以及科学学科内容，力求自主开发小项目学习定制课程内容。结合学校"定制课程"这个主课题，和"物型课程"研究项目，从研究的主体、主题入手，基于校园环境和学生生活，让定制理念和小项目学习无缝衔接，以陆续开发了"我们的校园之排水系统""迷你自来水厂""太阳的力量""我是小小建筑师"等十个小项目学习定制课程。

一、确定小项目学习问题，制定科学学习主题

"我们要活的书，不要死的书；要真的书，不要假的书；要动的书，不要静的书；要用的书，不要读的书。总而言之，我们要以生活为中心的教学做指导，不要以文字为中心的教科书。"陶行知先生的观点提醒我们，孩子真实的生命首先应该

活在真实的生活情境中，孩子的科学学习也应该来源于真实的生活。对待教育，我们不应该以狭隘的眼光来圈定空间和范围，而是要以开放的思维来延展时间、拓展空间。

　　小项目学习是以问题来驱动的，所以选择学习的问题、确立研究的主题就显得至关重要了。学校每一次小项目学习问题的确立，不是传统的教师指定，而是学生参与商讨的，基于科学学科教材，立足于学生的现实生活，师生之间经过对话交流，从而让学生学习的主题不再是教材上规定的问题，无论是深度还是广度都得到了很大程度地拓展，科学学习更体现了"学生为主体"的理念。小项目学习所研究的问题都力求激发学生的学习兴趣，努力引导学生解决真实存在的问题。学生在小项目学习的过程中，走出学校，走进生活，走进社会，在真实的生活情境中去学习知识、体验成长、创新探索，从而促进学生情感、态度、能力和价值观的形成，解决问题的能力得以提升。

　　小项目学习团队在选择研究问题时，特别注重生活性，让学生真正体验到"生活中处处有科学"。团队成员会通过日常观察、调查问卷、访谈等形式各异的方法，经常关注校园环境与学生生活的连接点，同时也基于学生在学习、生活中的兴奋点、探究力，寻找学生感兴趣、想研究的问题。例如"我们的校园之排水系统"就源于夏天的某一场大雨。倾盆大雨过后，校园里到处都是积水，自校门口开始，厚厚长长的木板成了一座座桥梁，学生们必须踩着木板进班级，操场上成了一片汪洋，为了低年级学生的安全，老师们等在校门口背着孩子进校园。学生们在感动的同时，发现下雨天积水严重的这个情况不是偶然的，而是经常会出现。于是，自然而然就产生了"为什么校园里会有积水？""校园里难道没有排水装置？""校园里哪些地方积水更严重？排水装置又在哪里？"等一系列问题。通过师生讨论，基于学生的学习基础和生长需求，小项目学习团队就定制出了这个属于学生自己的研究主题。在这个小项目研究过程中，学生想要解决的是一个有现实背景的问题——怎样让校园在雨季到来时不再成为"汪洋大海"？整个项目学习的过程紧紧围绕这个问题展开，搜集排水系统相关资料、校园实地考察、绘制校园排水点、参观给排水公司、设计校园排水系统、制作校园排水系统模型等环环相扣的项目学习活动，充满挑战，激发了学生学习的兴趣和欲望，进而把兴趣转化成学习动力，足以支撑学生进行为期10周、大约18课时的持续研究。

二、拓展小项目学习领域，定制科学学习场所

"一事一物皆教育，时时处处有课程。"小项目学习课程的主题源于学生的生活，这也就意味着学生科学学习的场所不再仅仅局限于实验室、教室。学校可以利用自身多样化的资源，把校园变成学生社会生活的"实践场"，而校外各种各样丰富的场域和情境，也能与学校资源有机结合起来，演变成学生学习的"特定学校"。在这个开放的、多元的、充满时代气息的社会，小项目学习课程可以突破学校围墙之限，与整个社会联系起来，以社会丰富生动的内容，弥补学校教育的狭隘性与片面性。

"百草园"里可以让学生进行植物类的学习，"双桥印记"的小池塘里可以让学生对水质进行监测，"小气象站"可以让学生研究天气……除了美丽校园的各个角落可以成为学生小项目学习的场域外，教师团队也会根据不同的项目学习主题，联系社会上的相关部门为学生科学学习提供场所，带领学生走出校园，走进真实的生活场景。

不同的小项目学习主题，学生科学学习的场所各有不同。在"我们的校园之排水系统"小项目学习过程中，老师带领着孩子走遍了校园的角角落落，观察、寻找着排水口，绘制独特的校园排水地图，也来到了给排水公司，聆听专业人士的介绍。《迷你自来水厂》引领着学生研究着整个张家港市的水系分布图，进而来到本市各个具有代表性的水系进行实地水域考察、采样、分析，去到自来水厂了解自来水的净化流程。研究《太阳的力量》，来到专门生产太阳能电池的光伏公司现场了

解太阳能电池的原材料、生产工艺、流程等。研究"设计喂鸟器",就来到生态公园,观察不同的鸟类,摆放自己制作的喂鸟器和鸟食,等待、观察、记录、分析。拓展小项目学习项目研究领域,走进各具特色的科学学习场所,学生能够在更真实的生活情境中学会发现问题、解决问题。

三、基于小项目学习内容,定制科学学习对象

学生的科学学习,不容忽视的就是学生这个学习的主体。科学学科作为一门国家基础性课程,要面向所有学生,但是每一个学生都是一个独立、有个性的个体,要提升学生的科学素养,就要基于学生的兴趣爱好、知识水平、学习特点,设计学习的进度、深度与广度。为每一个学生设计学习内容,难度颇大,师资力量也跟不上,但是可以为每一类学生定制科学学习。根据儿童需求而定制学习,充分考虑儿童发展的主体性、差异性、学习需求的多样化,努力建构最适合的学习样态。小项目学习基于上述理念,根据不同的项目学习主题,会面向不同的学习对象群体。

学校在实际操作中主要以社团的方式来确定科学学习的对象。首先,我们小项目学习团队会对学生发放问卷,初步了解不同年级学生有兴趣研究的主题和领域,然后根据问卷,把学生分为若干类,同时根据学生的兴趣、需求来制定小项目学习项目、学习主题。其次,采取双向选择的形式招募学生,学生根据自己的兴趣、需求,向各个小项目学习社团辅导教师报名,教师再根据学生的知识能力水平、社团规模等因素确定正式成员,根据学生的性格、能力分成若干研究学习小组,继而开展小项目学习。相同的兴趣、爱好,互补的能力、性格,往往能够让小项目学习的各个学习小组学习效率更高。

四、设计小项目学习流程，定制科学学习方式

常规科学课堂，基本是一节课一个内容，虽然一个单元从知识体系来说内在联系很强，但是从学生的学习方式来讲，基本上是以科学实验为主的方式，很多调查、考察、设计、制作等学习方式经常会用课外的时间来完成，这就导致学生的学习方式相对单一，学生的科学素养得不到整体提升。基于小项目学习主题，设计不同的小项目学习项目流程，采用多种科学学习方式，以期学生能够得到多方面的发展。

以"我们的校园之排水系统"这个小项目学习定制课程为例，整个项目学习流程体现着跨学科整合的思想，分为"搜索者""探索者""观察者""创想者""实践者"5大板块，涵盖调查分析、观察实验、数据收集、整理汇总、设计制作、分享展示等不同的学习方式。"搜索者"板块，通过查找资料初步认识排水系统，通过在同学、家长、老师间的随机问卷访谈进一步了解所在城市、学校的排水系统现状。通过校园实地考察，仔细搜寻、绘制学校雨水排水口分布图。"探索者"板块，走进实验室，沉下心来，通过实验研究的方法从管道的粗细、长度、数量探索影响管道排水速度的因素，分析路面材料、周边地理环境对排水系统的影响。"观察者"板块，走进给排水公司，听取相关工作人员的专业介绍，根据参观前的前期准备，学生向工作人员现场提问、互动，进一步了解城市的排水系统。"创想者"板块，学生根据已有的知识基础，分组合作讨论、交流、设计、定制自己学校的排水系统。"实践者"板块，扩大视野，结合"海绵城市"等理念，根据设计图，制作未来校园排水系统模型。创意设计、寻找材料、成本估算、协同制作、测试效果、后期改进、产品发布，学生们俨然成为专业的工程师。

五、关注小项目学习过程，定制科学学习评价

科学学习评价，能够了解学生在学习过程中的具体表现以及存在的问题，从

而鉴定学生科学学习的质量并促进学生科学素养更好地发展。在小项目学习中，教师会特别关注学习的过程，从评价主体和评价方式入手，对学生的科学学习进行评价。

从评价主体来说，科学学习评价从自我评价、伙伴评价、教师评价、家长评价四个方面入手。自我评价和伙伴评价能让学生清楚自己是否知道学习的目标与任务、自己该向哪个方向努力、自己的科学学习存在什么问题、该如何修正等。教师评价能够以更加客观、科学的态度诊断学生在科学学习中存在的问题并及时反馈给学生，对学生的学习进行必要的调节以达成学习的目标。家长评价主要关注学生在校园外的拓展学习的情况。

从评价方式来说，基于小项目学习的主题和具体学习内容，定制科学学习评价主要以成果展示和平时表现为主。成果展示包括学生的观察笔记、调查报告、实验记录、思维导图、设计图、产品以及产品报告书等实物类的展示。平时表现主要包括参加小项目学习过程中的积极性、合作性、创新性等表现出来的综合性的发现问题、解决问题的能力，主要可以通过问卷、访谈的方式进行评价。

依托小项目学习在国家课程"共同基础"达成情况下，我们结合校园环境、学生生活打造出了更适合学生的科学学习，学生的学习不是整齐划一的，而是根据每一类学生的主体差异性，开展了各有侧重、各展所长、各取所需的学习活动，从而促进了学生科学素养的个性化发展，弥补了传统科学课堂的不足之处。小项目学习的持续推进，激发了学生的自信心和求知欲，为学生提供更多的学习实践机会，鼓励学生打破传统思维模式，敢于去尝试、去创新、去挑战自我，在观察、发现、动手、体验的过程中，感受小组合作团队的强大力量，促进自身创新能力、实践能力的发展。参与小项目学习的学生们学习着"像科学家那样去研究"的思维策略，开展着"像工程师那样去解决问题"的行动实践。提出问题、方案演讲、模型制作和测试、数据分析和产品说明，这些标准化的环节和步骤锤炼着他们的表达能力、合作意识、批判思维和动手操作的能力，逐渐形成"有效率有品质的"的科学思维。

第三节 实景场学习：走向真实世界

迈克尔·富兰曾经说过："我们应该重新思考教师究竟如何工作，否则，我们不会前进。"新一轮课改后，教育俨然成为一种服务行业，教师被赋予了太多的责任和压力，在新的育人体系中，教师究竟如何工作？课程如何设置？学生用怎样的方式学习？挑战无处不在，新时代的教师必须做出思考和应对。

一、我们的困惑

中国的课堂，几乎都是在室内，一间间大小、格局几乎相同的教室是学生学习的主要场域，每天按照课表设置，老师们进班上课，语文、数学、英语等，教材上有什么内容，教师就教什么内容，不管是什么方面的内容，天文、地理、旅游、历史、丈量建筑物等，老师都能在教室完成教学。日复一日，年复一年，老师们兢兢业业，学生们大部分也学得刻苦努力，每次考试，也都能取得让人比较满意的成绩。但是，总感觉这样教出来的孩子不够自信，缺乏想象力、创新力，不能够主动学习，诸如此类，有诸多困惑围绕在心头：

1. 带了实物进课堂，为什么学生还是不听

四年级上册英语有一个单元话题是"At the snack bar"。老师们用心良苦，为

了吸引孩子们的注意力，购买了很多孩子们喜欢的食物带进课堂。有嵌着红樱桃的蛋糕，有浓黑的巧克力，有令人垂涎欲滴的热狗，有让人充满食欲的三明治……课上，老师教单词时拿出了这些精美的食物，学生一看，果然很兴奋，眼睛都亮了，学得可起劲了！但是学完单词后，要在语境中进行操练巩固的时候，学生的热情已经减退了，再加上使用语言并没有真实的场景，只是和同学进行虚拟的交流，学生已经回到任务式学习了。老师就纳闷了：我把真的食物都带进课堂了，怎么孩子还不听呢？

2. 朗读指导非常到位，怎么学生就是读不好呢

英语口语发音是老师们特别重视的一项基本功训练，每节课老师都会特别认真地辅导学生的发音和语调。六年级英语课本上有一个故事教学是讲狮子和老鼠的故事。课文里面狮子与老鼠对话中使用了很多副词来修饰这两个角色说话的语气和情感态度，比如 laugh loudly（大笑），smile happily（喜笑颜开），say quietly（安静地说）等，那么学生在读的时候，就要大笑着、快乐地、安静地去读出相应的话语。老师在课堂上反复示范读、组织学生个人读、小组读，形式很多。而有的孩子放不开，有的孩子不能把情感带到位，有的孩子很努力去读，但是语调很怪异，总之读来读去，就是读不到老师预期的效果。

3. 教案设计近乎完美，怎么最后学生还不会自主表达呢

一次英语教研活动上，老师们围绕某老师上的公开课 "Seeing the doctor"（看病）展开讨论，老师们都觉得该老师的课堂环节设计非常好，遗憾的是最后语言输出环节，学生的表现不尽如人意，对于老师给出的类似情境，学生不会描述，其他同学的表达也基本相同，都是生硬地照搬书上的语言，不会自主组织语言表达。

二、实景场学习的内涵和特征

面对这些问题、困惑和挑战，我们积极思考，研究对策。

300多年前，捷克教育家夸美纽斯在《大教学论》中写道："一切知识都是从感官开始的。"这种论述反映了教学过程中学生认识规律的一个重要方面：直观可以使抽象的知识具体化、形象化，有助于学生感性知识的形成。

张艺谋的电影《印象》系列，采用了观众和演员处于同一情境下的方式，让观众有了别样的观影体验，极大地调动了观众的感官，更好地理解了电影的内涵。这给我们带来了极大的启发——真实情境，能带给人极为真实的视觉体验、听觉体验及心灵的感悟。

我们豁然开朗，发现了以上困惑的一个共同特点：学生之所以面对实物仍没有兴趣、之所以反复指导后还读不出应有的情感、之所以学完英语后不会自主表达，是因为他们对所学的内容不了解、不清楚，没有真实的感受。换言之，他们的学习没有真实的情境，没有直观的感受，导致他们没有表达的欲望。原本都是非常好玩的话题，但因为都是课堂上教师枯燥地讲解，学生没有直观的感受，印象不深刻，因此，学生完全没有学习的兴趣，也就更不会有学习效果了。

由此，我们想到了实景场。我们找到了与实景场最接近的理论依据——情境教学法。清华大学著名教授刘世生认为，情景教学法就是创设场景，给学生提供一种真实的或半真实的语言环境，并使学生参与其中，从而进行情感的沟通、语言的交流。而我们所提出的实景场即真实的学习场域。从课堂学习的角度看，实景场即依托校园环境，结合学生的知识水平、生活技能架构实景式学习环境，让学生浸润在语言磁场中，陶冶情致、习得技能，它是研究的定制学习的一个重要方式。

脑科学研究表明：人的大脑功能，左右两半球既有分工又有合作，大脑左半球是掌管逻辑、理性和分析的思维，包括言语的活动；大脑右半球负责直觉、创造力和想象力，包括情感的活动。传统教学中，无论是教师的分析讲解，还是学生的单项练习，以至机械的背诵，所调动的主要是逻辑的、无感情的大脑左半球的活动。而实景场学习中，往往是让学生先感受而后用语言表达，或边感受边促使内部语言的积极活动。感受时，掌管形象思维的大脑右半球兴奋；表达时，掌管抽象思维的大脑左半球兴奋。这样，大脑两半球交替兴奋、抑制或同时兴奋，协同工作，大大挖掘了大脑的潜在能量，学生可以在轻松愉快的气氛中学习。因此，实景场学习可以获得比传统教学明显良好的教学效果。

那么实景场学习有哪些特征呢？

（一）真实性

1. 学习主题的真实性

结合国家教材，老师们选择适合、需要实景场学习的话题，来组织实景场学习、活动，让学生在相对真实的场景中进行英语口语训练，以操练巩固在教材上所学的语言点。前述所提到的"Seeing the doctor（看病）"就是译林版英语教材五年级下册第四单元的内容。

2. 学习场域的真实性

这里我们所谈的实景场，不是我们虚构的，是真实的。譬如：英语学科的"Seeing the doctor（看病）"，学校内没有真实的医院，但是，我们利用两间近200平方米的教室，外加一个约50平方米的室外场所，把它临时布置成一个医院，里面功能室齐全，包括：挂号处、候诊室、各个科室（急诊科、骨科等），准备了真实的医生服、护士服、针筒、药棉、病历卡等。让学生身临其境，完全置身于真实的场域中，刺激他们学习的欲望。

（二）连贯性

每节课的情境创设可以有多个存在，但它们应该是连贯的，为同一个教学目标服务的，其中有一个总的情境线索贯穿始终，即要形成一个以大情境为线索，串起各环节情境的完整课堂教学情境。以英语的"Seeing the doctor（看病）"为例，看病是一个大情境，在这个情境中，有挂号情境、候诊情境、问诊情境、取药情境等跟看病有关的一系列情境。这些情境的创设必须连贯、真实，为大情境服务。

（三）趣味性

激发学生的学习兴趣是提高学习效率最有效的途径之一，因此，实景场创设的目的之一，或者说实景场创设最重要的特征之一就是趣味性。根据学生年龄特点，根据学习主题，教师要尽可能为学生创设真实、符合认知水平的、有趣的学习场域。通过有趣的情境提高学生对学习的兴趣，由此产生学习的动力。

万圣节时，学校的英语实景主题式教学就以万圣节为主题。万圣节在 10 月 31 日。孩子们通常会用面具、奇装异服来装扮自己。他们挨家挨户敲门，一边敲，一边叫："给糖？还是捣蛋？"人们总是会给他们很多糖果。围绕这个有趣的节日，我们设计了"万圣节场景主题式教学"系列活动。我们整理了一些有关万圣节的背景知识，相关的词汇，设计了游戏，手工制作南瓜灯，装扮自己，去参加万圣节派对，由此整合成一节实景课堂——万圣节派对。整个过程中孩子们对于万圣节有关的事物、活动非常感兴趣，特别是装扮后拎着南瓜灯参加派对这一环节。孩子们在情境中体验，在体验中表达，不用出国，就能亲身体验真实的万圣节节日场景！

三、实景场学习的操作路径

实景场学习作为校园物型课程理念下的学习方式转变的一个重要工具，具体该如何操作？下面以英语学科为例，谈具体的操作路径。

1. 实施模式：普通课堂和实景课堂交互协作

实景课堂是语言实践与习得的场域，前期，必须让孩子有一定的语言基础，也就是要有大量的语言输入。因此，教学时我们会采用普通课堂和实景课堂交互协作的教学模式。通常，一册英语书共有 8 课，每一课老师都会预设 4~5 个课时完成学习，前 3 课时完成本课新单词、新句型、新语法的学习，即普通课堂的学习；后 2 个课时，我们转换学习场景，围绕该课主题，布置实景场，让学生在实景场中巩固、运用所学的知识，即实景课堂。

2. 学习主题

学习主题必须贴近学生生活，同时又必须让学生有兴趣、有话题感，让学生有话可说。因此，我们搜集了国家教材 1~6 年级上、下册中的各个知识点，同时结合学生的兴趣和生活经验，整合、提炼出了六大实景主题：

一年级：蔬果补给站 At the market【主要语言点来源：1A Unit 5（水果），1B Unit 1（数字）、Unit 3（蔬菜）】

二年级：大自然餐厅 Go camping【主要语言点来源：2A Unit 4（水果等食物类单词）、Unit 5（食物、饮料类词汇），2B Unit 2】

三年级：农场旋风 On the farm【主要语言点来源：3B Unit 7（水果、动物），Unit 3、Unit 4（句型）】

四年级：圣诞义卖 Love charity at Christmas【主要语言点来源 4A Unit 7】

五年级：职业体验 Jobs: role-play【主要语言点来源：5B Unit 3、Unit 4】

六年级：魔法大本营 Graduation party【主要语言点来源：6A Unit 1、Unit 8，6B Unit 1、Unit 5】

3. 学习场域

在学校，儿童的主要学习场所在教室，这是不可缺少的。但作为实景场学习，还需要特定的场域。我们的校园是一个小径分岔的花园，它是孩子们的乐园。在这个精心设计的园子里，潜在很多物型资源，充满无限教与学的可能，我们要充分利用这些现成的物型资源。遇到合适的实景教学主题，我们可以尝试打破教室的围墙，带着孩子走出教室，走到园子里去，在实景中练习语言，让课程在园子里进行。

例如四年级的义卖实景教学，孩子们分组后在学校里自主选择合适的义卖场地。组长们在校园里实地考察后，一致决定将义卖场地设置在行政楼中庭。这是一块有环形栈道的草坪，孩子们可以将义卖摊位沿着栈道摆在草坪上，而顾客们可以从栈道上走向各个店铺。大家以组为单位布置摊位，风格各不相同，而这些摊位就是我们义卖课程实施的实景场域。

4. 学习方式

英语实景主题式学习依托普通课堂和实景课堂来共同实施。在普通课堂上，学生采用集体学习、小组合作学习、自主学习等方式来学习。在实景课堂上，学生主要采用情境中的角色体验、实践语言等方式来完成学习。

5. 学习对象

儿童是学习的主体，不同的儿童适合不同的学习方式。我们的实景场学习就满足了儿童的不同需求。第一层次：同一个实景主题式学习中，有不同的角色，每个角色对学生的要求不一样，那么学生可以根据自己的情况自主选择。第二层次：学校有多个大实景主题，每个孩子可以根据自己的兴趣、爱好、知识水平，自主选择参加不同的实景主题式学习。五年级的孩子可以根据自己的水平参加四年级、三年级甚至六年级的实景场体验学习。第三层次：除了大实景，我们平时在班级里还有小实景主题学习，可以满足不同学生的不同需求。

6. 学习评价

评价是英语课程的重要组成部分。科学的评价体系是实现课程目标的重要保障。因此，在定制英语实景主题式学习实践过程中，我们也尝试探索评价方式。

首先从评价主体来看，采用多元的评价方式：教师、学生、家长共同评价。

其次是评价方式，采用定量评价与定性评价相结合的方式。第一，定量评价。分低、中、高三个年段来分层评价，根据英语学科听说读写的基本要求，我们梳理出比较具体的内容。譬如，低年级：能相互致以简单的问候，能相互交流简单的个人信息（姓名、年龄等），能在实景场中简单地进行角色表演。第二，定性评价。主要观察学生在实景体验中所表现出来的自信、兴趣等因素，进行等级制或者描述性的评价。譬如，低年级：一学期在同伴的邀请下参加实景主题式表演，尝试了其中的一个角色，评定为1星；一学期能主动参加实景主题式表演，尝试了其中的一个角色，评定为2星；一学期能主动参加1~2个实景主题式表演，并尝试实景主题场景中的各个角色，评定为 3 星。

7. 英语实景主题学习计划书

每一个英语实景主题式学习不是一蹴而就的，前期会制订课程计划书，明确实施的时间、地点、场所布置、导师配置等。以四年级上册 Let's make a fruit salad（做水果沙拉）为例：

【课程名称】4A Unit 2 Let's make a fruit salad（做水果沙拉）实景主题式学习

【课程背景】四年级上册英语第二单元主题为"Let's make a fruit salad（做水果沙拉）"。在教材学习中，孩子们体验了课本里制作水果沙拉的课堂之后，多想亲手制作一盘水果沙拉啊！正值金秋，校园里的各种果树都挂满了果实，红的、黄的、绿的，分外惹眼。让我们带着孩子们认识校园里的果树，采摘校园里的果实，小组合作、学习制作水果沙拉吧！

【课程目标】

Enjoy（享受）·享受实景教学之魅力

Improve（完善）·提升语言运用之能力

Cooperate（配合）·体验合作学习之乐趣

【课程内容】

◆ Do a Survey：Get to know what we are going to do for the project.

（做调查：了解我们要做的项目的情况）

问卷调查：以小组为单位，一起讨论制作水果沙拉需要的水果、物品，商量制作的方法。

◆ Have a research：Learn fruit words as many as possible in different ways.

（做研究：用不同的方式尽可能多的学习水果类单词）

探究学习：多种场域的学习使我们了解尽可能多的水果类单词。

（1）Learn from class（听课）

课堂上，学到了很多水果类单词，老师还扩充了很多其他常吃的水果单词。

（2）Search in the school（校内搜索）

校园里，小组成员们一起去找寻百草园里的果树，认识一下操场边的十二棵果树，听老师讲一讲十二棵果树的寓意、柿子树的故事。

（3）Notice in the fruit shop（在水果店查找）

水果店里，让我们找一找，看一看有哪些常见的水果，组织一下语言，写成一篇小作文。

◆ Prepare for the salad（做沙拉准备）

分工筹备：按照分工，准备了制作水果沙拉所需要的所有物品。

（1）Fruit we need（我们需要的水果）：苹果、香蕉、橘子、梨……

（2）Things we need（我们需要的物品）：沙拉酱、餐盘、刀、叉子、桌布……

◆ Make a fruit salad（制作水果沙拉）

实景课堂：制作水果沙拉

（1）Talk about the fruit in your group（在小组里谈论水果）

使用句型 We have ... They're ... I like ... 介绍一下各小组里带的水果。

（2）Learn the steps of making a salad（学习制作沙拉的步骤）

学习水果沙拉的制作步骤：

① Wash（洗）；② Cut（切）；③ Put them on plates（装盘）；④ Add some salad sauce（加点沙拉）.

（3）Make a fruit salad in groups（在各小组里做一份水果沙拉）

分组制作水果沙拉。

（4）Show your fruit salad（展示你的水果沙拉）

展示做好的水果沙拉，使用句型：Look at our fruit salad. It's ... How nice!

（5）Enjoy the fruit salad（分享水果沙拉）

分享美味的水果沙拉。

◆ Sum up：What do you get from the project?（总结：你从这个项目中得到了

什么？）

活动总结：谈谈我们的收获。

【课程周期】2019 年 9—10 月

【阶段计划】

问卷调查（2019 年 9 月 23—27 日）

规划实施（2019 年 10 月 8—20 日）

实景课堂（2019 年 10 月 21—28 日）

成果展示（2019 年 10 月 29—31 日）

【课程导师】

黄丽华　李晶宇　朱丽华　周洁　徐雪卉

【成果展示】

1. 调查问卷

2. 优秀作文图片 In the fruit shop（在水果店里）

3. 探究校园里的果树照片

4. 实景课照片

5. 活动收获与体会

6. Let's make a fruit salad（做水果沙拉）微信

【课程评价】

教师评价、学生自评、学生互评

四、实景场学习的意义追寻

1. 基于生活的学习观

有价值的学习一定是具有生活价值的学习，是为生活服务的。实景场学习从"主题的选择"到"学习场景的创设"，到所有活动的设计都立足于儿童的生活世界，都指向儿童已有的生活经验、未来的生活样态，让他们在活动中感悟，在生活中实践，为各科学习提供了有力的保障。

2. 指向儿童主体的学习观

儿童是学习的主体，在实景场学习中，每一个儿童都是学习的主人。根据儿童需求而定制学习，课程才能活化，知识才能生命化，课程才能真正具有意义和价值。在 Let's make a fruit salad（做水果沙拉）课程实施前，我们先进行了问卷调查，让孩子们以小组为单位，一起讨论制作水果沙拉需要的水果、物品，商量制作的方法，预期在课程中的收获等。孩子们的讨论目标很清晰，分工很明确。孩子们在小组活动中承担一定的职责，分担一定的任务，并且主动配合小组其他成员达成活动目标。这样的定制学习，让学生更加融入，在活动中激发学生的英语思维能力和表达能力，真正培养学生的综合语言运用能力及合作能力。

3. 指向学习方式变革的学习观

在实景场学习中，学习空间发生了变化，学生的学习方式、教师的教学方式也都产生了变化。学生主要以体验、实践为主，而教师则以引领、辅助为主。相对于传统的课堂教学，学生的学习状态更轻松、自由、舒适，他们的思维更活跃，表达欲强，学习效果好。

在 Let's make a fruit salad（做水果沙拉）课程里，我们组织孩子们进行了多场域的探究学习。

1）Learn from class（课堂教学）

在英语课堂上，我们学习了书本上出现的水果类单词，也通过游戏、活动等多种方式进行了操练和巩固。老师还给孩子们扩充了很多其他常吃的水果单词。同学们也将自己在预习时查询到的水果类单词补充给大家。这样通过课本学习、教师扩充、同学互动学习等多种渠道，孩子们学习到了足够多的水果类单词和相关知识。

2）Search in the school（校园探寻）

校园是我们进行探究学习的大实景场，校园里的多种果树，就是我们探究学习的素材。小组成员们在组长的组织下一起去找寻百草园里的果树，认识一下操场边的十二棵果树，查询它们的英文怎么表达；听老师讲一讲十二棵果树的寓意、柿子树的故事等。这样，孩子们不仅学到了更多的英文，还认识了学校里的各种果树，了解了它们的故事。

3）Notice in the fruit shop（水果店查找）

水果店里，有哪些常见的水果？让孩子们跟父母逛水果店的时候多留心一下，找一找，看一看，看看哪些水果是已学过的，它们的外形是什么样的，有什么特点，有没有你喜欢的；哪些水果还没有学习过，那它们的英文是什么等。

这一系列的探究学习，把英语学习的场域从教室延伸到校园，甚至到校外水果店，只要是合适的环境，都可以作为我们教学的实景场。这样的教学打开了教室的围墙，将课堂与实际生活环境、社会环境联系起来，真正做到学用融合。这种实地探究的学习方式让学生既提升了语言学习的能力，更体验了在生活中运用所学语言的乐趣。可见，实景场这个学习场域的变化直接带来了学生学习方式的变化，而学习方式的改变又直接造成了学习效果的变化。

第四节　无边界学习：艺术综合课程

还记得影片《放牛班的春天》中的马修老师吗？他用音乐拯救了一群即将沉入池塘之底的儿童，让他们获得了新生，找到自己生命生长的方向，足见艺术强大的教育感召力。

中央音乐学院周海宏教授说过："缺少艺术体验、审美熏陶的童年，是素质教育失衡的童年，国民感性素质的培养，要通过艺术教育来实现。"

把脉当下的艺术课程，出现了初始化的一种操作禁锢状态。

1. 课程目标封闭，缺失开放性

重技能轻素养、重少数轻全体、重比赛轻普及。教师注重知识灌输，注重技能传授，儿童缺乏合作样态、情感提升以及态度、价值观的塑造。20 世纪 90 年代初至今，学校参加了每一届全市小学生文艺汇演，参与演出的学生累计达 3 000 余人，获得了团体蝉联一等奖的佳绩，喜悦之外触摸到的是属于部分儿童短期、速成的赛事，序列性短、普及面窄。

2. 课程内容单一，缺少综合性

国家音乐、美术的分科课程内容，已不能满足当代儿童的需要，教师依教材而不敢越雷池一步，地域特色无"韵味"，传统文化无"蕴味"。例如：四年级音乐歌曲教学内容《春游》《送别》，作者李叔同是一位艺术大师，精通书画、音乐等，这就需要以综合的思维整合内容，从而使儿童深入了解人物，加课对歌曲的理解与感悟。

3. 课程实施统一，缺乏个性化

对学校 5 000 多名儿童进行调研显示，校外学习器乐、声乐、绘画等艺术项目的比例达 90% 以上，表明当前家庭对儿童艺术学习的需求增长，也说明学校艺术课程的统一性、艺术时空的局限性，造成儿童视野狭小。

翻开历史，纵观当下与未来，我们一直认为，艺术的眼光要穿越到每一个孩子的未来，艺术不仅是会唱一首歌、会画一幅画来得那么直接与简单。在儿童的生命中，要种下一颗艺术的种子，静待发芽、开花，孕育一种对美的向往的生活态度和审美方式。让每一个孩子拥有艺术的修养与审美的情趣，在举手投足间散发艺术的涵养与气质。儿童一生的成长始于艺术，艺术是人的整个精神、心灵世界的缔造者。

一、艺术综合课程是什么

"艺术综合课程"传递的核心价值追求是自由自主、审美发展、生命成长。

自由自主是基于儿童兴趣出发、超越学科界限、提供多样的自主选择。审美发展体现在尊重儿童的年龄特征和心智发展规律，它遵循艺术知识、技能与情感，开展适合儿童认识需求与情感发展的艺术教学和活动，关注"完整人"的发展。定制课程的最终理念就是实现生命成长，儿童形成良好的艺术审美修养和人格的发展，实现人文的价值。

"艺术综合课程"站在人的发展立场，具有丰厚的理论基础。

"儿童中心"：首先出现在幼儿专家福禄贝尔的《人的教育》一书中，他认为，儿童应"处于所有事物的中心"，方能与世界建立多样性的统一。在西文中，"儿童"一词意旨"自由"。在此意义上，我们所理解的儿童中心还有一层含义，即以儿童的自由发展为中心。

"自由发展"：康德认为，所谓自由就是作自己的规律，乃是意志的属性。萨特认为，自由意味着自我选择，这里指学习者能依照自己的身心条件、情感与态度倾向以及学习经验基础，自主选择学习内容、学习方式和相关进度安排，并由此获得符合个性需求和社会期望的素质发展。"自由发展"的基本要素：一是自主精神；二是自我选择；三是个性化发展。人的自由发展从形式上看表现为个性自由，从实践方式上看表现为选择的自由。

基于"艺术综合课程"的核心理念和理论基础，学校在国家规定课程的内容上进行二度整合、开发，让学生掌握扎实基础知识；重视"人文性、审美性和实践性"的有机结合，重视"体验—合作—创造"，音乐、美术等艺术课程的连堂授课。

二、艺术综合课程的特色

"艺术综合课程"能够重视儿童艺术的鉴赏与体验，提高审美，绽放品位，拥有修养；探究多种艺术表现方式，寻找闪光，展现自信，获取成功；打造共同体的学习团体，丰富资源，开阔视野，合作共赢；实现人文核心的价值观，体现尊重，助力团结，放飞梦想。

在国家规定的课程基础上进行二度整合、开发，实施国家艺术课程的校本定制，重视"人文性、审美性、实践性"的有机结合。

项目推动一：具有普适性的"艺术鉴赏"课程

面向一至六年级全体学生，精心挑选教材内、教材外的中外百（首）幅经典名（曲）画开发为普及性的"穿越百幅名画，描绘美好童年""聆听百首名曲，唱响美丽人生"的定制课程。校内教师利用艺术课前五分钟，与儿童共同欣赏，满足一个儿童小学阶段百首经典名画（曲）欣赏的需求。根据年龄特征，发挥校内外专家、教师的优势、特长，共同开展年级大课堂艺术鉴赏定制活动，涉及中外美术画派、中外音乐大家，包括"海上画派""感受印象派""遇见立体派""走进抽象派"等教学主题，例：在书法领域有建树的专家对年级的学生进行书法的鉴赏，擅长油画的教师对年级的学生进行整体式的互动深入研究，以最强的人员保障欣赏大课的开展。让儿童获得最深入的学习，展示的成果以欣赏卡的方式对话大师，表达自我对作品的不同理解与感受，从而提升艺术的鉴赏能力。

项目推动二：普适性的基础上，具有多样性、选择性、层次性的"艺术综合"课程面向一至六年级全体学生，重视艺术的"体验—合作—创造"，根据学生的年龄、个性特点，课程运作以音乐、美术的连堂授课，跨界综合学习资源、跨界融合的学习时空、跨界整合的学习方式、跨界聚合的学习评价，实施艺术融通性教学，开创了具有多样性、选择性、层次性的艺术大单元主题的综合定制课程，让儿童在艺术的殿堂里丰厚生命的质感。1~3年级以音乐歌舞剧的活动方式，4~6年级以探究地域时令的研究方式。力求儿童在深刻的体验、探究的基础上，达到"自由"的绽放和"经验"的重组与改造。

1. 跨界综合的学习资源——从技术到体验

整合、开发音乐和美术教材，挖掘教材间的连接点，跨界涵盖至艺术教材以外的语文、科学、品德与生活等综合学科的资源。遵循儿童为本，以访谈、对话的方式，符合儿童定制的需要，产生新的主题教学内容。如《早安，森林》是来自印第安的神话故事《佩塔利与古里古》，《11只小猫做苦工》来源于儿童喜欢的绘本故事，而《江南》主题内容，则是地域和时节结合的产物，也是身处江南的儿童所熟知与热爱的。一个主题建立一个资源库，融合人文、科学等内容，"互联网+"的时代，以实体与网络相结合的方式，就如建立儿童的一座座艺术博物馆。如《江南》主题学习网页，就是儿童与伙伴、家长、教师选择的江南园林、民居、服饰、乐曲、舞蹈等内容的网络资源。这些资源收集的过程也是儿童、教师、家长跨界综合发现美、收获美的学习过程。

2. 跨界融合的学习时空——从课堂到生活

打破国标课程小学美术、音乐课堂40分钟的界限，定制的综合主题活动教学设置为跨越半个月的研究周期；改变教室格局，改变秧田式座位，破开教室门窗，课堂拓展到自然、社会、人际交往中；环境跨越教室，走向校园、家庭、社区，构造"没有边界没有围墙"的学习开放世界。校园是"童心美术文化"的源地，身边的景物会表达。"百草园"是儿童撒野的地方，"时光隧道"是儿童探望世界的窗口，"童心迷宫"是儿童生长探求谜底的宫殿，"梦想艺术馆"是儿童实现梦想的地方……正如张晓军所说："艺术的概念不再像以前那样的狭窄了，只要有心灵的思索，便会有艺术的创造，这是天赋之权。"

3. 跨界整合的学习方式——从单科到合科

通过音乐、美术的学习任务书内容，儿童根据自我兴趣、特长，组建道具、舞美、器乐、表演等学习共同体小组，选择适合的表达方式研究。半个月周期结束，学习小组进行多样化艺术呈现，以音乐的诵、唱、跳、奏，美术的画、舞美设计、手工制作等方式进行音诗画的展现。

4. 跨界聚合的学习评价——从结果到过程

改变以传统学科"静态知识"考查的教学技术体系，形成以"聚合型"的多元整体表现性评价体系。呈现教学背后有意义的发生过程，变革为主题展演汇报的过程性记录，给予儿童最宽广的舞台，表达对艺术素养提高的肯定。

三、艺术综合课程的保障

1. 梦想导师团队的多种角色——人员的保障

"梦想导师"团队具有层次性。校内教师最重要的是用自身的学识、内心丰富的情感引领儿童拥有广阔的视野、热烈的情感。我们也注重隐形课程的开发，挖掘柔性资源，聘请校外柔性专家，获取美术馆、科技馆、保利剧院等专业单位的支持，形成专家、公益志愿者、家委会成员、家长、全体教师协作的强大阵容。活动过程中，导师团队成员时而是课程的组织策划者，时而是课程资源的共同收集者，时而是课程团队学习的同伴，时而是互动交流的交互者……

2. 梦想场馆、梦想在线的多种功能——物质的保障

美丽学校百草园是一个百平方米大的，外观古朴质厚、诗韵画味的场室，它就是一座兼具审美情趣和浪漫气息的"艺术馆"，2012年学校打通四间普通教室筹建了第一家为儿童专门定制的梦想艺术馆，除此之外，还有视听坊、爱学课堂等场

馆，配置书画展览、欣赏功能的幕墙、电脑、录播设备等，以及儿童演出的舞台、音响等硬件，服务全体学生，给予了儿童最具梦想的空间与舞台。"梦想艺术馆"贯穿了四条主题线索，成为儿童探寻艺术生命的博物馆。

视觉——多维度立体陈列布置、听觉——舒缓美妙的音乐、嗅觉——香水月季味道、感觉——大师、师生作品，用陶艺、书法、绘画、摄影、创意手工等艺术形式表现，给人以视觉的丰富感。四条线索向所有人传递的是学校文化、教育理念、课程特色、师生幸福的理念。

"梦想艺术馆"打造具有功能性。形成了四大主题区域，不同的划分实现了欣赏、教学、体验、对话等不同功能。

（1）经典艺术区：布置中外大师名家名画的复制品、艺术的文本书籍、音像制品，以及视频设备。在这里，我们的儿童既能了解到名家名画的历史，也可以欣赏到当代作品，甚至还可以展望作品的未来价值。

（2）工坊体验区：媒材、工具丰富，专门设计了能反复书画、环保有趣的水写青砖墙；古色古香的书斋、仿明式的榆木画案，文房四宝齐全，红木笔挂等；青花瓷书画缸，放置卷轴书画作品等，更有专业化的设备，媒体电脑等以供信息捕捉，资源收集等。媒材、工具的展示，以国画、书法媒材为主题，提供了不同的纸张、用笔，儿童可以自由选择，开展各种艺术体验活动，同时，又是一个小小的明式古典家具的展示馆，为儿童提供了更丰富的实践体验机会和更专业的场地。自2012年场馆建成以来，这里已经成为学校儿童艺术活动的新基地。每天午间，馆内都有负责老师和多名学生志愿者投入管理、活动中，负责为大家提供讲解等服务，只要师生有需求，随时可以进入场馆参观、学习或咨询。

（3）梦想绽放区：布置有师生定制主题作品区、社团定制主题作品区、互访学校定制主题作品区。作品形式丰富而多样，有中国毛笔书法、油画、版画、陶瓷、篆刻等。童画表达情感；金石、文字，书法传递韵味；传统、工艺，瓷器流露格调……"梦想艺术馆"是学校文化的体现，是艺术课程成果的展示，儿童拥有了美丽绽放的金色舞台。

（4）互动分享区：布置有对话艺术墙、水写墙、画案等互动交流区，运用欣赏卡、对话卡、日志、图表等形式进行艺术感受的表达与呈现，校园网、微信开辟的互动平台随时更新，艺术博物馆、美术馆的沙龙活动，给予儿童全方位、多角度、多样化的专业艺术认知。

视听坊、爱学教室、三味书屋还提供了儿童艺术书柜专区，补充梦想艺术馆艺术书籍资源库，如书法字帖、水墨名家及经典中外名画画册：《富春山居图》《韩熙载夜宴图》，还有齐白石、黄宾虹、傅抱石、梵高、莫奈、塞尚高清画册等，让儿童有一处寻找美的地方。

"梦想在线"交流具有互动性。互联网＋时代，微信、家校通、校园网等平台链接家庭，接收艺术资讯，开阔视野，宣传到位，亮点即时发布；同时也是建立资源库、形成研究性学习的过程，加强教师、家长、学生、社会间的联结；打开艺术之门，保利剧院欣赏艺术，保利艺术进校园，童声合唱团与世界三大男高音切磋交流，儿童拥有国际视野。

艺术综合课程为儿童点亮了心中一盏盏求真、向善、向上、向美的艺术明灯，用创意与实验梦想的勇气，丰厚儿童艺术生命的质感，内化为艺术素养，外显为气质与品位，圆梦艺术的理想，学校必定是儿童最美好的童年记忆地。

第五章　童年记忆：一阕生动的歌

在我们的理解中，什么是正常而积极的童年生活？所谓"正常"，是针对童年的异化而言。所谓"积极"，是指蓬勃的生长愿望、昂扬的未来气质、鲜活的创造精神。一个人的成年表现和生命特征，无论人格、性情、趣味、智能、行为习惯和思维方式，可以追溯到他的童年，在那儿找到索引，找到最初的解释和缘起。

因此，童年起着为整个人生奠基和启蒙的作用。为了留住这一份美好的童年记忆，我们不仅从空间诗学，还按照时序的更迭，寻找、设计、投放和儿童天性相匹配的教育内容。

第一节　花儿与少年

花儿与少年，是一组芬芳的词，旭日与露珠，凝结其中。

花儿，因其诗意的明亮，而成为少年的精神眷慕。少年，也是花儿能够纯真热烈的理由之一。他们的属性之间存在着天然的相通。

当一所校园能够把这种天然的相通纳入一种课程的体系设计中，并以物型、物象、物态、物语、物境的形式承载并转化这一切，他们之间的关系就发生了更为微妙而精致的联系。于是，花儿与少年，不再只是一种物型构成，也不再只是停留在文学艺术表达的意境层面，它具化成了一种校园生活的进行样态，美好又丰富。年深日久，也积淀成了园中师生的文化品性、精神气质。

这一组选录的文章，只是截取了这个生活状态中的部分物态情致，你可以看见教师们作为原创者的热情与智慧。当他们书写、记录、传播时，他们的内心也住着花儿与少年，永不消逝。

花儿与少年

四月的实小，呼吸大道的香水月季饱胀得像要逃逸似的，大团大团的花朵从枝上袭下来，春天的力量与美，在这里浑然天成。

阳光温厚的下午，我走过一条花廊，鼻间氤氲着芬芳。突然余光被月季下一个穿白色校服的男孩吸引住：他半蹲着身子，眼睛在几朵盛放的月季上流连，仿佛在丈量生命的厚度。他小心翼翼地伸出手，轻轻折下了其中一朵，像捧着一个易碎的水晶球，他将手心的花朵托到鼻尖，深深地嗅着它的芬芳，不敢多停留，他把花儿迅速揣进了外套里。

我为男孩摘花的郑重感到诧异，仿佛在完成一个重要的仪式般。我不得不去了解这个男孩摘花的用意，或者说，想去了解这个男孩，我强烈地感觉到，这里面，会有一个动人的故事。

我朝他招招手，笑盈盈地打了个招呼，在与他谈话之前，我想我应该表现出最温柔的姿态，以一个园子里同伴的角色，与他探讨园子里自然发生的事。

"因为月季太漂亮了，想把它带回家？"我揽过他的肩，轻轻问。

"校长妈妈，我不该摘花，我错了。"他怯怯的，用最低的声音说着，仿佛声音是从泥土里传来。

"不，孩子，我没有责备你，我只是想知道，这朵月季为什么吸引你？为什么不是那一朵？为什么不是其他种类的花呢？"我摸着他的头发，他的头发有点儿短，像小刺猬般可爱。

"校长妈妈，你看，"他从怀里小心翼翼地掏出花来，有一片花瓣儿有点蜷起，像抚摸一个婴儿的脸，他小心地将它抚平，递到我手中，"它的颜色真美啊，靠近花托的地方是艳红色，越往上颜色越浅，顶上竟有点月白色了。"

我惊诧于他对花的细致描述，很有兴致地继续听着，听一个少年，对一朵花的赞美，对生命的无限恋慕。

"它的形状、香味也很独特，下方是一个圆圆的小碗，上面呢，又是个曲线优美的花瓶"他凑到我的手上，"它的香味，像我妈妈的香水味儿，每天早晨我们互相道别时，她一转身，我就闻到了这种好闻的月季花的味道。所以啊，我想摘一朵送给她，告诉她，我在学校也闻到了她的味道，我真幸福啊！"

感动至极,在学校有妈妈的味道。这不仅是一个孩子对母亲的眷恋,更是对一个学校的由衷接纳。母亲与校园,在这个春天,有了诗一样的相连,温情脉脉。

未经设计的校园是不值得穿行的。我们给每一个少年,设计一条通向审美、智趣、涵养、丰富的路径,那么留在童年里的,一定不只是美好的回忆。

草地游戏

草地青青,软软地铺在孩子们心头,仿佛一大块一大块绿色的磁石,总将孩子们轻快的脚步引向她。

"不能踩草坪,小草会疼的。"大人们总爱这么说。于是男孩子们女孩子们就踩着花坛边边,张开小手摇摇晃晃地挪着小步,谁不知道他们的小心思呢:"如果我一不留神没站稳,就能扑进软软的小草中了!再打个滚儿,小草们会排队拥抱我,细细柔柔的叶尖在我脸上手上挠痒痒,一直痒到我的心上。"

啊呀,不好!这些小心思被校长妈妈发现了!她就站在月季花旁看着孩子们。幸好!幸好!校长妈妈笑盈盈地,笑得比月季花还好看。孩童们继续朝前走,一步、两步、三步、四步……一不小心滑了脚,踏在了软软的草坪上,小心翼翼回头看,校长妈妈还在,咦?她笑得眼睛都弯弯的了。

孩子们欢快的身影雀跃在丛丛花影间,闻一朵花香,看一片叶落,这热腾腾的生命气息仿若园子里自然生长的小草,这片片几乎从未进行修剪的草坪,从春到秋每个轮回都能长出一尺开外。

校长妈妈的目光锁住了草坪和孩子，他们的生机勃勃是惊人的一致。他们的生命气场更是如此契合，一定能成为跨越生命形态的好朋友。一个有意义更有意思的念头悄悄在心头酝酿起来——抢在秋意渐浓之时，在焜黄华叶衰之前，让孩子们跟小草们痛痛快快地玩一场吧。

消息像长了翅膀一样飞到了孩子们中间，大家都乐坏了，七嘴八舌地讨论了起来：

"哇，可以痛痛快快地在草地上打滚儿啦！"

"偷偷告诉你，我在草地上走过，软软的，就像踩在云朵上。"

"小草明年还会长出来的吧？"

一些伟大的计划开始悄悄酝酿起来，像小草的种子一样，在童心里扎下根，风一吹，就蓬蓬勃勃长了起来。

"我们可以在草地上玩些什么游戏呢？"

男孩子说："我要翻跟头，让小草托住我！""我想扮演狙击手，让小草掩护我。"

看看女孩子准备了些什么？丝带、牛皮筋、蝴蝶结、彩缎……给小草扎小辫儿，把小草编成花环，手巧的还能做个草娃娃……

心情准备好了，小小的身体也迫不及待想参与这场盛会了，校长妈妈轻轻提醒孩子们："别忘了邀上老师们，让小草用魔法把她们变回小孩子。"

邀上老师，游戏开始——

比比谁扎的小辫儿又长又好看。在草地上跳个远，看谁摔的姿势最帅？来，我们来玩过家家，大家合作乐悠悠。对了，带上老师玩一玩，打个滚、爬一爬、跳一跳，哈哈，老师瞬间变小孩。

还有多少创意没有使出来？揪一把草斗一斗谁的更坚韧，做成毽子踢一踢，铺成石头过个河，扎成花冠头上戴……青青草香沾满发丝间，欢声笑语荡漾草地上。

青青草地中，孩子们的笑容更生动了，思维更灵动了，每一双眼睛都在阳光下显得格外闪亮。孩子们知道，深秋过后，逐渐失去绿色的小草会把活力贮存在根下，等春来，叶繁花盛，鸟语虫鸣。他们和小草定下来年之约，待春风吹又生。对美的感知、对生命的感动、对自然的感恩，都糅杂在一起融入教育的每时每刻。生长，在这座园子里随时都在发生。

"未经设计的校园是不值得穿行的。"实小的校园是一座精心设计过的园子：山石飞瀑、流水游鱼，风来叶声如雨声，隔窗便是园中花。在这样一个充满"物型"美学的空间里，校园里的一草一木，皆有其蕴含的课程价值。

实小的课堂，因此没有了围墙，园中的自然风物都是资源，都是课堂。通过探索环境对学生成长的影响，以课程眼光来审视和利用好校园中极目可见的空间物体，与儿童特质相融合，设计适合他们成长的课程活动，让孩子们分享、实验梦想，向着智趣学子的方向明亮地生长。在这样的理念下，这片片草地，也生长成了成长课程的资源，是孩子们创意的乐园。

正是在课程的思想与眼界中、在课程的结构与形式中，这些美好的邀约，不仅成为校园里有温度的故事，更成为一种久远丰富的联结，镌刻着一些永不消失的集体记忆，让学校成为美好的童年记忆，让游戏成为特别的学习方式。

只拣儿童多处行

冰心说："游人不解春何在，只拣儿童多处行。"要问实小的春天在哪里？请到百草园中走一走！

春来了，同学们也跟着春的脚步来到了学校的百草园里。有爬假山的，有躲猫猫的，有看风景的，有走迷宫的……园中花草多，游戏多，笑语也一串串地飞。"快来看呐，春天来了！"孩子们的笑语，一串一串地追着人走。每一个身影，都像云朵一样轻盈。看来，春天是真的来了！

周二中午，我在百草园中值班。刚吃完饭的孩子们争先恐后地跑了出来，忽然看见一群孩子围聚在"童心迷宫"前长椅的中间，叽叽喳喳地讨论着什么。我好奇

地向前凑了凑，一个热情的女同学兴致勃勃地对我说："老师，你看，两只大虫子在打架呢！我猜紫色的虫子会成为冠军的。"我低头看了看，两只和我大拇指一半差不多大的虫子在决斗，一只浑身翠绿，身上有黄色和白色条纹，另一只是黑紫色的大虫，来势汹汹。围观的男女同学分成两派，紧紧地盯着两只昆虫你一来，我一往，有的甚至恨不得把自己的"洪荒之力"借给虫子。过了一会儿，紫色甲虫占据上风，它用大钳子压制住了绿色昆虫。女同学急得直皱眉头，男同学则乐得手舞足蹈。在紫色甲虫挥钳子的瞬间，绿色昆虫猛地一翻身，把紫色甲虫压在了身下。这下，男同学可急坏了，有一个男孩随手拿起一根小草，想要出手相助。正在这紧急关头，场上的战况发生了改变，紫色甲虫发出了最后一搏，它用大钳子把绿色昆虫顶了起来，向旁边砸去。

比赛结束了，小朋友一哄而散，一边走一边还在讨论着——

"我就说紫色的会赢！"

"绿色的输了，好可惜啊！"

生活在实小的孩子们，他们的童年承载着美丽的梦幻，百草园留下了无邪的童稚，也留下了浪漫的想象，天真的诗性——

让百草园中的鸟儿捎个信儿给春天，告诉她来年的时候，让大地都充满绿色，让所有的草，都长成参天大树，让所有的鸟儿都在树上筑巢。

让百草园中的鱼儿捎个信儿给夏天，告诉她来年的时候，多下点雨，把整个世界变成一个大鱼池，让所有的鱼儿都周游世界。

让百草园中的枫叶捎个信儿给秋天，告诉她来年的时候，多刮些风，让田野丰收，让果园飘香。

让百草园中的蜡梅捎个信儿给冬天，让她来年的时候，下一场大雪，给我最可爱的校园盖上一层厚厚的棉被，我要送个雪人给百草园中的大白鹅。

苏霍姆林斯基在《把整个心灵献给孩子》一书中写道："如果我跟孩子们没有共同的兴趣、喜好和追求，那么我那通向孩子们心灵的通道将会永远堵死。做孩子的朋友，永葆童心，世界在我们面前将永远是灿烂的阳光。"

永葆童心是教师持久工作的保鲜剂。实小园子里自由生长的草木也让我明白了：教育，就是要尊重与珍视每一个儿童，给予他们充分的自由。

我像珍惜花木一样，珍惜与儿童在一起的时光。喜欢观察他们追逐嬉闹、开心玩耍的顽皮模样；还愿意捕捉他们遇到难题皱着眉头、撅着小嘴的思考状态；我乐意和他们敞开心扉，真诚分享来自他们真实感受的喜怒哀乐，就这样在陪伴儿童长大的过程中与他们一起慢慢品味有滋有味的童年。孩子们童年的趣事已成为我生命中丰富多彩的风景线。在这充满情趣的学习生活中，我就这样一路领着孩子们走着、说着、笑着、欣赏着、品味着，同时也不断地思索着。

我像亲近自然一样，亲近着每个儿童。做孩子们的朋友不仅仅表现在玩儿中，更重要的是在课堂生活中与孩子们情感共鸣，和谐交往。课堂上，我是教学活动的组织者、指导者，同时还是孩子们的合作伙伴。在学生面前我俨然是个大孩子，常常和他们在一起讨论，一起探索，有时为了一个正确结论的得出我们争论得面红耳赤，有时意见达到了科学的统一，我们的双手紧紧握在一起，发出会心的微笑。课堂上我们时时感受着师生之间的这种真情、和谐与默契。

自然万物是变化的，新生的，我们每天面对儿童的生活也是鲜活的、生动的、充满挑战的。这种充满挑战的工作会让教师的职业生命充实而有意义。和儿童在一起，会让每天的忙碌辛苦，变得宁静与祥和；和儿童在一起，会让平淡的生活常态，变得丰富多彩，有滋有味；和儿童在一起，会让每天都有新期待……

世界上最美的花，是微笑；世界上最纯的心，是童心；世界上最快乐的人，是拥有童心者。在一个万物自然生长的园子，教师与孩子彼此成全，都如花木一样，各有秩序，又互为依存，都只为了遇见那一个更好的自己。

红叶李的友谊

学校的红叶李是一种普通的树,分布在校园的角角落落。各种花树里,它的花开得最早,小小的,密密的,一开就一树,叶子反而是红红的,也不知道是叶映花,还是花衬叶。反正,早春的校园里它开得最热闹,静静地宣告着春天的信息。

红叶李一直是我爱看的,各种看:批完作业推开窗户眺望。值日护导穿过校园仰望。小朋友在树下追着花瓣儿跑,既看花又看人。对红叶李这种植物,是再熟悉不过了。可从没听说过它有果实,甚至可以吃。我从不知道它的果实是可以吃的。

学校范贤楼前是一片停车场。那里的红叶李年代久远,已经成林。每年春天,火红的叶,雪白的花,自成情趣。因为距离我的教室有一段路程,我一般是不到那儿去的。

某个秋阳轻落的午后,孩子们奔跑着来,急喘喘地告诉我:"朱家锐采了好多红叶李果子在吃,还分给匡科浥……"

"啥?红叶李果实?红叶李果实能吃吗?"我很意外,也有点不信,"不会是别的野果子吧?吃了不会有事吧?"

冲过去一看,朱家锐早已吃完果子,正闲闲地在玩。后来,在匡科浥的课桌里,我见识到了那种果子。几个紫色圆果子,大小不一,圆如乒乓。颜色也深深浅浅的,分散在课桌各个角落。其中有一个,被咬掉了一口,上面还有牙印呢!估计是孩子得知老师来了,就放下了还没来得及吃完的果子。我用手指轻轻地触摸着那些果子,不由感叹:朱家锐和匡科浥这两个小朋友,一个调皮,一个乖张,平时一直玩不到一起,现在这些果实,竟然让两人建立了暂时性的友谊。植物的力量还真神奇。

那些果子有浅紫色的,粉红色的,深紫色的,有摸上去硬硬的,也有摸上去软软的,我统统收集到了办公室。一路上,朱家锐坚持说果子可以吃,并且说吃过多次,他还拍着胸脯保证:"老师,你放心吧。"我有点儿怀疑。但这个孩子爱观察,爱思考，平时做事都很胆大心细，所以也有值得信任的地方。

朱家锐颇自豪地带着我去摘果子的地方，他指着那片树林，笃定地说："老师，就是那儿，果实很多，好吃的。"

我凝神细看，果真是红叶李。只见许多果实如一位位害羞的小姑娘躲在密密的紫叶间，我不让你，你不让我地挤在枝头，把树枝压得弯弯的、低低的。有的紫红，有的半青半紫。有的成熟了，有的还没有。在阳光的照射下，显得十分耀眼。

我摘下一枚紫盈盈的果实，放进口里，一咬，是熟悉的李子味，又酸又甜，呀，不仅可以吃，而且非常好吃。朱家锐高兴地告诉我，他发现红叶李果的过程及采摘的方法。原来，他家饭店门前也有一棵高高的红叶李树，每年秋天，饭店工作人员空闲时会带着他一起采摘。

末了，他还遗憾地说："老师你真不知道红叶李有果实吗？我人矮，只能采这低处的，你看那高处的，更大更紫会更甜！"我点头，感谢他让我知道了红叶李是会结出好吃的果实的。他也反思了刚才和小伙伴采红叶李果的调皮举动……我摸着他的头，非常感叹，跟他约定：尝过就好了，下不为例。他开心极了，果真守约，在校园里，即便看见了满树的红叶李果，他也没采摘过了。自红叶李果事件后，匡科泗同他的关系，也改善了许多，两人融洽相处，一如红叶李上那些亲密团簇的枝叶。

每次经过红叶李，我还是会停一停脚步，看一看那满枝的红叶，我也领悟到：教育孩子，要学会从另一个角度出发。不能因为孩子犯"错误"就生气批评，宽容对待孩子成长中的失误，保有退后一步，冷静几秒的心境，反而会有意想不到的收获。红叶李带给孩子友情，也带给我更深入的思考。

"做精神明亮的人，过正常而积极的童年生活"，积极生活在每一个日常，是我们实小寻求美的一种态度。而美学的起点是回到大自然，我们需要和孩子一起回归到自然，回归到教育的本真，去感受日常生活与事件里，不一样的美。

课间十分钟

书页上聚集了点点阳光，美妙的音乐，淡淡的情愫，在谈笑间倾泻，温馨的课间，氤氲了无以言状的和谐与美好。

哼着轻快的音乐，合着欢快的节拍，律动欢快的舞蹈。课间十分钟，操场边、跑道上，孩童们团团坐，聊天唱歌，肆意撒野……跳跳圈圈，像一只只可爱的小袋鼠，跳呀跳呀，跳出健康和欢乐；赏赏花香，如一个个耐心的园艺师，观察探究实践，埋下希望种子；抬抬花轿，"八只老鼠抬花轿"，勇敢自信有魄力；跳跳双飞，孩儿轻松自如，绳儿上下飞舞，似轻轻巧巧的燕儿……

回眸远望，在那花草森森的环绕中、在那纷纷扰扰的尘世里、在那反反复复的轮回中，有一棵百年香樟树静静伫立着……

孩子们披着五彩的阳光——

"这樟树好粗好粗啊！我们一起来围着圈圈抱抱，看看到底有多粗啊！""好啊！好啊！"

孩子们合抱着樟树，比比划划："这樟树的叶子有一股沁人心脾的香味，你闻闻，你闻闻！"随手捡起一片叶儿，他们静气凝神闻着叶香；再抬头看看香樟树的叶子，是否比昨天更绿了，更亮了。阳光像羽箭一样穿过树梢，在露珠的折射下，散金碎银般的光芒落在孩子的脸蛋上，孩子们露出了欣慰的笑容，比天上的阳光更灿烂。

一棵樟树，也不再只是课本上的概念，不再只是自然界的植物，它在课间的时空里，与孩子们亲密接触着。孩子们看见它的繁茂，听到了它在风里哗啦啦的歌唱，闻到了它特有的清香，它成了校园里不可缺少的朋友，成了孩子们心灵世界的伙伴。当孩子们走进它的世界，就仿佛打开了一个神秘的机关，活跃了躯体，活跃了语言，活跃了思维，也通向了自然，通向了自己的精神乐园。

小花园，成了课间孩子们常去的地方，看看叶长花开，乐不思蜀，仿佛有什么魔力似的。金秋时节，桂花开了，躲在绿叶间，每朵桂花都小小的，呈"十"字形状，害羞地藏在绿叶中，不仔细看的话，还发现不了呢！孩子们偏偏喜欢凑集在那里，踮着脚，仰着脖子，展望着那一些米粒大小的花，体验寻找的乐趣。喏，一下课，被眼尖的孩子发现了，大家一起欢喜叫起来："瞧，桂花开了。"于是，桂花树下，木椅边上，探动着小脑袋，摇晃着小脚丫，都像鱼儿一样游过来了，游在花树下，先是展臂一抱，然后几个人一起，开始摇晃起来，也想下一场美丽的桂花雨。一簇簇的小花还真落下了，飘着香，带着故事。摇下来了，还不够。蹲身去捡，花瓣太小啊，好难拾捡。那就放弃了。对着桂花，唱唱歌啊，读读诗啊，甚至偷偷折一团枝叶，藏在口袋里。

园子里有个小池塘，池塘里有一群活泼的小鱼，和小鱼整日相伴的是一只可爱的小乌龟，它心情好时和小鱼一块嬉戏，累了就趴在石块上晒太阳；心情不好时，就躲在水底不露面，谁也不理睬。孩子们趴在池塘边，欣赏着这有趣的一幕幕，咦，快看快看，小鱼躲到荷叶下啦，小乌龟和小鱼赛跑了……趴累了，赛几趟跑，打几个滚，沾满了一身野草枯枝的孩子们的笑声，清亮、迷人，在校园朗朗的晴空里回荡……

原来，园子里的一切，都是和孩子们感官相匹配的。孩子们不一样，这些植物、动物也不一样。孩子们是变化的，这些植物、动物也是变化的。孩子们喜欢玩，这些植物、动物也就好玩起来了。

精彩的数学课结束了，孩子们与"七巧板"结下了不解之缘。桂花树下拼一拼，看谁拼的最有特色。三味书屋门口是个好场地，他们一起拼搭着小动物。一个个精巧的构想，一份份新颖的创意，一幅幅精美的图案，玩转七巧板，创意无极限。作品丰富多彩,孩子们变得摇曳多姿了……转角书屋很安静,孩子们却能在十分钟里把它变得生动起来,丢手绢、老鹰抓小鸡、坐轿子画方格……当小角落遇见了孩子的创意,就成为一个特别丰富的活动区,带给他们真实的探索与快乐。

课间十分钟,就像一幅多彩的画卷,承载着孩子们童年那份独一无二的回忆。课间十分钟,放大到物型课程体系中去看,它也是一门微课,时间短却自由,内容多也精彩,最重要的是,每个儿童都是其中最重要的参与者和创造者。

探秘百草园

城市里的孩子与大自然亲密接触的机会已经被高楼大厦一层层逐渐隔绝,而实小的园丁们则用数年的心血,专门为孩子们留下了一片专属于他们与自然的天地——百草园。

这是一座奇幻的园子。童心迷宫、时光隧道,连接着想象与自由;会呼吸的路上,生长着自然的精灵,也生长着童年时代鲜活的梦想。仰头,是云游云舞、鸟飞鸟跃,怎么看都是一幅画儿;低头,是鱼翔水底、趣虾成双,怎么逗都觉得不过瘾。更不必说,那随意从草丛里蹦出的蝈蝈,从花里裹过的蜂蝶,都是这里最值得珍惜的居民,也是孩子们最亲密的玩伴。儿童天生是与自然相亲的,没有哪一个孩童不喜欢树木花丛,河流草地。而教育的使命,就是要鼓励与唤醒孩子自然生长、自然呼吸、自由发展,一如园中自然、自由的各类生物。

身为一名兼职科学老师,在科学专业上,我还存在诸多不足,在一个个像蝌蚪一样游弋的疑惑面前,有时深觉书到用时方恨少。幸好学校里还有这样一个园

子,它给我们提供了自然的丰富背景和巨大的课程资源,草长莺飞、流水蜿蜒、虫鸣鱼游,无一不蕴含着生动的科学学科资源。只要启动孩子们观察与探索的热情,那么,园中的一切都有可能会成为"教材",弥补教本的不足,弥补教师专业力的不足,丰富孩童的认知能力,并打通孩子与自然、与科学的联结。

于是,我与孩子们约定,每学期的科学课中必定会安排一节课,走出教室,去百草园亲近大自然。每当这节课来临时,孩子们必定会用端正的坐姿和渴望的眼神表露出对走进百草园的期待。

"我们这节课的任务是去观察百草园中的小动物……"从来没有哪一次的课堂能像这节课一样,安静的气流中,四溢着孩子们按捺不住的激动与兴奋,随便一簇来自大自然的小火苗就能完全点燃他们的热情。

当他们被放逐到百草园,一切都是无法预料的,一切都会呈现无法预约的精彩,他们和园子里的万物迅速建立了亲密的联系。眼睛的触摸、鼻子的嗅闻、小手的拨拉、五官的综合调度,都在这一刻得到了体现,这也是科学学科最需要我们培养的研究意识、探究热情。这一刻,无须反复强调,无须空洞说教,无须刻意启发,那些鲜活的研究片段、探究花絮就一一涌现。

"呀,这朵花怎么看上去比其他的花要饱满呢?"

"种子没有嘴巴,怎么喝水呢?"

"怎么区分桃花、樱花啊,它们长得也太像了。"

"我发现这里藏着一只小甲虫,快来啊!"

"老师!你快看!这只虫子身上是黑色和橙色的!它叫什么呀!它会不会有毒呀!"突然,一只神秘的陌生小虫子瞬间吸引了全班小朋友的目光。

散落在各个角落的小身影,像被惊的雀儿一般,飞跃而至,脑袋凑着脑袋,身子碰着身子,纷纷围在这小东西身边叽叽喳喳。那小虫子估计从来没见过这阵仗,先是惊慌地四处逃窜,哪里逃得出?那么多眼睛看着它呢?也不知怎么,它突然一溜烟钻进了泥土当中。

"老师老师！这里这里！这里有好多好多蚂蚁！我数都数不清！可能有一千只！"一个矮矮的小女生高昂着头，使劲张开双臂，想要用动作告诉我她庞大的发现。

"啊！科学老师！那里有一只大蜘蛛！"……每次听到这些咋咋呼呼的叫喊声，我都会有些矛盾，一边心有余悸地观察着百草园旁边教室的反应，生怕这些饱含着喜悦的声音，惊扰了课堂里的人；一边轻轻点赞着这群"小野人"的发现，并悄声提醒他们尽可能把声音压低一点。而当我看到孩子们在草丛边、池塘边、大树下或蹲或爬，认认真真地在记录纸上画下一个个小动物的样子，一点点仔细地记下它们的数量和生活环境时，我由衷地感到欣慰，即使是那几个平时最调皮的男孩子，在这个时候展现出的专注度也是令人惊叹的。儿童是属于自然的，这里的草木、风、云、水，飞鸟虫鱼都会给他们带来教室里无法体验的新奇，从而打开另一个自己。

孩子，你是该被还给自然的。

伞的故事

童年是人生中最天真、最美好的时光，如果能在一个美好的园子里度过这段烂漫的时光，那孩子一定能拥有积极而快乐的童年生活。这是一所花园式的学校，小桥流水，曲径通幽，假山藤蔓，百花竞放。春天，迎春吐蕊，柳枝爆芽；夏天，睡莲微绽，鱼儿嬉戏；秋日，银杏飘落，芦花摇曳；冬日，梅花飘香，金橘挂果。这也是一所有故事的学校，每日里，人与植物、动物，人与人之间发生着一个又一个有趣的故事。学校就如一个"大袋子"，装着满满的美好回忆，给每个孩子准备着五彩缤纷的童年……

梅雨季节，雨水丰足，一连几天，雨像断了线的珍珠每日落个不

停,百草园里的绣球、鸢尾贪婪地吮吸着甘露,恣意地舒展着身姿,越发青翠蓬勃。小河里的水涨高不少,睡莲也快与河岸持平了,平时戏耍的鱼儿躲到河底,早不见了踪影。旁边小路上积起了几个小水洼,雨水落下来,跳动着一朵朵小水花。到专用教室上课,需从一幢教学楼跑到另一幢教学楼,孩儿们小小的身子,弯着腰、顶着书、踮着脚,跳动着,嘻嘻哈哈,偶尔,踩到几个水坑,噼噼啪啪,鞋子湿了,快乐的声音传遍整个百草园,惊扰了芦苇,它们不禁也摇曳起身子。

又是一个雨天,我陪同学们到专用教室上课。排队走到楼下,发现楼与楼之间多了一条伞道,一把把红色的大伞排着整齐的队形,一把挨着一把,撑出了一条没有雨的通道,伞外的雨哗啦哗啦,伞下的地干爽如晴天一般。

"哇,今天的路很特别啊!"

"就像在室内走路一样,不用淋雨了。"

"想出这个主意的人太棒了!"

陪着孩子在伞下走着,听着雨水撞击伞面发出的声响,仿佛倾听了一场大自然的音乐会。从伞下往外看,一颗颗晶莹的水滴从伞上滑到地面,好像把伞当成一个巨大的滑滑梯,把地面当成了一个巨大的游乐场。新奇又欣喜的孩子从伞下鱼贯而入,叽叽喳喳,活泼快乐,有的孩子接下伞边沿的雨水,迅速地弹向同伴,看同伴的尴尬模样抿嘴一笑。个别调皮的孩子走过两伞中间时,发现那里积淀的水很多,于是拗不过好奇,上下摇晃了一下伞,说时迟,那时快,积淀的水从上倾泻下来,虽然嘻嘻哈哈地躲开,但依然溅了他一身水。雨中的香水月季,叶儿翠绿,花儿娇艳,看着我们的举动,听着我们的嬉笑,似乎被感染了,快活地摇晃着身体。

这是一个有关伞的故事,好玩又生动。无伞,孩子们很开心,有伞,孩子们亦很开心,无论怎样,他们都能玩出他们的花样和快乐。这是不是所谓的生活美学?据说生活美学的起点是回到大自然。我们的校园就是一个大自然,还是一个美丽的大自然,生活在这样一个美好的地方,每天所见是美景,所听是乐音,耳濡目染,还能不会欣赏美,懂得美?

漫步在园子里，你常常会见到这样的画面：背着书包进入校园，遇上了威武的大将军"大白鹅"，驻足、凝视，怎么也挪不动进教室的脚步；午间，几个小姑娘凑近盛放的月季，使劲地闻着，数着花瓣，研究茎上的一根根小刺；草丛里，几个小脑瓜挤在一块，窃窃私语，不知在观察什么小昆虫；海棠树下，捡起飘落的花瓣，或做书签，或做头饰……这样有趣的画面数不胜数，这是一种审美上的吸引，如若拍下来或者画下来，一定是一幅唯美的作品，这是人对自然的阅读，也是大自然给予人类感官的体验，启蒙精神的美学。

如此这般的故事，校园生活中每天都在发生。它们如投入大海中的"小石子"，微小、平凡，但却是汇成"大海"这个大故事的精彩组成部分，缺一不可。

校园的瞬间

谷雨这个节气，真是春天盛到了极致。

不用到园子外面去，在百草园里随意走走，一枝细柳，一片青草地，在琴键似的水泥石条上悠闲迈步，不经意地回头看了看，怒放的杜鹃、含笑的香水月季，甚至一根水草的绿，都可以让人感到春风沉醉的气息。

春天的每一个瞬间，都值得记录与纪念。

一个中午，刘慧校长行走在百草园中，刚刚在水塘边邂逅一条花斑鱼，耳边忽然传来一阵又一阵的鼓声。没有节律，也并不成曲，仅仅是一段段不规则的敲击声。然而，声音里饱含热情、率性、快乐，像一根丝线，牵引她往前去，感受更响亮的如原始部落里的音乐。那是一群孩子在楼梯角一个叫"声音的秘密"的小场域，摇晃着脑袋，摇晃着身体，发出的敲击声，足以摇晃一个中午。

这是一个校园的背景声，即使鼓声偃息之后，耳边、心上，仍然跳跃不止。

她在百草园邂逅的那条花斑鱼，以及黑鱼、白鱼、金鱼，都是孩子们的可爱朋友。池中的鱼儿不慌不忙地游着，岸上的孩子匍匐着看着。追随的不仅是目光，不仅是与泥土亲密接触的身体，更是一颗颗好奇的，充满探究的童心。

这是一个小学校园的表情，常常生动得让人猝不及防。猝不及防的，还有常常不知道哪滚来的一只足球，亲昵地阻挠她看花看鱼看人的脚步。弯腰捡起，再抬头时，往往就有一个满脸汗水的少年，携着阳光又腼腆的笑，向她奔来了。

邂逅一只足球的时候，她正看花。食堂前花坛里有稀疏的几株郁金香。园子里大片大片的郁金香，已经度过了她们最美的芳华。而这里的三五茎，与那大部队不同：花期晚了一些，花的姿态更洒脱，颜色更艳丽。不由好奇：这些花的种子从哪儿来的？哦，想起来了，实小的每一个人都是花种的携带者，随时随地给人惊喜和感动。她蹲下来专注地拍摄一朵花的质感，忽而的，一只足球也来抢镜了。

保罗·柯艾略在《牧羊少年奇幻之旅》中说，生活永远是也仅仅是我们现在经历的这一刻。校园行走间，一个个的瞬间带给她的，是感动和希望。春天的瞬间、校园的瞬间，在这一时空，达成了感官上的共通。

未经设计的校园是不值得穿行的。一个小学的校园，应该有扑面而来的鲜活气息。实小的园子是和大自然同步开放的，每年都要接待许多的参观团队，无论行业，不管年龄，来宾都留下同一种赞美，带走同一种眷恋。那些细节里的温度，是春天的召唤，更是精心设计的埋伏。教育是基于物质、超越物质的人的精神与灵魂的再造。天下无一物无礼乐，校园每一物可育人。教育，存在于学校空间文化的构建，存在于学科知识的延展，存在于对器物精神的再认……

一枚花种、一尾小鱼、一颗足球、若干声音器材……埋伏童年，然后听她们哈哈大笑。夸美纽斯说："一切知识都是从感官开始的。"一朵花显真情，一尾鱼看世界。起于物的"形而下",但求于物的"形而上"。她们相信,从这里飞出的儿童,归来,一定是朝气蓬勃的少年。实小的文化基因,一定在他们身上,汇聚成飞扬的能量。

让学校的每一面墙壁都说话,让校园每一个角落都成为"开放的课堂、流动的书本"……校园里的一草一物都具有鲜活的思想,都要能与孩子进行有益的心灵对话和情感交流,要能与孩子的内心活动产生积极的"碰撞",帮助孩子产生良好的内心体验,从而帮助孩子们点燃探索知识、积极进取的思想火花,在潜移默化中,充分发挥出环境对于孩子生命成长的积极影响。

看见花开、叶落的瞬间,听见鸟叫、虫鸣的瞬间,闻到青草幽香的瞬间,摸到潺潺流水的瞬间……一个个校园的瞬间,组合成了孩子正常而积极的童年生活,搭建起了孩子美好的童年记忆。

教育是漫长的过程,应该埋伏在孩子每一个必经之路,给他们许多美好的瞬间。不由得想起王开岭先生在《精神明亮的人》上的封面语:让灵魂从婴儿做起,像童年那样,咬着铅笔,对世界报以纯真、好奇和汹涌的爱意……

一切,都已醒来

百草园的春天万象更新,草长莺飞,欢腾一片。童心迷宫旁,蜡梅花最早怒放,一小朵一小朵的,浓郁的花香弥漫在整个校园,让这空气也充满了甜蜜。迎春花也争做春天的使者,在池塘边亮出了那金黄的身姿,阳光下熠熠生辉。假山下,一株株月季花不知何时醒来了,在春风中吐蕊含笑。粉的,如害羞的美少女,浪漫恬静;红的,如丰饶的大姑娘,艳丽多情;黄的,如高贵的妇人,神采奕奕。垂丝海棠花也竞相开放,从细长的柄上往下垂出了一朵朵、一丛丛的粉色小花,惹人怜爱。

午间,阳光正好,我忍不住在百草园驻足流连。

池塘边的石头上，一群女生一字排开，正对着水面摆着各种pose（姿势），不时发出欢快的嬉笑声。她们面前的水面上，几片粉红色的月季花瓣漂浮着，散落着，荡漾着。是风儿将它们吹到了这里，还是调皮鬼故意将花瓣撒到了水面？如果一个人能专心致志地凝视一朵花、一块石头、一棵树、一块草地、一片白雪、一朵浮云时，美的启迪就不知不觉发生了。我觉得眼前的这幅画面格外清新动人，连忙打开手机悄悄拍下，定格，珍藏。这就是实小学子童年美好的色彩。童年，就是这么无忧而美好，在这里，每一颗童心都是舒展的，自由的，快乐的。

这一座"小径分岔的花园"，到处充满着审美的元素，无时无刻不在陶冶着园子里的每一个人，滋养着每一颗童心。对美的追求，让我们的心灵明亮，走向幸福。具有草木气息、露天精神的百草园，满足了儿童无限的好奇，吸引着儿童自己走进去，去认识，去发现，去感受。她如同一部自然笔记，给生活在园子里的人带来了精神上的疗愈，引领着全体师生精神更加明亮。她帮助我们形成了一种生活美学态度，对美的热爱与探索，也成为园子里动人的风景。

倏地传来一声银铃般的呼喊："快来看快来看！"循着声音转头看去，池塘边，几个小脑袋凑在一起，低头看着手心的什么宝贝。还未到夏季，这几个小男生就已经脱去了外套，露出了胳膊，我被他们的朝气与活力感染了。

好奇地走上前去，也来凑个热闹。那小小的掌心里，一只蜗牛伸着触角安静地趴着，几个男孩兴致盎然，仔细端详，看了又看。一个男孩伸出小手指，轻轻碰了一下蜗牛的触角，调皮地说声："哈哈，你个胆小鬼！"周围的男孩都"嘻嘻"地笑了。"看我的！我的这只蜗牛比你的大，是蜗牛哥哥。""说不定是蜗牛爸爸呢！""哈

哈哈……"

"蜗牛喜欢吃什么呢？""我们把它放到一片叶子上吧！"说着，他们奔到了石桥边，采了两片狭长的绿叶，把蜗牛宝宝小心翼翼地转移到叶子上，在高大的成长树下继续观察，讨论，兴味盎然。接着，来了一大群女生，大家围着蜗牛宝宝叽叽呱呱地，有的问在哪里可以抓到蜗牛，有的说等下送给科学老师饲养，有的说要带回家和妹妹一起观察研究……话匣子一旦打开，就很难关上了。

春日的阳光跳跃在叶子上，也闪烁在儿童的鼻尖上。会呼吸的户外课堂、会移动的课程馆，在这个生意盎然的园子里，像春天的花朵一样美丽绽放。此刻，我感到儿童的心，在苏醒，在探索，在欢跃，每一个表情都如此明亮，每一个生命都是如此鲜活，每一个灵魂都是如此可爱，简直妙不可言。

刘慧校长常说：好的教育不是传授，是"遇见"，是你想让孩子看见什么，用什么来调集他的注意力；好的校园不是钢筋水泥浇铸出来的，是种出来的，是长出来的，它必须像一座巨大的感官，与儿童的感官相匹配，与儿童的探险精神相呼应。一只小小的蜗牛，就能让我们看到了这个园子里迷人的荒野气息。

每一个儿童都是一颗种子，无数颗种子正在这个小径分岔的园子里醒来，各自萌芽，积蓄力量，蓬勃生长……

如果孩子在童年"遇见"了美，他就会用一生去追随美。给每一个孩子自然生长的环境与空间美学的教育，让孩子过正常而积极的童年生活，一所学校正用一种独特的物型课程视野和结构，捍卫着珍贵的童年。

星冰乐

  2017年的冬天比往年要冷上许多，气温一度跌破零点，久违的鹅毛大雪也光顾了这美丽的江南小城，让小城的人们再一次欣赏到了银装素裹的美丽，真真切切地感受到了冬天的气息。

  又是一夜的零下几度，小河里、水塘里都结上了厚厚的一层冰，百草园里那条弯弯曲曲的小河也不例外。

  一大早，很多孩子就已经发现了这一处晋级的乐园。小河边的人络绎不绝，或在河边拿石子用力往河里丢，看看能不能把冰面砸出个窟窿；或捡根树枝使劲往冰块上戳，想要使其裂开；或在河边一脸羡慕地看着，却又不好意思上前玩闹……等到位于南二楼的孩子发现学校里又有了处神奇的地方时，已经身处教室，开始早读，没有机会下楼了。于是，每到课间，北窗口就挤满了看热闹的孩子，看高年级的哥哥姐姐们、一年级的弟弟妹妹从河里捞冰、砸冰，眼里满满的羡慕。

  看着孩子们那可怜的模样，我"善心"大发，不如就让孩子们痛痛快快地玩一次，也好过他们心心念念的牵挂。恰好，下午有一节班会课，于是计划和孩子们一起去小河边走一走，满足他们的好奇心。刚宣布了这一消息，话音刚落，大家欢呼雀跃、手舞足蹈，有甚者，都爬到凳子上去了。

  来到百草园，交代几句安全事项后，孩子们一哄而散，迫不及待地冲向河边，生怕晚了一步，就找不到好位置了。可惜的是，经过阳光一天的照耀、其他孩子的好奇探索，小河里的冰已经所剩无几，尽管如此，孩子们依旧兴致勃勃。有的蹲在河边，拉着好朋友的手，小心翼翼地去够河里漂浮着的薄冰。有的寻到阴暗处，捡岸上的石子去扔那厚一点的冰，看石子被弹开去，不禁发出惊讶的赞叹。胆子大一点的，则把整个身子都趴在岸边，抓住岸上的枯草，使劲去够河中间大一点的冰块，全然不顾裤管已被岸边的泥泞弄脏了。胆小的女生，细细地从草丛里找同学们扔下的小冰块，小心地放在手心，贴一贴脸颊，去感受冰的温度与形态。调皮一点的,蹦到我的面前:"老师,你今天大发慈悲啊!"于是,"老师,你最好了。""老师,我爱死你了。"……一句句甜言蜜语像雪球般砸来。呵,这群孩子。

然而,快乐的时间总是短暂的,不知不觉就到了下课的时间,看着他们意犹未尽的样子,一个想法油然而生。于是,当天的作业就成了"和冰的亲密接触":利用网络和书籍查查关于冰的知识,然后自己"做一做"冰,写写自己的制作过程,明天大家一起交流分享。第二天早上,我一进教室,就有孩子蹦到我的面前,欢快得像雪地里蹦跶的雀儿——

"老师老师,我昨天回家查资料,知道了水在正常的大气压下,到 0 ℃就会结冰,我爸爸说夜里只有 -3 ℃,所以我在阳台外面放了一盆水,今天早上一看,果然结冰了呢。"

"对对对,我也是这么做的,我脸盆里的水也结冰了!"

孩子们一个个地跑到我的面前,迫不及待地跟我分享起了昨天的成果。我笑着招呼孩子们坐下,请他们一个个地来,早读和晨会就成了孩子们的分享会——

"我在盛菜的盘子里装满了水,盖上保鲜膜,放到了冰箱的冷冻室里……"

"我把水放在了小熊模具里,结出了一个小熊冰块,哈哈哈。"

"我还知道如果水中有杂质,压力增加,水的结冰点会下降。""我还知道有人生气、着急时,就会面红耳赤,心率加快,用冰毛巾敷面也可以降低心率,解除烦躁。"

"我知道有个成语叫'冰冻三尺非一日之寒'。"

…………

耳边叽叽喳喳,孩子们聊得眉飞色舞。抬眼望去,一张张笑脸在阳光的照耀下显得格外夺目。冬日的园子,万物都已凋落,而孩子们对它的好奇与探索却从未终止,在他们的探索里、想象中,每一样园子里的物,都是丰富的课程资源。

一只野鸡的故事

"让学校成为童年的美好记忆""过正常而积极的童年生活",一直以来都是我们学校的价值追求和教育理念。为了让儿童能找回童心野趣,为了让生命得以自然地生长,我们学校建设了一个园子,一个美丽的百草园。儿童是这座园子的主人,万物是这座园子里尊贵的居民。

这是一个特别的园子。

春天,草长莺飞,轻灵的鸟雀在草丛间跳跃,忽地一下窜上云霄。

夏天,荷花满池,调皮的蜗牛躲在美人蕉里,同小朋友捉起迷藏。

秋天,丹桂飘香,一场场浪漫的桂花雨,沁人心脾,让人陶醉。

冬天,一枝枝蜡梅迎雪冲寒开,捎来了春的气息。

对孩子们而言,这个园子有着让人难以抗拒的魅力,像具有魔法一样,吸引着他们扑进去,放飞整个身心。

园子里还有一座特别的小岛,上面养着一只漂亮的野鸡。孩子们很喜欢它,也总去看它。

一天午后,我路过那儿,又遇见了一群可爱的孩子。他们欢快地围着篱笆,整个小岛旁都飞腾着笑闹的声音。

野鸡是趴在笼子里的,半歪着头,也不知盯着哪里。它那华美硕大的鸡冠在阳光下颇为神气,虽是耷拉在一侧,却足以引起孩子们一阵阵地惊呼了。

"看!"一个年纪颇小、正在换牙的孩子指着野鸡叫道,"它的羽毛真鲜艳!"

"是的!"另一个孩子接话道,"几乎像涂了油彩一样!"

"不对!"一个个子稍高的孩子反驳道,"油彩是反光的!它的羽毛虽然鲜艳,可还没反光啊!"

"晒到太阳就能反光了。"也不知是谁说了一句。孩子们纷纷点头,觉得赞同。

"可是,它怎么能晒到太阳呢?"一个小姑娘怯怯地说道。

是啊，它怎么晒到太阳呢？它在笼子里。笼子在小岛上。小岛在花园里。花园前的教学楼，正正好地把本能投到野鸡身上的阳光遮了个结结实实。

野鸡突然抬起了头，向着天上，向着那本应是太阳照射而来的方向高鸣了一声。它的声音高亢而洪亮，引起孩子们又一阵的赞叹。

一个孩子的眼睛突然起了雾。

"咦，孩子，有什么不开心吗？跟老师说说，看老师能不能帮助你！"我搂过他，轻轻安抚着。

他小嘴巴瘪了瘪，用袖子擦了擦快要掉下来的眼泪，低着头走了。

第二天，我看到了他的日记：

"小野鸡长得很神气。嘴巴尖尖眼睛亮，尾巴长长涂油彩，简直就是微缩版的孔雀。在阳光下，它的羽毛一定很好看。"

"可它不能晒到太阳。它在笼子里。它的羽毛不能发光。"

"我问阿姨：'为什么要把它关在笼子里呢？'阿姨说：'怕它飞走了，小朋友们看不到。'"

"小野鸡没有自由了，还会一直这么美丽吗？我一直想着这个问题，想着想着就睡着了……"

"我梦到它飞了起来。它飞到了太阳上。"

我的心一颤。是啊，小野鸡没有自由了，还会一直这么美丽吗？想起昨天孩子的眼泪，深深的自责愧疚涌上心头。我们只是一厢情愿地想着给孩子们一个惊喜，却忘记了最重要的东西——生命与自由。我们的儿童，他们对生命与自由有着自己独特的理解与感悟。

于是，我组织学生进行讨论——假如我是这只野鸡，我最喜欢怎样的生活？

有的孩子说："我喜欢在大自然中撒野。"

有的孩子说："我想去树林里捉虫吃！那里的虫儿肥，好吃！"

还有的孩子说："虽然我很喜欢校园里的小朋友们，但我更想念我自己的伙伴。

我想与它们在一起玩游戏。"

…………

在孩子们的提议下,百草园里的那只野鸡被放生了。

那天,孩子们都去跟它道别,默默地祝福它更加快乐自由地生活。那个小男孩站在大家身后,注视着那只美丽的小野鸡。我看到,他的眼里充满着不舍,但嘴角却含着笑。他就这样静静地看着,看着……

小野鸡离开了,那座小岛又空荡荡的了,而尊重生命、尊重自由的信念却永远留在了这个特别的园子里,留在了园子里每一个孩子的心里。

最美的"银杏"

一年级教学楼前,有两排高大的银杏树。树下,是一圈一圈的木质长椅,青石板地面衬着温润的木色,看着就感觉舒服。

春天,银杏修长挺拔的枝干上,冒出点点新绿。渐渐地,钻出一片片小小的绿叶,如春姑娘巧手设计的一把把迷你扇子,配以最嫩最嫩的浅黄淡绿,在微微的春风中招展着,在木椅上、青石地上,投下一个个斑驳的影子。到了初夏,它们满头青绿,每根枝条都伸向天空,缀满片片绿叶,如一柄柄伸向蓝天的绿伞。秋天到来,最美的时候便到了。看,满树金黄,一把把金色的小扇子在飒爽的秋风中快乐

摇摆,不时会有几片飘然落下。金色的叶子顽皮地打着旋儿,时而要落地了,时而又轻巧地迎风而起,如一只只顽皮的黄蝴蝶在乘风翩翩起舞。木椅上、石板地上、树底下、草地上,到处散落着片片落叶。金黄灿烂的光

泽、流畅优美的叶脉，姿态不一地翩然而下，映着秋日天空的湛蓝，令人不由自主驻足欣赏，忘记了自己本来在做什么。

这里也是孩子们的乐园之一。平时要清扫的银杏大道，到了秋天，大家就默契地不再清扫了。怎么舍得把这么漂亮的"银杏地毯"扫掉呢？于是，每个课间，孩子们都在洒满金色叶子的树下撒着欢跑来跑去、快乐玩耍。

当这满地的银杏叶成为校园里最美的布景时，明亮的校园生活不期而遇。

教室里，我头也不抬地批着作业，"小哲，你的作业要改一下哦！"我抬起头，一边叫着孩子来订正，一边在教室里搜寻着他的身影。教室里没几个孩子。咦，都出去疯玩了吗？我走出教室。

教室前的银杏树下，三三两两坐满了小小的身影。居然在银杏树下看书！小哲也坐在那边。我悄悄地走过去，探头看去。小哲捧着一本厚厚的新书，正津津有味地看着，不时和身边同看的小伙伴指指点点。小伙伴们亲昵地挨着坐在一起，男孩女孩，个个脸上带着花朵般的笑容。调皮的小杨坐在小哲身边，昨天他们还闹了不愉快，可是今天他们却排排坐着，快乐地笑着、看着、说着！那秋日的暖阳、蔚蓝的天空、金黄的银杏叶……无不是他们最美的背景。

一串银铃一样的笑声传来，我循声看去，却是小恬和小馨几个女孩子，她们坐在另一侧，小小的手捏着一片片落叶，有的举着"小扇子"扇呀扇呀，有的将银杏叶聚在一起攒成一朵金黄的"小花"，有的干脆在长椅上拼起了树叶画……我不由得笑了。作业可以晚一会儿订正，这美丽的秋色、这金黄的银杏叶、这宁静和美好，怎可辜负？

生活美学的起点是回到大自然。何其幸运，我们属于这一座充满生活美学的园子！这里，有小溪潺潺的百草园，有"比散文更美的玻璃房——一亩花田"，有随处可见、四季不同的鲜花绿草，有随风吟唱的风铃、欢笑，有古色古香的"三味书屋"……

营造一个具有"生活美学"的小环境，这是我们学校一直倡导和实践的理念。

每一次对话时，刘校长总是不遗余力地呼吁：一个人幸福与否，取决于他对人间的审美，取决于他的审美向度和审美力的大小。我们要给这座园子里的每个人——老师和孩子——都营造一个"美"的环境，从空间、声音到色彩，从每个角落到每个身处其中的老师、孩子，让每个人的心中都有一株"玫瑰"。

我微笑着走过去，挤到孩子们中间说道："你们在干什么呢？让我也来瞧瞧！"孩子们抬起的笑脸，和蓝天下的银杏叶一样灿烂明亮！他们纷纷献宝，争相让我评比，谁找到的银杏叶最漂亮，谁的"大作"最特别……于是接下来的两个星期，围绕着银杏叶，我们开始了一系列的"班本小课程"：我们吟诗、作画、玩游戏、做手工、唱儿歌，了解银杏的科学知识……在孩子们心里，银杏叶越来越好玩了！对于银杏叶的印象也从一种单薄的植物物种，发展成了立体丰富的伙伴关系。

对孩子们来说，这座园子每天都是新鲜的。这一幕情景，他们也许很快就忘记了，但我相信，春天那缤纷的月季、郁金香，夏天那百草园小池中的锦鲤、白鹅，秋天那纷扬的银杏叶、赤红的爬山虎……每一个物种都有自己的色彩和语言，在这一座美的园子里，一天又一天，用它们独特的美和意义，给孩子们的童年奠定了明亮的底色，改变和决定着很多很多。

走，玩冰去

今年的冬天特别寒冷，对于生活在江南水乡的孩子来说，也是一个让人回味无穷的冬天。雪纷纷扬扬地下着，整个校园都是纯洁、晶莹的冰雪。瞧，树上如玉兰绽放，屋顶如涂了白漆，道路如明月轻洒。绵绵的"柳絮"在空中荡游，甜的"白糖"从天而降。啊，整个校园仿佛跨进了冰川时代，整个心也似乎沉浸其中，感受着冬日特有的魅力。

此时的百草园白雪皑皑，小河里也结了一层厚厚的冰。全校孩子个个欣喜若狂。静静赏雪的，闹腾打雪仗的，站在园地里仰头接雪花的……弯弯的小河旁边，

总是挤满了孩子,热闹非凡。大家蜂拥着围簇到百草园,寻找河里是否还有自在游动的小鱼,闻闻蜡梅花散发的沁人香气,丝丝缕缕,好不自在呢。

我们班级的孩子趴在窗口痴痴地看着园子里玩冰的小朋友,嘴巴里都嘟嚷着:"他们多幸福啊,还能去玩冰,我也好想去摸一摸呀。""哇,我长这么大,都难得看到这么大的雪呢!""我想去河面上溜冰。"孩子们叽叽喳喳地热烈讨论着,这一切,我都看在眼里,听在耳中。说实话,我心里痒痒的,也特别想和孩子们一起在雪中玩乐,不负好雪景。

语文课上,当我宣布带孩子们出去玩冰赏雪时,教室里瞬间沸腾了,孩子们欢呼雀跃,拍手叫好。我喜滋滋地带着他们去畅游百草园了。一到园子,他们就与飘扬的雪花一起,自由撒欢起来。有的小心翼翼地触摸着小河里晶莹剔透的冰块;有的用小手轻轻地托起冰块,如获至宝地抚摸着;有的把冰块举过头顶,透过冰块看银装素裹的世界;有的把冰块藏进了口袋里,说要带回家给妈妈看看,要自豪地告诉妈妈这是学校百草园捧回的冰块;有的踮起脚尖,轻轻地踩着冰块;还有的,嘴巴里一边喊"冷冷冷",一边却用小嘴亲吻着冰块……严寒中,孩子们个个小脸通红,迸发出兴奋,园子里也时时飘荡起银铃般的笑声,冬天的百草园里仿佛住进了春天。

当孩子们依依不舍地回到教室时,他们个个意犹未尽,还在互相分享着玩冰的乐趣,我想这美好的时光,值得用笔记录下来,就布置他们写日记。平时一说写日记,孩子们个个都嚷嚷着"头疼",头脑一片空白,可现在却欢天喜地地掏出本子,文思如泉涌般地写起来,边写日记,还边抿着小嘴偷偷地乐着呢。

一场纷纷扬扬的大雪、一片冰清玉洁的冰花,就是孩子快乐的源泉。天下无一物无礼乐,校园每一物可育人。作家创作,源于自然的感悟思考,形成作品的精神意蕴，是现实到文学的提炼过程；学生读书作文也是如此，要领悟作品中的精神高度，要回到自然体察感受，这是文学到现实所必需的体验感悟。以物情助学情，借物启学。正如宋代理学家程颢所说"天下无一物无礼乐"，万物都承载着文化要素，以物入心，格物致知。

作为实小的师生，我们都是幸运无比的，这里有堪称全国最美图书馆的"三味书屋"，孩子们听着余音绕梁的琴声，坐在草地上，尽情地在书海中遨游；百草园的"时空隧道"和"趣味迷宫"，永远集结着一群活泼可爱的孩子尽情玩乐着；操场上12棵果树，硕果累累，承载着对未来的无限憧憬和期盼；半肯楼里的菜园子，春天韭菜发芽，夏天丝瓜爬满藤架，秋天辣椒结果，冬天萝卜成熟，永远都是一道最美的风景，孩子爱玩的天性，可以在这里尽情释放。苏霍姆林斯基说："校园环境是教育过程中最微妙的领域。"学校构建的课程图谱，让孩子位于学习的中间，让学习真正发生。我们需要做的，就是悄悄地引领孩子们去理解优美的校园环境的特征和基本元素，实现孩子与校园中的物之间的对话，产生独特的体验和认知，激发他们的情感，从而与显性的课堂教学产生互补。

天之道在于始万物，地之道在于生万物，人之道在于成万物。亲爱的孩子们，美丽的实小就是你们的乐园，一方池塘，一亩花田，一片草地，一棵果树，一声蝉鸣，这些都将是童年最美最好最真的记忆！

第二节　校园流行风

你的校园正流行什么？或者说，什么应该被一个校园流行？

在张家港市实验小学，一座小径分岔的园子里，爱，正在流行。

这里流行爱的"置物小站"：每个教室都有个神秘的小柜，置于一角，稳稳伫

立,静静等待。当她被轻轻拉开,就是被一个儿童所需要。橡皮、铅笔、卷笔刀、墨水、跳绳、红领巾、创口贴、棉签、毛巾、发饰、袜子……她安抚每一个不安的童年,轻轻在他们的耳边说:"不怕不怕啊。"

这里流行爱的"物种平等":给一只鸟儿一个精美的鸟笼,听它日夜为我唱歌?不,我们给它设计一个"喂鸟器",给它一个休息的房子,给它喜爱的食物,给它随时飞翔的自由。

这里流行爱的"诚信购书":"如果一所学校,一本一本的书丢失了,那一定是爱读书的人越来越多了,这些书也许是跟了最适合它的人回家了。"

这里流行爱的"理解宽容":保护公物,从来不是教条,所有的教育,应该尊重儿童的生长与创造。

在爱的植养下,这里很快生长出诗歌、科学、童年息息相关的课程。来百草园赋诗一首吧,再和大树来一场自我介绍,在金色的桂花雨下,在缀满小灯笼般的柿子树下,快乐正在流行!

爱,流行起来了

小柜,置于一角,静静伫立,朴素而神秘。

抽屉,被轻轻拉开,琳琅满目,丰富而神奇。

橡皮、铅笔、卷笔刀、墨水、跳绳、红领巾、创口贴、棉签、毛巾、发饰、袜子、还有小内裤……

满满的爱和温暖就在一瞬间扑面而来,因为,这是一个爱的流行小站!

9月,美丽的校园又迎来了一群可爱的宝贝——一年级新生,这群孩子啊,眨巴着天真的小眼睛,眼神中的澄澈可以净化整个世界。他们爱笑,爱闹,爱说,爱跳。他们张开手拥抱银杏树的臂膀,他们趴在草地上寻找刚刚还看到的小虫,月季花丛边绕一圈,悄悄摘一片花瓣吧,太好看了!小池塘边偷偷伸手摸一把溪水吧,真凉爽!时光隧道里钻一下,操场上奔跑一阵,这个校园太好玩!太美了!

哎呀,不好!好像只顾着玩了!厕所,厕所!奔跑!可是,好像憋不住了!完了完了!老师!我尿裤子了!

裤子湿透了,脸涨红了,头低得不能再低了,挪移着步子,来到老师跟前……

年轻美丽、善解人意的女老师轻轻拉起他的手:玩过头了吧!来,跟老师来一下!

于是,轻轻拉开抽屉,小小的内裤,薄薄的单裤,顿时让尴尬愧疚的小脸仰起来了,闪亮的双眸里荡漾起爱的涟漪。

至卫生间,换上干净的裤子,舒爽的感觉让小人儿又活跃起来了:"老师,你怎么知道我要尿裤子的?你怎么会有小裤子的?这个是专门给我准备的吗?那个柜子里还有什么呀?"

又是微微地笑:"那个呀,是我们班级的爱心驿站,老师在里面放了你们可能需要的东西,有学习用品,有生活用品,如果你们有急用,可以在那里拿了先用!"

"那用完了怎么办?"嗯,用完

了……

有了！小人儿眼睛一亮。

第二天，爱心驿站，抽屉再次被拉开，轻轻的，庄重的，一条小内裤、一条薄单裤，崭新的，被放入……

第三天，一双小袜子。

第四天，一条红领巾，一包餐巾纸。

第五天……

爱的小站抽屉里满起来了。某日，一双小脚一下踩进了水塘，袜子尽湿，不要找老师了，不用担心穿湿袜子了，打开爱心驿站抽屉，换上干净袜子，舒舒服服继续上课。明天，一双新的袜子又会带着爱意在小站流转。

校园里，爱开始流行——

小小读书角里，我把我的书添加进去，让更多的人可以读到它；

教室转角处，球放进来了，乒乓板放进来了，小玩具放进来了，课间的活动丰富起来了；

爱心义卖时，更多的人参与进来了！

一个校园，是最看得见生长的地方，草木繁盛，欢歌笑语，那些孕育着爱意的阳光、空气、水分，滋养人心灵的富足，朝向精神的成长。

树上的喂鸟器

每天清晨，刘慧校长走进办公室，来到窗户边，沐浴着阳光，欣赏着鲜花，不经意间，总有那一两只鸟儿，或麻雀，或喜鹊，用它那小小的、尖尖的鸟喙轻扣窗户玻璃，像是老朋友一般，自然而又熟悉，就此开启一天最美好的时光。这个温馨而美好的画面，每每和人谈起，刘慧校长的嘴角就会漾起幸福的微笑，恬淡而美丽。

实验小学的园子里,鸟儿远不止那一两只,它们不是访客,是自然的主人。栖息在小树上,跳跃在草坪间,漫步在会呼吸的大道上,自由、灵动。老师们或步行,或骑车,或开车,无论哪种方式,与鸟儿的不期而遇,都会露出会心一笑,静静等待。

鸟儿们遇见实小园子的人、车,也不害怕,也不着急,随意地轻啄地面,晃动脑袋,闲庭信步,慢悠悠地让出一条小道。

曾记得,实验小学没有百草园,没有十二颗果树,没有双桥印记,没有童年迷宫……小鸟也成了珍稀动物。孩子们偶然间在校园里看见一只小鸟,那种兴奋,那种惊喜,难以言表。

现如今的园子里,一树、一花、一草,生命都以看得见的方式明媚绽放,孩子们因此也有了更多的话题。

"给小鸟设计一个喂鸟器",让鸟儿在实验小学生活得更温馨,更舒适,成了孩子们的STEAM小项目研究。孩子们三五成群,围绕着主题构思着自己的研究路径。调查校园经常出现的鸟儿种类,观察鸟儿平时的饮食习惯,研究鸟儿不同形状、不同大小的鸟喙,根据鸟喙的大小、长度、咬力,给鸟儿准备不同种类的食物,孩子们的调查研究活动如火如荼。喂鸟器该是什么样子的呢?孩子们在前期系列准备工作的基础上,实验、调查、设计、制作、测试、改良……没有所谓的对与错,没有常规的美与丑,开放性的项目研究活动给了孩子更多、更大、更好的空间与方向。喂鸟器做好了,该放在哪里呢?每个小团队在校园里选择自己觉得最适合的场所,于是,喂鸟器如同雨后春笋般,星星点点散落在园子里。今天我们准备的食物小鸟喜欢吗?有几只鸟光临过我们的喂鸟器呢?什么鸟喜欢我们的喂鸟器呢?带着这些问题,孩子们课余时间有了更丰富的观察活动,或是开心得溢于言表,或是失望得垂头丧气，鸟儿的一举一动牵动着孩子们的情绪。孩子们好奇的小脑袋、鸟儿们机灵的小眼珠，静静看来，相得益彰。

陶行知说，教育不能创造什么，但它能启发儿童创造力以从事于创造工作。树上的喂鸟器，如同一根秘密红线，串联起了孩童与鸟儿的心灵，在实验小学这个园子里，人与鸟和谐共存，陪伴生长，发生着故事，创造着奇迹。

诚信购书

> 不如
>
> 像相信书一样相信
>
> 这个世界
>
> 每一天
>
> 都在一点一点地好起来
>
> 像相信一本书那样
>
> 相信着三味书屋
>
> 最有价值的是诚信购书
>
> 这是一种相信的力量

花格窗，小廊道，一溜儿青砖细瓦，就像纸页间滴落的一点墨，淡淡地洇染开来，倒也醒目。书屋古典、低调，三间相连的格局。走进去，吸引你的，除了书，第一间屋后墙上的手绘图，也是极有味道的。

占据了一整个儿墙面的手绘作品，再现了当年鲁迅先生"从百草园到三味书屋"的古雅风趣，那是学校里美术老师联手创作的。

"哦，原来你在这里。"遇见了，就拿下，就取走，只需要把购书金投入"诚信鼎"，自主结算，自行找零。然后，在线订的登记本上记录下书名与款额、购买日期、购买者姓名,最后,郑重地盖上"三味书屋"的印章。

这样,就算在形式上,完成了一次诚信购书的经历,简单得仿佛是伸手择一朵喜欢的花。不过,又不是那么简单。

这是一处看得见的建筑景致,也是一条隐秘的文化线索,潜伏在刘慧校长的内心。跟出生于20世纪70年代的大多数人一样,她幼时能接触到的图书资源极其匮乏,《从百草园到三味书屋》让她念念不忘。这样一个读书的文化意象蛰居于心中,延续到今天,就长成了一座书屋的模样。

拱形的门角一侧,几丛修长的细竹边,有一方古朴质地的鼎,极方正。鼎内,常散落着一些大小不一的硬币。这方鼎,在实小,被称为诚信鼎。

书屋购书室的东墙正下方,居中的位置有一张"诚信榜",记录着诚信购书营运以来,诚信值的变化。折转的线条,透着孩子们诚信的养殖状态,从缺失到渐渐唤醒、找回的过程。

数量与诚信总额之间,总有着不小的落差。这让老师们着实头疼了一番,大家一合计,就偷偷在诚信鼎边的"竹林"里,安装了一个摄像头。

不料很快被刘慧校长发现。一向优雅大方的她急了:"我们这是在干什么?教育是什么?我们做这个设计的初衷又是什么?"

诚信购书是学校定制"三味书屋阅读课程系列"中一项重要的设计,目的是为了尊重孩子、相信孩子,进一步培养孩子诚信的品质。而孵化诚信则是一个渐进的过程,需要时光的雕刻,更需要静等花开的耐心和信心。

老师们反思后,也将其视作一个教育的契机,利用班会、晨会对孩子进行诚信教育,引导孩子如何进行购书。时光的推移肯定了老师们的选择,一天天坚持下来，孩子们的诚信率早已达到了百分百。

于是，一句温暖的话开始在校园里流行："如果一所学校，一本一本的书丢失了，那一定是爱读书的人越来越多了，这些书也许是跟了最适合它的人回家了。"一场丢窃的事件，就这样成为一个回家的故事，温润了和书在一起的日子。后来，继续这样安静地买书，用诚信的方式，用相信与等待的力量。

> 让卷筒纸放飞自由
>
> 小小厕纸
>
> 一块实验石
>
> 凝聚善的力量
>
> 焕发文明之美
>
> 传播爱的温度
>
> 绽现学校风度

清新的植物装饰、灯泡环绕的梳妆镜、洁净的盥洗台、精美的墙画、友善的提醒，校园如厕的一隅，既温馨又清爽，为方便孩子与老师，不知何时，又悄悄地安装上了卷筒纸盒，更是蓬荜生辉，校园的洗手间就是一个温馨的"家"。孩子们在这里嬉笑打闹、藏猫猫、摇铃铛、背靠背……流连嬉戏，自由欢快！

许是调皮，许是有趣，孩子们似乎对这些校园里的新鲜玩意儿特别感兴趣。有一天，当刘校长不经意路过时，看见了这样的一幕，一个个班级的孩子在德育主任、总务主任的带领下，正在参观厕所，卷筒盒内白花花的手纸一沓沓、一卷卷轻轻飘飘地撒落了满满一地，它们似乎无声地控诉着自己不幸地遭遇……两位主任一脸的疼惜，怒形于色，短短的半小时之内，寻找、对峙、纠察，很快"罪魁祸首"浮出水面，被迅速地逮了起来，两个顽皮的孩子耷拉着脑袋像晒蔫了的茄子等待着最后的审判……

此情此景，刘校长又好气又好笑，她悄悄和两位主任沟通："知道你们心痛，浪费了手纸很可惜,但是有没有设身处地想过孩子的心理呢?"

"刚刚装好的这些个卷筒纸盒,孩子们能不好奇吗?如果从这个角度想,不也是一种教育的契机吗?"

周国平先生曾说过这样的话:"对于我们成人的世界,所有的理解都包含着误解。"小小的厕纸被倾注了太多的"管理智慧"。于是,手纸文化课程酝酿而生……

一沓纸,一沓单纯的纸,能使你联想到什么?

也许,我可以联想到一个充满纯真的梦想。就像每一个人孩童时最天真、最烂漫的小小的坚持那样,在心池永恒。这样一个快乐的梦,没有俗尘之纷扰,没有长远之大计,就只是一个孩子最可爱的遐想,即使,它是那么那么地微不足道。它,就像一沓纸。也许它执着,也许它倔强,可它并没有平淡乏味。那沓纸上绽放出的是每一张稚嫩的笑容,以一种孩子的心态来看这个美好的世界,在这沓纸上勾勒出一道又一道绚烂彩虹,闪烁着一点又一点灿烂星光。

折成纸风车,推着童年的梦。赤橙黄绿青蓝紫,炫!一圈一圈,画出圆圆的轨迹。揉成纸团团,试试两个纸团同时落地能否撬起整个地球?叠朵纸花花,撒上香粉粉,那不就是我们校园最美的香水月季吗?围着转圈圈,测测美丽的校园有多大?变成小纸船,它在水中轻轻荡漾,悠闲自在!载着梦想和希冀航行在美妙的未知世界。折只纸飞机,赛一赛,谁的飞得更高更远,一切的事物,都是它最美的点缀,它迎着暖风,不顾一切朝前飞,飞向宇宙,飞向未来……

百草园诗会——我与诗的美丽"物"会

柳枝抽芽,月季花开,小溪潺流,芦苇摇曳……"百草园"里的色彩和律动,丰富了孩子们的双眸,浸润了孩子们的诗心。他们驻足"百草园",用纯真的心灵感受着这里的一草一木,用稚嫩的话语描述着这里的点点变化。他们用灵动的语言,书写童真,放飞童心。儿童天生就是诗人,在"百课程"的引领下,孩子们从

"百草园"出发,走向生活,走向自然,一路用诗歌收藏属于他们的美好时光。

从春天出发——

春天是美好的,《诗经》有云:"春日迟迟,卉木萋萋。仓庚喈喈,采蘩祁祁。"

校长妈妈在开讲中说:"春天,校园里应遍地鲜花和诗人,我们的校园不缺鲜花,是蕴含在每一朵花中浓浓的诗意需要能发现她、表达她的途径……我们可以不写诗,但不能不需要诗。"

当春天与诗歌相遇,便是一场难得的盛宴。

四月暖阳下,酝酿已久的"春天的诗会"便也因之而生。

关于春天,你想到的是什么?是"一年之计在于春",是"春意隆盛诗心动",是朱自清笔下"刚落地的娃娃,从头到脚都是新的",是美,是希望……在实验小学"儿童定制学习"理念下,春天,就是和儿童一样蓬勃生长的课程资源。

我们在课堂里郑重地描绘她,赞颂她,歌唱她;我们从百草园里的游鱼、白鹅、飞鸟甚至是栖息在草叶上一只不知名的小虫子身上感受春天的生命力。

春风之柔,春花之秀,能够与这春光之美相得益彰的也许只有同样生机勃勃的儿童了。

春天里,我们一起过正常而积极的童年生活。

在夏日盛放——

初夏时分,向日葵中队的46个孩子走进百草园,举办他们的第二期经典诵读活动。孩子们又一次踏入这座小径分岔的花园,迫不及待来赴这场邀约。他们选择了自己最喜爱的诗,他们要把最动听的诗歌献给最美好的季节。

经典诵读活动由一个问题、一个故事和一个启迪拉开了帷幕。当主持人请孩子们列举几位唐代诗人的名字，他们的小手就纷纷举过了头顶。于是李白、贺知章、孟浩然、王维、杜甫……在此刻重归孩子们的视野。

李白和孟浩然有什么样的故事？他们是怎样认识又是怎样成为好朋友的？关于他们的相聚与离别，关于那首脍炙人口的《黄鹤楼送孟浩然之广陵》……故事中的种种，吸引了孩子们好奇的目光。

故事引发了孩子们的思考，告诉他们，古今中外的每一首诗，都有它们背后的故事；也启发他们在今后与诗为伴的道路上，不仅要把诗读通畅、读明白，还要去了解诗歌背后的故事，了解诗人的情感，从而产生共鸣，要努力去追寻入诗、入境、入情的更高境界。

孩子们声情并茂地演绎，就像潺潺泉水滋润着听者的心田。活动延续了"为你点赞"环节。每当一位孩子诵读完毕，其他45个孩子就担当小评委。他们高举着点赞牌，为同学和作品点赞及鼓掌。班主任薛老师根据孩子的现场表现进行打分，并针对小小诵读者们的表现进行现场点评。本期活动评选出了"我最喜爱的经典诵读者"，他们获得了精美的图书和班主任薛老师亲笔写下的评语明信片。

听，这是向日葵班队的誓言：

  昨天，

  我们是小小时光旅行者。

  今天，

  我们欢唱着夏日的歌。

  明天，

  我们要继续做致敬经典的孩子，

  我们要将经典诵读进行到底！

  于秋日收获——

  一棵树的独白——童诗创作课程

百草园里的棵棵大树，一棵有一棵的故事，它们的诗意独白，你可曾听到？我们在百草园寻找诗歌、朗诵诗歌，饱满的诗意在心中涌动，倾听一棵树的独白，为它创作一首诗吧。

【课程背景】

1. 校园百草丰茂——在小径分岔的花园里，各种树木种类繁多，在这里，每一棵树都会说话，只要你耐心倾听，就能听到一棵树的独白。

2. 童诗创作欲望生长——生活学习在百草园里，你认识这里的大树吗？你知道它们的故事吗？你能观察它、了解它，为它写下一首诗吗？

【课程目标】

1. 激发探索欲望：通过认识树、观察树、了解树、品析树等实践活动，激发学生的生活热情和探索欲望，让课程存在于生活间。

2. 开发多种能力：通过一系列课程实施，提升学生观察、搜集资料、写作等多方面的能力。

3. 培植童年记忆：一棵树，一座园，一份情感，一份童年的美好记忆。

【课程保障】

1. 时间保障：语文课、综合实践课。

2. 后勤保障：百花园艺社团的学生在辅导老师的指导下，提供对校园各种树木的知识讲解、孩子后期誊写作品的纸张。

3. 师资保障：语文老师、综合实践课老师、百花园艺社团辅导老师。

【课程过程性计划】

1. 课程实施前期准备

（1）由学校百花园艺社团的成员带领学生参观认识学校里的各种树木。

（2）网上搜集自己感兴趣的某种树的相关资料，了解它的生活习性、象征意义等。

2. 有关树的诗歌、散文赏析

学生自主阅读，搜集有关树的诗歌、散文，由年级语文老师挑选优质文章集结序列，召开小型发布会向学生推荐阅读、摘抄，美文诵读。

3. 诗歌创作实践活动

学生选择自己最喜欢的一棵树，抒发自己的真情实感，完成童诗的创作。再由语文老师讲评修改后誊写到作文纸上，将班级习作结集成册。

从萌发到收获，百草园的四季节律与学生的成长节奏相结合，从百草园的一声朗诵开始，我们完成了从"欣赏""积累"到"创作"的成长。孩子们的诗，语言朴实无华却丝毫不减深意，虽然语言直白，但读来很有节奏，富于变化，这是我们的收获，这是百草园一草一物给予的诗意馈赠。

你好，大树

银杏 桂花 紫叶李

杨柳 蜡梅 广玉兰

枇杷 柿子 石榴树

香樟 紫薇 海棠花

在实小这座小径分岔的花园里，有这样一群"常驻嘉宾"，它们陪伴着一届又一届的孩子在这里成长，目送离开，再迎接到来。它们，就是百草园里的树朋友！它们，就是物型课程中最鲜活、最丰富的"教材"！

在金风送爽的季节，一年级的萌娃们来了，他们也想认识这些树朋友，于是，"你好，大树——认识百草园的树朋友"这一课程在班主任老师和"百草园艺"社团的帮助下生长了起来。站在儿童立场，我们的定制学习设定了三大目标，完备了课程实施保障，拟订了课程推进计划，让无序之序的学习变革真正发生。

"百草园艺"社团的队员组建成"小小讲师团",在金凤国老师的指导下,更深入了解了百草园里的各种树木——它们的学名、它们有趣的别名、它们与众不同的地方……整理、撰稿、模拟、演练,万事已具备。

这群专家型"小老师"立即走马上任,还真是有模有样哩!挑一个风和日丽的中午,大手拉着小手,去认识百草园的树朋友啦!不再是每天给自己上课的老师,不再是坐在四四方方的教室,眼前不再是来自课本的"专属"知识,也不再是一成不变的学习方式。多么新奇!多么欢喜!一路走,一路瞧,一边听风,一边呼吸新鲜的空气。走走停停中,百草园里飞出了许许多多的小问号——

"树为什么会长叶子?"

"它为什么叫痒痒树呀?"

"这痒痒树真的怕痒痒吗?"

"这就是那棵网红柿子树吗?"

"又大又青的柿子是什么味道呢?"

"日本珊瑚是自己长成这个童心迷宫的形状的吗?"

"成长树又粗又壮,我们可以跟它合影吗?"

"这棵皂荚树有什么故事吗?"

…………

叽叽喳喳,好不热闹!好奇是儿童的天性,受认知水平和能力的限制,他们对周围的世界充满好奇,从而产生求知的欲望,激发学习的兴趣,内需转化为行动,才有可能成功、成才。而在这打破常规的"课堂"里,孩子们发现近在咫尺的百草园里竟有这么多大树值得他们去认识、去学习、去思考、去探究。因此,他们的瞳孔里不仅映出了美丽的百草园,还映出对了大自然的热爱,对知识的渴求与愿望……学习方式的变革正是立足于儿童本位,改变传统的学习模式,重新建立起来的适应时节,适合物型课程,给予学生适宜的成长节奏,而这恰恰是教育改革的归宿。

课程"正在进行","沉浸"式学习仍在继续。带着观察与思索回到教室，和小伙伴们一起交流分享自己认识的大树朋友。你一言，我一语。我来说说我最感兴趣的大树，你来介绍你最喜欢的树朋友，我给你猜猜这是哪种树的叶子，你来考考我这些树的"小名儿"……嘿，最后来个大挑战！百草园里树木多，比比谁记住的种类最多？表现出色，奖励的活动也随之纷至沓来：小组合作，用捡回的落叶贴幅画，展示在墙报上；小组合作，创作属于自己的树言花语……

　　我们永远也不要低估儿童的想象力和创造力，他们正童言童语话大树，请你也来听一听——

　　"今天我认识了被称为'痒痒树'的紫薇，我还给它抓痒了呢！"

　　"我爱桂花树，爱它的香味，爱它小米粒一样的花儿。"

　　"今天在五年级姐姐的带领介绍下，我认识了百草园里的好多树，有成长树、枇杷树、紫叶李、鸡爪槭等等，我最喜欢的是日本珊瑚，喜欢这个名字。我最期待的是柿子成熟，它们挂在树上就像一个个红彤彤的灯笼，我真想等它们成熟了摘下尝一尝。"

　　"百草园里的桂花好香，闻着闻着我都要醉了！柿子树上的柿子真诱人，看着看着我都不想走了！紫薇长得与众不同，摸着摸着我和树儿一起笑了！等有空了，我还要去看望这些大树朋友。"

　　"我对鸡爪槭印象很深。它和有些枫树的叶子很相似，很容易混，从今天起，我不会混了。"

　　"银杏叶像蝴蝶的翅膀在扇啊扇啊。"

　　"现在我知道鸡爪槭为什么叫这个名字了，它的叶子实在太像我们吃的鸡爪了。"

　　"我要和小树做朋友，每天去看看它，开心的事和不开心的事都告诉它。"

　　"枫树的叶子像小朋友的手指，也像小鸡的脚丫，好玩。"

　　…………

　　百草园里的每株植物都是一个知识源，孩子们总能给我们带来惊喜！这些鲜活灵动的语言远远超乎了我们的想象，这是来自儿童最真实的经历和感受，这是来自他们对树朋友最真诚的喜爱，字里行间无不流淌着孩子们的想象、智慧和对百草园无限的爱。看，有的孩子站在小树旁和它比身高，有的抚摸着油亮的树叶开怀地笑，有的凑近闻着花与叶的清香，有的在果树下流连忘返，还有的在默默守护……

一棵树，一座园，生长出童年的美好记忆。一个课程，一次变革，点亮了教育改革的前进之路。

好一场金色的桂花雨

金秋，不知是谁，揉破了黄金万点，撒落枝头。秋风嫩，桂花著，团团簇簇，星星点点，开满了一树又一树。整个校园都浸在香海里了。

一个午后，一位白白胖胖的男孩寻香而来，在一棵桂花树下驻足良久，仰头闻香，接着伸出小手开始摇桂花。秋风中，小小的桂花纷纷扬扬地从枝头飘落，停歇在男孩的头上、鼻尖、掌心……刘校长恰巧路过，她静静地伫立着，默默地看着眼前的情景，如同在欣赏一幅动人的画。接着，她轻轻上前，蹲下身子亲切地问道："你喜欢桂花？怎么想到摇桂花的呀？"男孩猛然惊觉自己摇桂花的"坏事"被校长妈妈逮了个正着，吓坏了，吞吞吐吐地说道："我们语文课刚学了琦君写的课文《桂花雨》，我也特别渴望像作者一样摇摇桂花。""哦，课文里的小朋友也摇桂花的呀！那就说明摇桂花是可以的，我批准啦！不过，摇桂花可不能乱摇。你可以跟老师、同学建议并商量一下，怎么样让摇桂花这件事变得更有意思，好吗？"男孩紧张的表情瞬间消失，他雀跃着飞奔而去。

校园里，儿童的心里，还有多

少像"摇桂花"这样新鲜的渴望在涌动?这些源于儿童自身的渴望,是否被看见?是否得到足够的重视、充分的满足和科学的引导?作为教育者,我们如何在长远的课程规划与有效的引导中,从一个儿童走向一群儿童,又从一群儿童回归到每一个儿童?在这样适合的时节,我们是否可以为儿童定制适合的物型课程,来引领他们更好地成长?

刘校长的脑海中蹦出了一个词:儿童定制课程。什么是儿童定制课程?它是基于儿童的身心发展需求、兴趣倾向以及经验与能力,为每一类(每一个)儿童设计的个性化课程。"定制"意味着建构"适合儿童成长"的最佳课程方案,寻找儿童与课程之间的最佳匹配度和黏合度,引领儿童成为美好的"这一个",遇见最美的自己。于是,她迅速召集四年级班主任、语文老师和综合实践老师,展开了一场热烈而具有深度的儿童定制课程研讨会。就这样,一场从故事出发,从儿童出发,从教材出发,从国家课程校本化角度延伸的微型定制课程——"桂花乐"应运而生。

四年级语文备课组联动综合实践教学组,构筑了一个微观意义的课程研发团队。从课程意义、课程背景、课程名称、课程目标、完成时间、课程保障,到过程性计划、评价反馈、物化产品,课程研发团成员群策群力、明确分工、具体部署、认真落实。我们把课程目标定为以下四个方面:

1. 满足合理需求:通过了解儿童需求,发现儿童对生活的美好向往,合理实现儿童的美好愿望。

2. 培养审美情趣:通过谈桂花、赏美文、摇桂花、制作桂花美食等活动,激发儿童对美好生活的热爱和探索,培养儿童高雅的审美情趣。

3. 开发多种能力:通过一系列课程实施,提升孩子的沟通、交往、写作、搜集资料、动手实践等多方面的能力。

4. 培植童年记忆:凭借校园里的一花一树,一次体验,给儿童留下一份美好的童年记忆。

根据课程目标,我们初步确立了几个课程小模块:从儿童心理需求角度,设计前期需求调查表并在整个年级进行调查统计分析，了解儿童的真实心理需求，作为课程设计的依据；从综合实践角度，引导学生多渠道搜集桂花相关资料，了解桂花的生活习性，完成研究报告，参与后期的桂花食品制作与分享；从语文学习角度，引导学生自主阅读，搜集有关桂花的诗词散文，由语文老师挑选整理优质文章，召开小型发布会，向四年级全体学生推荐阅读，组织美文鉴赏和诵读欣赏会，指导学生用童心表达，编印桂花习作集。

校园里的几十棵桂树，承载着儿童的美好愿望，成为课程小资源、小基地，年级里七个班级分别认领之后，开启了一场别开生面的摇花之旅。为了保证摇桂花活动有序进行，师生们还进行了摇桂花讨论会，并提炼出了一些科学的方法。于是，每一棵桂花树下，都铺着一张巨大的花布，都站着一群活泼的儿童。每一双眼睛，都闪烁着期待与兴奋。孩子们的校长妈妈也欣然加入摇桂花的行列中来，随着那一串串银铃般的欢呼声，金色的桂花雨，一阵一阵地落了下来，花香弥漫，童心雀跃，成了秋日里最动人的风景。

孩子们把亲手摇落的桂花仔仔细细择好，送到食堂阿姨手里。第二天，全校师生的午餐多了一道甜点——桂花山芋。山芋的甜糯加上桂花的清香，让人回味，成了孩子校园记忆中难忘的美味。综合实践课上，孩子在老师和家长美食导师的指导下体验了制作桂花美食的乐趣。五彩的桂花圆子滚动在孩子的掌心，甜在孩子的心中。有的孩子还主动申请把桂花带回家，和家长一起制作桂花美食。桂花糕、桂花糖、桂花蜜、桂花饼、桂花酥、桂花藕、桂花茶……一场桂花美食分享会香甜了整个金秋，也甜润了一颗又一颗童心。

至此，我们的课程并未结束。语文老师鼓励并指导学生用童心记录美好、充满童真童趣的文字在儿童的笔尖流淌：

桂花雨

阳光欢唱的下午，微风沾着桂花的暗香，在我们的鼻尖跳舞。

赵老师说了一句甜蜜的话："一场香雨在等你！"我们三五成群扑向桂花树。

有的同学抓着细枝，轻轻地摇，一点一点，桂花下起了毛毛雨；有的同学抱着树干用力地摇，花朵落在地上，粘在他们的身上。有的人安静享受，有的人摇得满头是汗，但都乐在其中。

我挑了一根最茂密的桂花枝，轻轻一摇，米黄色的桂花纷纷落下。我摇了一会就停下来闻闻花香。虽然我们不是摇的最多的一组，但在阳光下看着落花，真是非常幸福的感觉。

星星点点，星星点点，桂花一点一点落下来。慢慢地，毯子上就堆起了一座小小的金字塔。远远地望去，像一座金色的小山坡。

摇啊摇，那些风中飘摇的桂花，那些灿烂雀跃的心情，那些幽渺清甜的香味，都在这个美丽的下午醒来。

——吴沛泓

昨天，我们学习了著名作家琦君写的《桂花雨》，我也好想淋一场浪漫而又芳香的桂花雨呀！今天，我的愿望居然实现了！真是太令人惊喜了！小伙伴们轻轻摇落，手捧那一朵朵金桂，要把那芳香悄悄珍藏。

——钱页文

我紧紧抱着桂花树，那一阵阵桂花香把我包裹了起来，我就像无数片花瓣中的一片花蕊。这一刻，我真是太幸福了！

——徐孜恒

桂花像金色的雨点似的，纷纷扬扬飘落下来，仿佛绿叶仙子撒下了一把把碎金。我正闻着桂花香，毫无防备，就淋了满头的桂花雨。我抬头看看其他同学，哈哈，我们都成了"桂花仙子"啦！

——张季鋆

桂花雨下得我们身上香了，心里醉了……好一场芳香浪漫的桂花雨啊！朵朵桂花飘落在我的头上、肩上，我感觉自己身上也"长"出了桂花！我不由深深吸一口这香甜的空气,心里也甜美起来。能在这芳香四溢的校园里读书嬉戏,真是快乐无比!

——曹宸荧

今天的桂花雨虽然很短暂,但那每一个动作,每一个笑容,连同那桂花迷人的香气,已经深深印在我的脑海里,快乐了我的童年。

——陶喆

…………

字字句句,无不洋溢着桂花的香气和童心的美好,怎不令人沉醉?

金秋的园子,孩童成群,把枝言欢,玉枝滴翠,花雨摇落,芬芳了整个童年。赏花、摇花、研究、实践、回味……美,在课程中悄然酝酿,诞生,播撒,传递。

在这个园子里,一花一树,一虫一鸟,皆是风景,亦是课程。

当我们以课程的思想、形式、结构来抓住儿童的心理欲求,帮助儿童实现心中对美的渴望,我们欣喜地发现,这一场金色的桂花雨,已经成为一种美的印记,成为学生最美好的童年记忆,深深地嵌入一个园子课程的发展史中。在每一个定制课程中,儿童都拥有一段更丰富更美好的经历与体验。其实,很多时候,我们与"定制课程"之间,并非隔着一段遥远的距离,而仅仅隔了一种理念,一种决定。"定制课程"并不神秘,它真真切切就在我们身边。有时候,不是我们看到了才相信,而是相信了才看到。我们选择了相信,所以,我们才看到了一个又一个美好。

像这样的故事还有很多,正如一朵又一朵桂花,虽小,却芬芳怡人。园子里的每一个儿童,在定制课程学习中不断成长着。学校,成为学生最美好的童年记忆。我们把这称之为"一所校园的心灵化运营"。它的关键在于"人",在于教育者的发现力、思考力和引导力,在于教育者的知识结构、心灵敏感性、精神美学和价值观系统。有怎样的人,就会诞生怎样的校园故事和心灵事件,就会把事件引向不同的层次、方向和终端,就会塑造怎样的童年生活。

缤纷秋日，"柿柿如意"——百草园的"秋收起义"

秋日的实小校园，色彩缤纷。

百草园里的那棵柿子树，被孩子们惦记得都快熟了。

那满树呈现出只属于秋天的橙色，晃了孩子们的眼，勾着孩子们的心。

于是，一个有关"柿子"的定制课程应运而生。

柿子树下，相约一场有趣的研究。

经过讨论，六（3）班的同学们自主分为4个兴趣小组，并通过民主选举，产生4名小组长，负责组织本小组成员开展研究活动。

1. 科学组

通过查资料、访问、调查、写观察日记等形式，了解以下几个有关柿子树的问题：

（1）柿子树的生长特性有哪些？柿子有哪些种类？

（2）柿子的象征意义是什么？

（3）柿子什么时候开花？花的特点是什么？

（4）哪种鸟最喜欢吃柿子？

（5）为什么柿子采下来是硬的，跟苹果放在一起就变软了？

2. 活动组

通过访问中医、上网查资料等方式解决如下问题：

（1）了解柿子的药用价值。

（2）通过观察，找到摘柿子的最佳方法，选择并制作最佳工具。

（3）为什么柿子树上还留着一些柿子不摘呢？

（4）自制柿饼。

（5）分享成果。

3. 艺术组

红彤彤的柿子，为美丽的校园增添了亮丽的色彩，这个小组的同学可以通过绘画、手抄报等形式来画一画柿子。

4. 文学组

同学们用诗歌和作文等形式把柿子的美、摘柿子的快乐表达出来。

选一个晴朗的日子，剪一树橙黄的柿子。

一大串一大串的柿子簇拥在一起，犹如热闹的小家庭，又像一个个红灯笼。呵，还有一个害羞的柿子躲在叶丛中。

综研课的钱老师手持"摘柿秘宝"，跑上二楼，瞅准一根柿子结得最多的枝丫，轻轻一剪，随着清脆的一声"咔"，几个柿子便从树上骤坠下来。

一名同学看得眼馋，钱老师笑着把工具递给他。他站在二楼举着长长的剪刀，同学们纷纷在树下喊："往这儿剪！往这儿剪！"当他"咔嚓"剪下去，树底下一阵骚动：有的被柿子砸了脑袋；有的张着毯子左一扑，右一扑；还有的伸出手去接落下的柿子，弯下腰在草地里捡漏网之"柿"。

看这一组——一个个紧盯着那长长的剪刀，时刻准备上前接着。果真是神器，只听见"咔嚓"一声，一串又大又黄的柿子落下来就被他们稳稳当当地接住了，大家忍不住欢呼起来。

又听"砰"的一声，一串串金黄到发亮的小柿子宝宝，从天而降，一会儿在地上滚滚，一会儿在被单上滚滚，一会儿又在脚边滚滚，真是一群调皮蛋！

可有的柿子宝宝啊，不想下来，赖在那里，老师费了好大的劲才把它弄下来。有的柿子宝宝啊，却特别兴奋，轻轻一碰便迫不及待地扑进床单里。

不知道是谁带的头，大伙开始用手接柿子了，两个、三个……越来越多的伙伴争先恐后地加入进来。每一个柿子落下，大家仿佛看到金子掉下来一般，笑着、抢着，整个百草园都沸腾了！

采摘结束啦，大家满载而归，脸上洋溢着幸福的笑容。

同学们给每个班都送去了一些。虽然个数不多，但也想让更多的小伙伴一起分享这份喜悦，希望能给他们带去"柿柿如意"的美好祝愿！

综合实践课上，来一场轻松愉悦的讨论。

1. 经过百草园时，看到满树的柿子是怎样的心情？

庞皓兮：我很幸运，在这样一个学校里学习生活，心情特别好。

杨一卓：我特别想摘柿子，但又舍不得破坏这种美。

包嘉妍：我是一个小吃货，看到这黄澄澄的柿子，忍不住流口水了。真希望柿子能快点成熟哇！

聂子晗：秋风送爽，金桂飘香。漫步在落满黄叶的校园小道上，头顶是一盏盏橙黄色的小灯笼，我时常在想：这柿子什么时候能成熟呢？会不会让我们去摘呢？没想到，学校真的为我们举办了"采摘节"，让我觉得能在这个美丽的实验小学学习真的是太幸福了！

2. 哪种鸟最喜欢吃柿子？

项润平：是麻雀吧，我经常看到我家旁边的柿子树上有麻雀在啄。

赵书慧：我也觉得是麻雀，它是一种很爱吃果实的鸟。小番茄、橘子、草莓等营养价值高，甜度高的水果，麻雀都爱吃。

王燕陈：我家已经种了50年的柿子树了，爷爷告诉我，麻雀很喜欢吃柿子。

顾佳玥：我查了资料，黑短脚鹎最喜欢吃柿子。

3. 为什么柿子采下来是硬的，跟苹果放在一起就变软了？

马启文：因为苹果成熟会挥发出一种酶，酶可以催熟水果。

4. 为什么柿子树上还留着一些柿子不摘呢？

吴沛泓：我们要留点给天空，让它们把蓝天点缀得更美丽；留点给柿子树妈妈，让她在儿女们的陪伴下，不会那么孤独；留点给小鸟，在采摘的时候，我看到一只小鸟一直盯着我们，它可能也很想吃呢！

陆安琪：如果把柿子全部摘光，柿子树就会变得光秃秃，不美啦！

马晨悦：我们要留点给学校里的鸟儿们，让它们也尝尝，同时装点我们的校园。

……………

一个个问题，引发一串串思考，开启一个生动的课程。

日记本上，一段段精彩语句闪烁着快乐的光芒。

一大串的柿子簇拥在一起，犹如热闹的小家庭，挂在树上，像一个个红灯笼。偶尔，有一两个柿子落地后，发现竟然是个柿子皮，底部完整，但上面已经被鸟吃空了。

当你看一串柿子的时候，你会觉得多而旺盛，而当你盯着一枚柿子仔细端详的时候，阳光扑向柿子，你会觉得它特别美。

——吴沛泓

今天是个好日子！因为，我们班非常幸运地能和综研课钱老师一起到百草园里摘柿子。

讲解、分组、行动！只见老师用一根又细又长的园林剪伸到了枝杈上面，瞄准目标，"咔嚓"一声，三个连枝带叶的柿子就妥妥地掉进了我们提前拉好的被单里。我们喜出望外，连忙把柿子放进口袋中。

——李奕铖

一到百草园里那棵柿子树下，同学们压抑了一个晚上加两节课的激动心情，一下子迸发了出来。我们综研课的钱老师手持"摘柿秘宝"，跑上二楼，瞄准一根柿子结的最多的枝丫，轻轻一剪，随着清脆的一声"咔"，几个柿子便从树上坠下来。再瞧树下撑着床单的同学们，一见到有柿子掉了下来，赶忙扯着床单去抢。有几个长得又高又壮的，扔下床单，冲上前去，像争夺篮板似的，高高跳起，空手去接。

——曹汉霖

"摘柿子啦！摘柿子啦！"随着钱老师的一声呼喊，我们纷纷跑向学校里的网红柿子树。只见一颗颗又大又红的柿子挂满了枝头，就像一个个小灯笼，你挤我碰，争着要人们去摘呢。还没等我欣赏够，同学们就占据了有利地形，他们将柿子树围了个水泄不通，我只好站在一边观望。只见钱老师拿了个"摘柿子神器"，"咔嚓"一下，几个红彤彤的柿子就掉了下来。顿时，柿子树下乱作一团，有的同学跳了起来想用双手去接柿子；有的把自己的衣服当网兜，扑了上去；有的两两合作张开桌布迎了上去；有的同学没接到，恨不得自己变成一只灵巧的猴子，爬到树上去摘柿子……同学们笑着、跳着、抢着，欢呼声响彻了百草园的上空。

——马晨悦

百草园里，那最显眼的应该就是那棵又大又红的柿子树了吧！大家不约而同地争抢着柿子树下最好的"宝地"。老师站在楼上，拿着剪柿子的"秘密武器"向那群柿子袭来……只听"咔"的一声，柿子从高空坠落！大家注意！小心！哦，一个诱人的柿子安全降落了！其他柿子们看着那位勇敢的伙伴跳伞成功后，都跃跃欲试了。

——朱熠轩

这一棵柿子树，变成了一个活泼的课程。孩子们在这场"秋收起义"中，收获了知识，收获了快乐，收获了成长。

第三节　童年的小时光

当世界还小的时候，我们把它称之为"童年"。

童年，天生就喜欢与小事物、小情绪、小事件、小幸福等联系在一起。因其小，而倍显纯净；也因其小，而有格外的情趣。这些，都是童年的小时光。

当童年的小时光深入校园的角角落落，一草一木、一桥一石，乃至拂风穿耳的铃声，浮动在空气里的浅淡花香，都有了动人的回声。这种回声，落在孩子的心间，

便是诗,是谣,是故事,也是飘过云层的歌声……

这一组稚如青草的文章里,每一段小时光的主人都是一个孩子。你若开卷阅读,你读到的不仅是这个校园的物态风貌,更是孩子们生活在其中的美与希望。

春·校园故事

实验小学的春天就像一个打扮一新的小姑娘,生活在这样一个美丽的校园里,我很幸福。当然,整个校园里,我最喜欢的地方就是百草园了。

春天的百草园树木葱茏,叶子片片都是青翠欲滴,就像被春姑娘涂上了翠绿色的油彩。小草刚刚长起来,矮矮的,绿油油的,一大片一大片。放眼看去,便是满眼的翠色。相比起小草、树叶,花儿们也不甘示弱。一朵朵都在春光的抚摸下竞相开放,向小草和树叶示威。百草园被花儿装点得五彩缤纷:花儿红的像火,粉的像霞,白的像雪。在百草园中最美的花,当然是垂丝海棠了。垂丝海棠有的已经绽开了笑脸,迎着春风轻轻摇曳;有的才绽开几片花瓣,像个害羞的小姑娘;有的还是花骨朵儿,含苞欲放,说不定明天就开放了呢。正是这些花草树木,使百草园变得生机勃勃。瞧,几个低年级的小女孩站在花下赏花呢!从她们由衷地赞叹中,可以看出花朵的美丽。

百草园中还有一座小桥。走上小桥,一低头便可以看到清澈的小河。河中游动着小鱼,还在吐着一串串水泡泡呢!河边几个小男孩蹲着,把脸凑近水面,观察着水里的小鱼和小蝌蚪。

假山是同学们经常来玩的地方，许多同学吃完了午饭就顺路过来。假山上有一道"瀑布"，远远地看，假山就变成了一个"水帘洞"。小朋友们在"水帘洞"里嬉戏打闹。

百草园中的小桥流水、假山瀑布因为有花草树木的映衬，显得更美好，这样的百草园是不是你心中的校园呢？

春之韵

春姑娘迈着轻盈的步伐，来到了我们的身边，使大地穿上了绿色的新装。柳树抽出了嫩绿的新叶，在风中自由飘动；桃树长出了粉红的花苞，在春天尽情绽放；就连小鱼也游上了水面，尽情地欢腾跳跃……

在范贤亭远处，紫竹掩映间的假山"淙淙"地流着水，好似一首优美的乐曲。旁边一段缠在树上的紫藤，已开出了一串串、一朵朵紫色的花。挂在枝头，好像几串葡萄似的，多可爱！在假山旁，当然少不了亭子。那座小亭，坐落在小溪的岸边。在绿树的映衬下，端庄而典雅，朴素而简单。小溪东岸，一丛一簇的芦苇，长得特别茂盛，它已从封尘的冬天解脱出来，渐渐从枯黄变成嫩绿，从嫩绿变成鲜绿，再从鲜绿变成碧绿……高高的芦叶之上，有几朵芦花在风中摇曳，不时飘出团团花絮。小溪上，长着两棵荷花，此时的它们，才刚刚被春姑娘唤醒，从水中探出尖尖的小脑袋，张望着、观察着这个世界。水里，许多条金鱼自由自在地游动着，时而沉入水底，时而浮上水面，时而藏入淤泥，时而跃向空中……它们颜色鲜明、大小各异，每条鱼都与众不同，当聚到一起游动时，就像一条五彩缤纷的巨龙，在水底腾飞。我随手捡起一块石头一扔，随着"啪——"的一声，鱼儿们四散而逃。

一眨眼，不见了。

完美

夕阳西下，又有一批新的香水月季来到了美丽的校园。与其他伙伴一样，被工人叔叔种在了花坛里。黄昏的微风轻轻吹拂着眼前的一草一木，被这景象陶醉了，同时也更加坚定了目标——成为校园里最美的风景。

第二天早晨，工人叔叔和往常一样，来给这些新来的小花浇水施肥。其他花儿吃饱喝足后又昏昏欲睡了，可你却不畏清晨的寒冷，奋力地将身子探到那柔和的阳光下，阳光照射到你叶片上的露珠，显得格外耀眼。在中午，香水月季又不顾烈日炎炎，努力地将自己的根插进更深的土壤里，以便汲取更多的养分。夜晚，又将一天收获的养分全部释放出来，帮助自己生长，拒不浪费一点……别的伙伴问为什么要这样，香水月季说为了更加完美！

功夫不负有心花，不懈奋斗了六个月，终于迎来了一生中最激动的时刻——绽放！赶紧把积淀已久的兴奋、喜悦、辛苦和汗水全部都在一刹那之间爆发了出来。叶绿得醉人，花红得耀眼！哪一个经过身边的人不被吸引，而蹲下身来细细观赏？简直成了"花中独秀"！可当别的月季取得了一点小成就而骄傲自满时，香水月季却觉得自己还不够完美，应该开得更美，所以又开始了新的努力……

三个月后的某一天，外校有一批老师来到校园参观。一位看上去很博学的老校长发现了香水月季，于是便俯下身子静静地观察，随后又转身对后面的老师说："如果我们的学生刻苦努力地学习，将来也一定会像这朵月季一样完美地绽放的！"

啊，其实是那积极上进的精神更加完美，这样的精神令人值得学习！

一颗果实的梦

清晨，初升的太阳给校园送来第一束金色的曙光，娇艳欲滴的月季伸了伸懒腰，花瓣上晶莹的露珠闪闪发光。"啊——"小金果们打着呵欠，迎接着第一束温暖的阳光。"妈妈，妈妈，我们长大后会变成什么呀？"长得最大的金果问。"你们呀，你们想变成什么？"大树妈妈和蔼地问道。"我，我想变成一只鸟儿。""我想变成一条鱼儿。""我想……"金果们七嘴八舌地回答道。一颗最小的金果说："我要变成一道风雨后的彩虹。"大树妈妈惊讶于它的想法，对它说："你的梦想一定会实现，你会变成一道最最绚丽的彩虹。"一个天真可爱的小男孩路过树下，他抬头望了望，一下子找到了那颗属于他的小小的金果。金果在自己的心里埋下了种子，在男孩心里也埋下了种子。

日复一日，年复一年。那颗最小的金果和它的伙伴们不断地茁壮成长着。小男孩也每天欢喜地跑到树下，来瞧瞧那颗小小的金果。直到有一天，雷电和暴雨来了，天空阴沉沉、灰蒙蒙的，雷电仿佛一下就会把房子劈成两半。金果们害怕极了，雨下得越来越大，雨水淹没了小径分岔的石子路，河里的小鱼儿慌忙地逃窜着。金果们摇摇晃晃地，渐渐地、渐渐地，好像快要掉下来了。那颗最小的金果努力支撑着自己的身体，咬着牙关，紧紧地抱着枝丫，任凭狂风暴雨的肆虐。有几次小金果眼看就要被风暴席卷而去，伙伴们一个接着一个地掉落，发出一声声凄婉地哭泣声，遍地都是支离破碎。可小金果心中有个声音响起来：有梦想的人，必须克服重重困难，经受得住风雨的考验，才能实现梦想。于是乎，小金果又浑身充满了力量，和风雨又展开了殊死搏斗。暴风雨终于过去了，筋疲力竭的小金果无力地抱着枝丫，沉沉地睡去。后来小金果做了一个美好而又香甜的梦：突然间，她觉得自己变成又大又红的金果子，挂在树枝上，拨开层层绿叶，在阳光的照耀下，熠熠生辉。慢慢地，慢慢地，她觉得自己离开了树枝，不断地、不断地飞向天际，美丽的身体顿时化成一道七色的彩虹，横跨在湛蓝的天空上。她俯视着人间，看见了那些落地的伙伴们，他们深情地看着金果彩虹，也许是他们在祝贺金果实现了梦想吧。她又看见了那个一直陪伴她成长的小男孩，他正向着彩虹竖起了大拇指，满脸的笑容像阳光一样灿烂。小金果开心地笑醒了。

雨过天晴，金色的阳光照耀着被雨水冲刷过的绿叶，小金果伸个懒腰，精神抖撒，沐浴着阳光，想着那个美丽的梦境，她坚信自己在不久的将来定会变成一道绚丽的彩虹，装点着这五彩缤纷的世界。

美哉，百草园

走进校园，很快就被那一幅幅充满童趣的图案——正迎风飘扬的数十只风筝吸引住了眼球。那是个阳光明媚的日子，我们好多人一起自由创意并绘制了这些属于春天校园里的风筝。风筝上不仅仅有五彩缤纷的创意图案，我们还书写了与图案对应的优美古诗词。是的，在这个快乐的园子里，我们的创想可以很幸福地自由呈现。

"哈哈哈……"一阵爽朗的笑声传入我的耳中，被快乐感染了的我循声而去。啊！原来是一些同学在百草园结伴玩耍呢！我不禁也兴致勃勃地玩了起来。钻山洞、闯植物迷宫、和大家一起追逐奔跑……其中，最让我感兴趣的便是闯植物迷宫了。左拐，右拐，前行，啊呀！这是个死胡同！退出来，右拐、左拐……就这样，找到了一个出口，再进去尝试，又可以找到另一条新的道路……是啊！"条条大路通罗马"！我不禁为自己锲而不舍、不轻易放弃的精神感到骄傲和自豪。

玩累了，我们惬意地在百草园中一边散步，一边欣赏美景。一年级的一些同学聚在水池边，一边观察水里自由自在游泳的鱼儿，一边戏水打闹着，真是一幅快乐无比的童趣画面。粉色的海棠花、夺目的紫竹、刚冒出新芽的石榴树……处处都呈现出校园里独有的春天的美景。其中，最让我叹为观止的要数迎春花了。小小的它有两层花瓣，虽然模样并不起眼，但那金灿灿的颜色好像在向所有的我们宣布："春天来了，准备迎接明媚的阳光吧！"再仔细观察这些迎春花的枝条。我不禁为迎春花的精神竖起了大拇指。它们顽强地生长在石头缝里。如若没有美丽的花朵，我们很有可能认为它们仅仅是一丛杂草。它们美丽的花朵背后是怎样的一种坚强的精神啊！

走出百草园，来到了东校门。只见开满了粉色花瓣的三棵花树矗立在花坛中。

风一吹,树上的花瓣缤纷地随风落下。瞬时,一场独一无二的花瓣雨便呈现在我们的眼前。"哇!好美啊!"我不禁赞叹。贪玩的性格随即被此情此景激醒了。我冲了进去,与花瓣"嬉闹"成一团。一会用手把落下的花瓣抓住。一会儿在花树下跳舞,落满一地的花瓣在我的舞步带动下也跳动起来……和花瓣一起舞动的我玩累了,便坐在花树旁,随手拿起校园里置放的"书箱"里的书籍阅读了起来。高尔基曾经说过:"我扑在树上,就像饥饿的人扑在面包上!"此时此刻,精神食粮的书籍让我如饥似渴地沉浸在知识海洋里……

美丽的校园!快乐的童年!

春·校园诗词大会

春,一个百花齐放的季节、一个生机勃勃的季节。春姑娘带着五彩的花篮,给枯黄的树枝添上了青翠的新绿,把娇嫩的花儿染上了五彩的颜色,使得大自然充满了活力。

在一个春光明媚、风和日丽的中午,同学们举行了"校园飞花令",每个班都开始了一场激烈而又欢乐的比赛。我们班决赛的题目是——月,许铭浩VS严冉,随着老师一声令下,许铭浩先背道:"小时不识月,呼作白玉盘。"严冉回他:"明月几时有,把酒问青天。""床前明月光,疑是地上霜。""野旷天低树,江清月近人。"……只见他们摇头晃脑,都深深地投入了各自的情感,却又针锋相对,经过好几个回合,也分不出胜负。全班同学都跟随着他们的吟诵,沉浸在了美妙的诗词世界里……

走进校园,我们展开了"为你读诗"活动,只见春意盎然的百草园里,在花坛旁边、在小树林里、在假山的岩壁上,都挂满了一幅幅描写春天的诗词。同学们一边欣赏着春天的校园,一边用诗词来形容这美妙的春色。瞧!那边的一幅画上,是我们熟知的《咏柳》:"碧玉妆成一树高,万条垂下绿丝绦。"河边那棵刚抽出青翠的嫩芽的杨柳,似乎在对着河面照镜子呢!"争花不待叶,密缀欲无条。"一股清香扑鼻而来，对！那是桃花，它从树枝开到树梢，不留一点儿缝隙，阳光下，好似几座喷花的飞泉。

夕阳西下，"春·校园诗词大会"落下了帷幕。通过这次诗词大会，让我领略了诗词的美妙，更让我体会到了中国古诗词的博大精深。让我们随着春天的脚步，一起来学习优美的古诗词吧！

一座范贤亭

我们美丽的学校有着迷人的风光。而最美的就要属校门旁的范贤亭了。

春天，亭子被一片绿树所环绕，这些树纷纷长出了嫩芽，好像一片片鹅黄色的羽毛。一挂一挂的紫藤花不知道什么时候开了一片片淡淡的紫色，垂挂在小亭子上，风一吹，芳香扑鼻。亭前的小池塘清澈见底，再加上周围高低错落的石头，把它烘托得更有诗意了。池塘旁，盛开着金黄的迎春花，它们都竞相开放，好像在欢迎春姑娘的到来，吹奏着春天的歌。

亭子边，我们的校花——香水月季开了，那花瓣十分梦幻，仿佛是仙女从天上扔下的绸带。花骨朵儿小小的，像一个个害羞的小姑娘；而已经开放的花朵香气扑鼻，像一个个自信的女孩，向我们打招呼呢！柔软的小草坪绿油油的，让同学们不忍心踩上去。各种小花尽力打扮着草坪，黄的、紫的、白的，似乎是被春姑娘的巧手绣在绿毯子般的草地上的。

范贤亭的一面墙上记录着学校的历任校长。啊！正是他们，引领着同学们茁壮成长，培育出了一批又一批实小智趣学子，让我们的校园更加美丽，更加辉煌……每当这时，我的心中总会燃起对学校的热爱之情。

在范贤亭旁边，安静地躺着一块大石头，上面刻着"端勤毅"三个金光闪闪的大字，表示着我们实小学子"端正、勤奋、果毅"的可贵精神，同时也激励着我们踏踏实实、勤勤恳恳，向着我们未来的目标奋勇前行。

我和小伙伴经常来到这里,有的同学蹲在地上,忙着收集掉在地上的紫藤花;有的小心翼翼地翻开嫩叶观察;还有的玩起了"溅水花"的游戏……如果你静下来,看着紫藤花一朵一朵飘落在镜子般的水面上,又是别有一番韵味!

美丽的校园,你拥有如此迷人的风光,我为你自豪!春日里,范贤亭上那一架紫藤花,将成为我记忆中永恒的色彩……

校园之春

春姑娘迈着轻快的脚步来了,她那婉转的歌声唤醒了古老而又年轻的校园。于是,各种春天的故事开始在校园绽放……春来了,春来了!小溪发出优美的潺潺声,花儿仰起它的脸庞,树儿展开了它的嫩叶。

百草园是美丽的,玉兰花姐姐穿着一身洁白的衣裳,和着风儿的节拍一起翩翩起舞。郁金香妹妹在太阳的照射下,仰起了她的笑脸。那棵巨大的成长树,树叶四季常青,多么美丽而富有生机呀!树下还有一圈圆形的椅子,我们常常坐在那里编织梦想。再看小河,河中一条条小鱼游来游去,可爱极了。小河旁边的童心迷宫,留下了我们许多欢声笑语。

我最喜欢的角落莫过于学校东门口那一片三叶草地了,因为我发现了它那独特的美。春天,三叶草地绿油油的,好似一块法兰绒,但不知你发现没有,在法兰绒中间,冒出了点点粉红。那粉红的花儿,虽小,但却是如此美丽,粉粉的,嫩嫩的,像个小姑娘,在绿叶的陪衬下更加妩媚。那一棵棵三叶草嫩绿嫩绿的,面向阳光,每一片叶子上都有点点阳光在跳动。这么美丽的风景,就像卡片上的图案,美丽动人。我最喜欢和小伙伴一起在三叶草地玩耍了,我们玩捉迷藏,还一起找四叶草。有一天,我和往常一样,和秦启嘉、徐跃洲一起来到三叶草地,忽然,欢呼声响彻云霄,我转头一看,原来是徐跃洲找到了四叶草!我们都坚信四叶草能带来好运,所以找到一株四叶草就特别开心。我低下头,仔细地在草丛中搜寻,忽然,一株四叶草映入眼帘，仔细数一数，正好四瓣，我惊喜万分，连忙把它采下来。

啊，校园之春，我爱你！我因有你而自豪！一想到我可以在这里度过六年时光，我真是无比激动。

那一湾春水

我们学校的百草园里，有小桥流水、假山和童心迷宫。其中，我们最喜欢小桥流水。

小桥流水，雅致动人。小河的水是从假山上的瀑布流下来的，你只要站在瀑布旁，闭上眼睛，听听那流水声，闻闻那淡淡的紫叶李香，一定会心旷神怡，抛开一切烦恼。河边的几株柳树抽出了新芽，每一片都细细的、嫩嫩的，带给人新的希望。春风中，柳丝摇曳，宛如亭亭玉立的少女在梳理秀发。一丛丛芦苇变绿了，在微风的吹拂下，个个都弯下了腰。一朵朵香水月季花也开了，红的、黄的、白的……姹紫嫣红，散发着迷人的芬芳。有的花儿含苞未放，像害羞的小姑娘，躲在绿叶身后不敢出来。百草园中央的那一棵成长树，阳光下四季常青，绿叶蓬勃，生命力十分顽强，校长妈妈为了让我们像成长树那样健康，茁壮成长，才种下了它，让它陪伴着我们成长。我们经常在成长树下乘凉、聊天和许愿，同学们欢快的笑声不时响起在校园上空。

春夏季节，我们最喜欢到河旁来找螺蛳。有些同学一吃完午饭，就来到河边，他们有的抓了几十只战利品，满脸自豪，欢呼雀跃，到处炫耀，有的小伙伴偶尔会不小心滑倒在河里，大家赶紧把他拉起。我也是"找螺队"的一员，我们时常找螺找得忘了时间，害得老师经常批评我们没有时间观念，但这并没有影响我们找螺蛳的乐趣。

我们还经常坐在小桥上写生，用五彩的画笔描绘这动人的风光，也画在了我们的心间。

一眨眼，我在这个美丽的园子里已经四年了，我还将在这如诗如画的校园里度过愉快的两年时光。那一湾春水，带给我多少童年的欢乐！

春在百草园

四年前，当我踏入这片校园时，我的心仿佛被磁石给吸住了，这片校园太美了，青砖、粉墙、黛瓦、高低错落，静静地立于闹市之中，古色古香，又年轻时尚，别具一格，它的一砖一瓦无不透露着淡雅的风格，无不印证着实小园丁独特的精神追求，让人自然地在内心升起一种亲近感，自豪感。在这美丽的校园里，我最喜欢百草园了。

百草园在三味书屋的前面，它真的很美，四季都有不同的景色，尤其是春天的百草园更是美如画，让人流连忘返。园中的花都开了，有黄色的，有紫色的，有红色的，色色俱全，五彩斑斓。假山蜿蜒起伏，是同学们避暑和捉迷藏的好地方，假山的右边是迷宫，是同学们观看绿芽成长的好去处。假山左边是花园，里面有小桥、流水、小道，是同学们休闲散步的场所。假山上的爬山虎绿绿的，从山顶一直顺延而下，像一条条绿色的瀑布。每到中午，百草园就热闹起来，成了欢乐的海洋，同学们三五成群，有的在写生，有的在观察，有的在草地上奔跑……

我爱百草园，因为它还是我和许文渊友谊的诞生地呢！

那年春天，吃过午饭，我独自一人来到百草园，阳光透过树叶洒下斑驳的光影，微风吹过，绿油油的小草随风而动，显得那么卑微，我不禁想起鲁迅的名言，随口诵道："横眉冷对千夫指，俯首甘为孺子牛。"言未落，身后响起了掌声，我回头一看，是我们班新转来的同学许文渊。我笑了笑说："许同学，你也来玩啊！"他调皮地眨了眨眼睛："然。"我问："君喜鲁先生文？"他答："然。"我不禁问道："吾与君志同道合，结为好友，可否？"他终于对不上来了，露出腼腆地一笑，只好用白话文说："好的，好的，多一个朋友也好！"于是我们一起谈鲁迅，谈军事，谈理想，指点江山，激扬文字……从此，我和许文渊经常相约百草园漫步、读书、写生，成了形影不离的好朋友。

春天的百草园春意盎然，万物生长，我爱这个美丽的园子！

美在实小

春雨褪去了冬日的严寒，春风悄悄地拂过我们的校园，我们实小顷刻间暖阳倾洒，嫩芽蒙绿。

每个暖意融融的午后，我都会约上三五个同学来到呼吸大道上，我们尽情地赏着美丽的花儿，欢快地跳着格子，随手捡起一些落叶，然后一挥，任他们在空中自由飞舞。

"古有神农尝百草，今有实小研百草。"百草园里早已生机勃勃，春意盎然。同学们时而在百草园里嬉戏玩耍；时而小心地捧起花骨朵，仔细地研究着它们的花瓣、花蕊……远处的迷宫，飞流而下的瀑布雄伟壮观，清澈的溪流里游动着可爱的小金鱼，茂盛的成长树下我们常常坐在那里许愿……同学们总是玩也玩不够。

从百草园到三味书屋又是一番情趣，三味书屋里摆放着各种书籍：历史、文学、侦探、古诗词……多少个午间，我们尽情地在书的海洋里遨游。在这里，每一天都上演着温暖的故事。有一次，轮到我们班购书，大家看书的看书，购书的购书，各司其职，我负责收钱和找钱，可到了最后，大家都买好了书，对账的时候，却发现少了二十元钱，正在大家一筹莫展、不知所措时，肖妹童慷慨地说："我这儿正好有二十元，这是我妈给我的这个星期的零花钱，给你们填上吧！"说着，就从口袋里掏出二十元钱给了我们，我们都不想接受，她看着我们不收，就急了，又说道："你们收下吧，这是我自愿的。"听了她的话，我们很感动，同时也对自己工作失职愧疚。在三味书屋，我们不仅闻书香品好书，而且学会了诚信，懂得了责任和感恩。

这样的温情故事每天都在我们实小上演着,让我们的心灵更加温暖而充盈。哦,我们实小不仅景美,更美的,是学子那金子般的心灵。

百草园之春

我喜欢校园的各个角落,但我最喜欢百草园,那里有我很多的回忆。

记得是今年春天,一个午后,阳光正好,我、缪子铃和冯可轩一起漫步在百草园寻找春天。春姑娘迈着轻盈的脚步来到百草园,而我和小伙伴们一边蹦蹦跳跳地走着,一边带着灿烂的笑容进入百草园。清澈见底的小河里,有着一群群可爱的小金鱼,池塘边上栽着美丽的迎春花,翠绿的迎春花枝条上开满嫩黄色的花朵,多么像用黄金做的小喇叭在吹奏着乐曲。小伙伴们一起凑向前闻着略带清香的"小喇叭",香气清爽宜人、沁人心脾,扎进你我的心间,馋得让你大口大口地吸气品香。踏上小桥,赏景的同时,谈笑风生,讲讲故事,也是那么美好。雪白透着淡绿的梨花开了,缀满枝头,楚楚动人,小巧玲珑的花儿很是可爱:有的还是花骨朵儿,在害羞着;有的只展开了一半的身子,仿佛一个花型小杯子;还有的全部都舒展开了,像白粉相间的小太阳,在阳光的照耀下正对着阳光姐姐微笑着。风一吹,梨花雨下了起来,我们伴着梨花雨用优美的舞姿来赞美它们,花儿们仿佛也愉悦地展开了灿烂的笑容。各种花草树木的嫩芽宝宝都探出了脑袋,它们迫不及待地想看看春天有多美,有多么的温暖惬意。春天里,观察每一样花木都可以给我们带来美的享受。

在陪伴我们茁壮成长的高大而又四季常青的成长树下,许下你我的心愿。在圆长椅上写生、读书,一切都是如此美好。童心迷宫,是能给我们带来欢乐神圣的地方,只要你进入,一定会陶醉其中。在假山中爬玩、乘凉,居高临下,远眺校园风景,又是一番景象,令人回味。

春天的百草园很神奇,在你失意时来到百草园欣赏美景,你就能忘记一切烦恼,立刻带给你精神与力量。我喜欢春日的校园,愈加喜欢百草园之春,我将在这里度过六年的时光,我会和百草园结下深厚的情谊。

爱在百草园流行

春天乐呵呵地来到了我们的校园,给校园增添了生机和色彩。

春天的校园里,温暖的阳光洒在小朋友们身上暖洋洋的,舒服极了。绿绿的大树为我们提供了新鲜的空气,深吸一口气让人心旷神怡,春天好像是一位会魔法的仙女,在原来光秃秃的树枝上变出几片嫩嫩的树叶来,真神奇,接着又有几片出来了。

校园是多么的美,但我尤其喜欢百草园。百草园是校园中最美的一处风景,同学们都来百草园嬉戏玩耍,这里有同学们喜欢的童心迷宫,它是用许多竹子编织而成,我们在这里捉迷藏玩得可高兴了!一会儿穿到这儿,一会儿穿到那儿,小伙伴们像花丛中翩翩起舞的蝴蝶,自在飞舞。童心迷宫的左边是假山,一条瀑布从山上流下来,溅起了一朵朵小浪花,让我想起了李白《望庐山瀑布》里的"飞流直下三千尺,疑是银河落九天"。池中有一条条活泼可爱的金鱼,金鱼们在水中快活地自由穿梭,它们身上的鳞片,在阳光的照耀下闪闪发光。周围都是各式各样的花儿,有粉色的海棠花,有各种颜色的郁金香,还散发出淡淡的清香味,每次我都要忍不住走近观察它们。池塘的旁边是一株高大粗壮的大树,校长妈妈为我们栽下,并取名为"成长树",因为它一年四季常青,更添了勃勃生机,校长妈妈想让我们像成长树一样,坚忍不拔,快乐成长!

百草园给我们的学习生活留下了美好回忆。记得有一次,我吃完午饭后,到百草园散步,闻着花儿的香味,听小鸟在枝头歌唱。突然听到,一个低年级的同学坐在草地上哭泣,我急忙走过去扶起她,为她拍拍身上的泥土,然后问:"同学,你怎么了?"那个同学揉着泪汪汪的眼睛说:"大姐姐,我刚刚吃完饭散步到这儿,突然,冲出一个男生把我绊倒了,可他头也没回就离开了。"说着又哭了起来,我看着她磨破的伤口说:"小妹妹,别哭了,你在这儿等会,姐姐帮你处理伤口。"我跑上楼拿消毒水和创可贴下来,帮她涂上药水,贴上创可贴后,那个小妹妹笑着对我说:"谢谢姐姐,我回教室了,再见!"我笑着对她挥了挥手。

春日里,爱在百草园流行……

这几年,那棵树

第一次走进校园,我与周子煊的第一次相遇,第一次的打招呼。从此以后,我俩便成了形影不离的好朋友。仿佛60年前就认识了,也确实这样,我俩的外婆是同学,我俩的妈妈也是同学,我俩不就是60年前认识的了么。

入校的第一个春天,我们在百草园快乐地玩耍着。绿油油的草地好似一卷碧绿的毛毯,多想躺在草地上打滚呀!突然天下起了蒙蒙细雨,我拉着周子煊的小手跑到成长树下躲雨。成长树张开宽广的手臂,为我们遮雨挡风。我们被成长树保护着,身上一点雨都没淋到。成长树是那么高大,宛如一个巨人,守护着校园的安宁。那时,我们是成长树的影子。

第二个春天,我们来到百草园,那里的花儿竞相开放,美丽极了!我望见成长树的叶子愈发茂盛,好像一把翠绿的大伞。我们走到成长树下乘凉,我无意间发现成长树好像比去年小了一点,于是好奇地问周子煊:"为什么成长树变小了呢?"她笑了笑说:"那是因为你长大了呗!"我"咯咯"地笑起来。那时,我们有了自己的样子。

第三个春天,我们来到成长树下。因为我们有点小矛盾,又不好意思向对方道歉,便在成长树下背对背,谈谈心,聊聊天。那时,我们都已经有了一双隐形的翅膀。

今年春天,我和周子煊再一次来到百草园,这次我们不为什么而来。只是来看看成长树,却发现成长树已经遮不住我们了。这时,我们仿佛可以自由飞翔了。

时光总是匆匆。四年来，我俩有福同享，有难同当，成了一对快乐无比的好朋友，也与成长树建立了异常深厚的感情。成长树见证了我们的友情，我俩定会是一辈子的好朋友！

校园里那道最美的春景

春天来了，校园里的花都露出了开心的笑容，黄的、红的、粉的、白的……开得好不热闹，蝴蝶在花丛中来回飞舞，树儿们也抽出了绿芽，鸟儿在树上欢快地歌唱……顽皮的春孩子还经常要搞搞恶作剧，时不时地下场雨。

这天，奶奶送我去上学。我迎着湿润的春风走在路上，突然雨点儿落了下来，还好，奶奶带了把伞。当我在奶奶的保护下走到校门口时，一个小男孩像闪电一样，从我身旁飞快地跑了过去，雨水"吧嗒吧嗒"打在他身上，他不禁用手抱住了头，脚步慌张，像打了败仗的逃兵似的。就在这时，一位优雅的女老师动作麻利地从一个竹筐中拿出一把粉色的伞，"蓬"的一声撑起伞，跑去给那个小男孩。小男孩愣了一下，接过伞，双脚并拢向老师敬了一个庄严的少年队礼，说："谢谢老师！"声音中透着感激，小男孩撑着伞，蹦蹦跳跳地向教学楼走去。"嗒嗒，嗒嗒"的脚步声仿佛是一首欢快的歌儿。

此时学校已经被茫茫烟雨笼罩，那把粉色的伞在烟雨中蹦跳着，像在春天里盛开的花儿，那是最美的花儿，也是校园里那道最美的春景。

校门口的"仪仗队"

春天，靠近大操场的花坛里一下子开满了许多美丽的郁金香。在春光的呵护下、在雨露的滋润下，这些郁金香有的含苞欲放，有的已经完全盛开，正在争奇斗艳。

一天早上，太阳从东方地平线升起。我比平时早到学校，路过花坛时，粉色的一片、紫色的一片、黄色的一片，还有红色的一片，郁金香像奥运会开幕式的"仪仗队"似的，一下子映入了我的眼帘。我不由地停下了脚步，和郁金香来了一次亲密的接触，蹲下来低头闻了闻，怎么没有一点香味呢？这时我突然想起爸爸曾经告诉过我"花艳不香，香花不艳"这个常识，难怪呢，这么美艳的花不香是正常的呀！

也许是昨晚的露水还没来得及干，郁金香嫩绿的叶子上都沾着几滴晶莹的露珠，轻轻一碰，都洒落了下来，沾到我的手上，凉丝丝的。笔直的茎秆上面便是形状像"红酒杯"一样的郁金香花朵，数了数，每个花朵由五六片椭圆形的花瓣交叉组成，仔细看看，它又像一个王冠一样，上面的露珠就像王冠上的钻石。早晨，在阳光照耀下，这些露珠闪闪发光，显得格外美丽动人。突然，花朵晃动了两下，几颗"小钻石"合并成了一颗大珍珠镶嵌在亭亭玉立的郁金香上，给郁金香增添了几分色彩。

我起身往教室走去，有点依依不舍。回头再看一眼那片五彩缤纷的郁金香，只见它们笔挺整齐地站在路边笑开了颜，这丛漂亮的"仪仗队"在校门口欢迎着每一个同学的到来。

春之舞曲

当寒冬踏雪随风而去，美丽的春姑娘便迫不及待地踩着轻快的节奏娇俏地走进了我们的校园，校园里顿时发生了翻天覆地的变化——阳光明媚，绿草如茵，香气扑鼻。我悄悄地告诉自己，千万别辜负了这大好的春光，趁着休息的时间，赶紧去欣赏一下春姑娘谱写的动人旋律吧！

来到百草园，顿时一阵清香扑鼻而来，瞧，那是身材娇小、穿着嫩黄裙子的迎春花在和我打招呼呢！在绿色枝条的映衬下，她是多么的可爱、俏丽。我正想凑上去闻一闻她的芳香，弯腰一看，只见迎春花枝条下方的水塘里有两条可爱的小蝌蚪，正摇摆着它那黑色的短小尾巴，在小水塘里欢快地嬉戏着，旁边的两条小金鱼呆呆地看着小蝌蚪，仿佛静止了一样，是不是在想：这黑乎乎的小东西，是哪儿冒出来的？怎么和我们不太一样呢？

　　一旁的假山上不断有水在流淌下来，敲击在石头上，发出"叮叮咚咚"的声响，甚是悦耳。池塘的水清澈见底，我忍不住去捧一把，清凉透顶，真是太爽啦！

　　放眼望去，大操场上一片青绿，走近细看那嫩嫩的、绿绿的小草，听，它正在努力地冲破黑暗，钻出大地；闻，淡淡的青草香正一点点渗入你的心田。伸手一摸，还有一点痒痒的，多么有朝气啊！在校园各处水分充足的土地上，各种不知名的小草和其他植物已长得较高，软软的，真显眼，真惹人喜爱。

　　春天来了，万物复苏，百花齐放，百鸟争鸣，给校园带来了生机勃勃，真好！春天来了，我也告别了原来的学校，来到了这所更加先进、新型、美丽的校园。更多的旋律等着我在这里谱写，期待在接下来的每一个春天、夏天、秋天、冬天，书写出更多美妙的故事！

春光中的成长

　　春风柔柔地吹拂着我的脸庞，我轻轻走过百草园的成长树，发现树上长出了许多嫩绿的新叶，在阳光下油光闪亮、神采奕奕。我不禁想到在多少个春夏秋冬里，成长树经历了多少风霜雪雨，如今树干却能粗壮挺拔，树叶焕发勃勃生机，像一个勇敢的战士守护着我们美丽的校园。他的这种坚忍顽强让我想到了最近足球友谊赛中队友的身影。

　　那是我们班和四（3）班足球比赛的前一天，由于我们刚刚输给了四（6）班，队友们的士气低落，有的很不服气，有的垂头丧气，有的不想再踢了……比赛的时间已经确定，是放弃还是拼搏？我们开了个小会，讨论如何应对，结果一致决定再试一试，拼一拼，同时决定放学后强化训练。那天，我们放学后一直训练到5:30，虽然累得真想躺下，但队友在一起的协同合作，互相加油鼓励，心里真的很开心。

比赛那天，我们个个精神抖擞、热血沸腾，像是准备奔赴战场的勇士。比赛开始了，足球在我们的脚下东奔西突，一会儿，球滚到了我的脚下，我正准备往前冲，突然一只脚映入我的眼帘，我还没反应过来，球已经在我的眼皮底下消失了，我又着急又气愤，心想："煮熟的'鸭子'竟然飞了，我一定要把它抢回来！"我朝对手冲去，准备夺球，谁知他却来了个180度转身，右脚往回一勾，一个假动作晃过了我，还把球传给了他的队友，技术真不赖啊！只是他的队友技术有点不过关，竟然没控住球，我方队友眼明脚快，冲上前，截住球，顺势把球踢给了我，真是"踏破铁鞋无觅处，得来全不费功夫"！我赶紧控球、传球，进行下一轮"厮杀"……我们挥汗如雨、腿脚酸痛、气喘吁吁，我们坚持左突右冲，攻入对方"营地"，最终我们以0∶0的成绩成功守住上半场，虽然没有进球，但也心满意足，因为我们的顽强坚守。

和暖的春风徐徐吹拂，吹过草地，吹过花圃，吹过高大挺拔的成长树。成长树随风发出沙沙的声音，好像在说："春天是生机勃勃的季节，只要去努力去拼搏，一切皆有可能实现！"

校园春光

春天的校园朝气蓬勃。春光下，校园里的每个角落都弥漫着爱的气息。

春天绽放在每个同学的笑脸上。追寻着同学们的足迹，我们常常会来到范贤亭，旁边的紫藤架上挂满了紫藤花。远远望去，朦朦胧胧，好似一片淡紫色的花海。瞧，那一朵紫藤花真小啊！绽放在同样小小的枝蔓上，被一丝细如纤发的枝条系在空中。藤蔓间那点缀的紫藤花，犹如仙女沉睡，发出幽幽清香，令人心旷神怡。看，那一只只较小的紫藤花，仿佛是一只只在微风中飞舞的紫蝴蝶，晶莹剔透，活灵活现，又好像是一串串风铃，奏响了清新小乐曲。那些紫藤花，一朵接着一朵，一串连着一串，数不胜数，美不胜收。

　　沉浸在这美丽的春景中，我看到了一幕又一幕胜似春光的风景，就如这范贤亭里每一位前辈一样，值得我们学习。

　　记得有一次，我去范贤亭散步，无意中，我看到了一位低年级的小朋友不知道拿着什么东西，在玻璃上摩擦，我心里想：这个小家伙又在破坏公共财物了。于是我一个箭步冲到他的身边，正当我要阻止他的时候，我看见他手里拿着一块白色的抹布，上面沾满了灰尘。原来他是在给范贤亭"美容"呢。顿时，我羞愧难当，与此同时，我也为实小有这样的学子感到自豪。当我抬头再次看到橱窗里那些贤能典范时，我感觉此时的校园春光分外明媚了。

　　啊！春天给校园带来了生机，春天给我们带来了快乐，春天给我们创造了优美的学习环境！我爱春天，更爱这如诗如画的校园。

第六章　学校生活：打开边界

人生是无限可能的艺术，每一个人，都是"无限可能"的个体。一座打开围墙办学的校园，帮助每个儿童、每个教师，打破自己的界限和认定，跳脱出"框架"，实现打开边界的学校生活。

无论世界发生怎样眼花缭乱的变化，校园里能流动的，应该永远保持阅读力、思想力、创造力。当我们回归校园生活本真的积极意义时，我们发现，打开思路，打开空间，打通学习与生活，以特定环境的多样性、资源的丰富性及其发展价值来支撑，就会让学校生活的本质价值回归成为可能，突显童年生活应有的美好样子。

我们，打开并新建物理空间，发现并重塑认知空间，发掘并整合各方资源，从中找到全空间、广关联、有深度的开放学习和活动的实现路径。一本书怎么读，一棵棵树如何重新定义价值观？一个场馆怎么建构，一个个课程如何蓬勃生长？一段时空怎么重构运用，一个个梦想如何被看见被赋予生长的原动力……

因为预见，所以看见；因为遇见，所以行动。学校生活，童年生活，走向无边界。

第一节　原来世界是一本书

人生有一段时光，当我们拥有它的时候，一日、一时、一刻都不想离开，这段时光的名字就叫阅读，这个世界的原本就是一本书。一个全面阅读的学校，最为美好；一个喜爱阅读的人，最为幸福。

从书房来了到书生来了

每个人心中都有一本书，林肯一辈子读《圣经》，白岩松认为给他带来最深刻影响的是《道德经》。阅读是我们经常且反复谈论的话题，如果说童年有许多神秘的线索，决定着他的未来，那么阅读一定是非常重要的那一根线索。

实验小学一直以来做的最重要的一件事，就是阅读。

这是一份不完全的数据统计：

阅读空间：生日书吧 119 个；角落阅读 13 个；私人定制书柜 136 个；

学生原创书：290 本；

阅读思维导图：2 816 份；

阅读小达人：300 名；

参与阅读的家庭：5 405 个；

近两年诚信购书：37 006 册，购书金额 73.9 万。

阅读氛围的营造依托的是一间间不断生长的书房。

"三味书屋"是一个起点。2012年，书屋落成于学校百草园的西北角，花格窗，小廊道，一溜儿青砖细瓦，有人说，这是"中国最美的小学图书馆"。书屋刚刚落成的时候，因为学生众多，孩子们只能轮流着到书屋阅读，在刘慧校长的倡议下，每个班级里又成立了一个"生日书吧"，孩子过生日，家长给孩子送上一本"生日书"，书房在教室扎根。

时光晕染，一座座大大小小的书房拔节生长：

2013年，我们遇见了"最美的光阴"教师读吧。每一天，"最美的光阴"打开门，都有为你准备的一场读书沙龙。"三点读书"旁开一枝，所倡导的不仅是读书过程中，个人的孤独探索，更是一种集体的文化向度。

2014年，"钟摆小书"阅读小站驻扎在校园里各个楼梯转角，一个一个孩童，一本一本小书，来来往往，回环往复，孩子们在那里读书，仿佛就跌进了爱丽丝梦游仙境的小树洞里。

2015年，校园一个面积不大的中庭里，绿草花影点缀，红色英式电话亭，那是"旧书奇缘"发生地，英伦式棕绿大伞、酒红色阳光雨篷下，透漏的阳光，点点烘焙着书香。

2016年，"世界的书"读书小站落成于紫藤架下。认识一个国家，就从这个国家的一本图书开始；认识一个世界，就从触摸这个世界的书开始。

2017年，在银杏叶子飞舞的日子，一座名为"一亩花田"的书房，带来了诗与远方。夜幕降临，一盏盏读书灯下，一群青年教师在这里夜读成长。

实小的园子里，一种叫书的植被欣欣向荣。书房，在一间一间的生长，我们永远预留着不期而遇的空间。

阅读不局限于时间和空间，书房也从学校生长到家庭。书，无疑是精神之灯盏，但是，阅读首先要解决的是"读什么"的问题。基于对家庭阅读长期以来的观察以及问题反馈，学校设计了层次丰富的指导方案。首先，学校从专业的角度、学生阅读发展的需求出发，为1~6年级学生精心挑选了必读的经典书目，按书名、作者、类别、推荐理由进行了列表式设计,为学生阅读的有效开展提供了一个基础性的、普适性的支架。其次,不同层次的记载表给予操作层面的支撑:"每天坚持阅读三十分钟",学生每天坚持阅读30分钟,就可以为一朵香水月季涂色,365朵香水月季,记录的是学生365天坚持阅读的时光;"每周一次亲子阅读互动分享",以一张互动单为载体,从"讲故事、阅读摘抄、绘制思维导图、其他方式"等多个角度给了家庭选择性评价方式;"读完一本书的记录"鼓励学生每读完一本书,进行表达,给每一本书找一个出口。

读书就像一场奇幻漂流,在阅读中,每一个学生都可以在学校和家庭的引领下奔向万水千山。

推动阅读,点燃一个个挑灯者是一件点亮童年的美丽的事情。就像一棵树摇动另一棵树,一朵云推动另一朵云,一盏灯点亮另外一盏灯。教育的目的不是为了让孩子成为"考生",而应该让孩子成为"书生"。"阅读排行榜""一卷春风"阅读大会……一场场有关读书的思想运动,让有意义的读本都活起来。

这是一个"小书生"的成长故事。吴沛泓,在首届"阅读排行榜"中冲进前十名,是"阅读的挑灯者"。二年级的时候,每天上学,他最艰难的选择是挑书,往往把一串书在沙发上一字排开,点兵点将,点到哪本带哪本。这些书借给同桌或坐周围的同学。四年级时,学校圣诞义卖,他一下子带了上百本书,晚上,霜降了,他回到学校用尼龙纸把布展好的书遮盖好,第二天,还悄悄地带上了妈妈的香水,把书上洒了个遍,穿行在书丛间,不仅有书香,还有香水味。五年级,西班牙小说《奥斯维辛的小图书馆员》点亮了吴沛泓的心灵:14岁的蒂塔是集中营家庭营地的小图书馆员,以生命守护着8本书,直至二战结束幸运获救,这8本书,给孩子们黑暗的人生投下一抹光亮。他开始一书包一书包地往班级运送书籍,善解人意的老师就在班级里给了他一个专属书架,支持他阔阔气气地大干一场。一次思维导图比赛,他们班级绝大部分同学画的导图就是他推荐的图书,这让他特别有成就感。

如今,他像小动物储存粮食一样地收藏好书,并且开始了名为"一本书"的定制课程，概念是每个人心中都有一本他非常非常喜欢、想把它介绍给别人的书。他说每周给同学们推荐一本他的藏书，意义不是为了书，而是为了激发同学对于一个更大世界的向往。

他不是班上阅读最多的孩子，但在评选中，班级同学都推荐了他，因为在同学们心中，他一直在给大家输送精神的食粮，在班级中点亮了一盏"读书灯"。更可贵的是，在他的影响下，越来越多的"小书生"加入"点灯"的行列中来了。

当一个个孩子成为阅读的推动者，一所学校的阅读才算是真正的开始。虽然说读书从什么时候开始都不晚，但是，推动阅读这件事还是越早越好，小学最重要的就是要唤醒读书的兴趣，培养出读书的习惯。让每一个孩子成为"挑灯者"，照亮自己，也照亮他人。

阅读，一卷春风

读书，其实是校园里最自然的事，如同呼吸一样。阿根廷作家博尔赫斯说过："天堂应该就是图书馆的模样。"是的，校园，就应该书声琅琅，书香四溢。有了书房，就形成了一个个彩色的书场；有了形形色色的阅读活动，童年就有了色彩。

每一个书场里，一期一期如火如荼地开展着各种创意阅读活动。"分享，阅读的温度"好书推荐活动、"读《不一样的卡梅拉》，成就与众不同的自己"创意阅读活动、"我与书本比身高"创意阅读活动、"一卷春风"阅读大会……学生推荐书柜、私人定制书柜和原创书柜是特色阅读活动，由各班孩子推荐最有意思的主题书籍，汇聚在一面书柜上，交流分享，每次推荐主题不一样，有"漫画的世界""动物王国""为你读诗"等，不同的主题，相同的目标，孩子在有声有色的阅读活动中成长、收获。

"一卷春风"阅读大会

依托"阅读灯"项目,给孩子们一个坚持阅读的支撑,给家庭一个亲子阅读的时光,给孩子们一个美好的阅读童年。在阅读大会上,各校区的学生纷纷亮出自己的书单和阅读成果进行阅读冲榜,根据自己的阅读书目,进行各种分享:摘抄、讲故事、思维导图等。活动中共有2 000多名学生进行了阅读思维导图的绘制,评选出300位阅读小达人,并展示了自己的"三味小书房",跟大家分享了自己的阅读故事。

"光影流转 品味经典"——经典电影阅读

一场电影,落一地花,从微观小世界到地球大视野,在充满欢声笑语的课堂上,孩子们在"润物细无声"地成长。晨会课上,孩子们滔滔不绝,讲述科幻奇遇:《鲁宾逊漂流记》《吹牛大王历险记》《木偶奇遇记》《哈利·波特》……一次次的探险,一次次的奇遇,一次次的曲折,孩子们学会了遇到坎坷与曲折该如何机智的应对;每月一次的佳片有约:《星际穿越》《奇迹男孩》《查理和巧克力工厂》……这些经典的影视作品无论是从视觉效果还是情节上,都给孩子们带来了全新的感官。

"遇见科学、预见未来"科幻主题阅读

儿童时代是人一生中想象力迅速形成和发展的高峰时期,培养儿童丰富的想象力比以往任何时候都显得更加重要,更加迫切。以激发儿童想象力为核心的科幻主题阅读,旨在把儿童天真的思维方式、大无畏的童心、创新开拓的精神引入学生阅读学习中,给予学生宽阔、自由的想象空间,以此来充分激发学生的想象力,满足他们探索未知世界的需求。

学校给各个年龄段推荐了不同的科幻阅读书目,班级的"生日书吧里"增添了不少的科幻类阅读书籍,课后孩子们三个一群五个一伙,利用闲暇时光翻阅着、感受着科幻给生活、给世界带来的变化;三味书屋内科幻书展、观看《流浪地球》

《查理和巧克力工厂》等科幻电影；低年级科幻故事大王，中年级科学幻想剧（课本剧），高年级孩子还阅读起了英文版的科幻小说，中英对照双语学习两不误，进行科幻小作文创作，学生们对未来的世界进行大胆合理的科学幻想，天马行空，创编故事……大家在交流中学习，在学习中竞争，在竞争中进步，形成良好的读书成长闭环。

三味讲堂——"作家进校园"

"三味讲堂"初开张之时，本土文学大师任文浩应邀参加了揭牌仪式，并跟孩子们一同阅读了曹文轩的经典著作《草房子》。"一个人其实永远也走不出他的童年。"从书中这句话开始，任大师和孩子们娓娓道来，关于作品、关于阅读，"优秀的作家懂得掌握节奏，在作品中控制自己的情绪。""《草房子》这部作品里的每一个人物都满含着人性的高贵，人生固然有困苦艰难，但即使在生命的低谷之时依然有它昂扬的一面。""通过作品中人物的姓名能走进每个角色，发现作者创作故事时隐秘的动机……"从作品的内容到人物的性格，再到作家的写作特色，在这场文学的盛宴中，孩子们入了迷。

一位位优秀的作家被邀请至校园，跟学生进行了一场场思想四溢的分享。

至今已邀请了梅子涵、曹文轩、杨红樱、保冬妮等多位著名作家进校园与学生面对面互动，给学生做专题阅读讲座，与学生共读经典作品，带领学生走进作者内心，了解书本背后的故事，体会作品丰富内涵。通过交流、互动等形式，提高了学生阅读质量，拓展阅读外延。

"我的世界是一枚果实"原创书

就像一束光亮，每一个走进"三味讲堂"的人都在用书香点亮着孩子们思想的灯塔，孩子们遇见书，走进书，喜欢书，以至于纷纷开始写自己的书。从内化到产出，"我的世界是一枚果实"30本原创书是"儿童定制课程"模块下物化的产品。梅子涵先生为这些书写了序，曹文轩先生题词：书书成阶，步步登高。对于孩子们来说，这30本原创书意义非凡——这是第一本属于自己的原创书，第一次获得版权认定，第一批被张家港市档案馆、图书馆收藏的小学生作品。这些原创书籍将永久收藏在实验小学的三味书屋里，与世界各国大师的作品比肩。这也是三味书屋的镇馆之宝。以后的每一年，第二季第三季原创书也已经像绿树繁花一样，满园生长。

…………

校园，有一种美，那是书香之美。校园，有一种美，那是在弥漫的书香中不断地生长之美。苏霍姆林斯基说："一所学校可以什么也没有，但是只要有图书馆，就可以称之为学校。"我们说，读书，是最美的姿态；阅读，是一种生活方式。

青年夜读——让读书自己从时间里流出来

"我画画倒不很用功，真用功的是读书。"这是"书画怪侠"、著名作家、画家黄永玉先生在《关于我的行当——艺术与文学的关系》采访稿中的口述。读书于每个行当，尤其教师这个行当，应该都是"真用功"的。

刘慧校长来到实小，带领团队倾力打造了"小径分岔的花园"，不仅是自然的花草虫鸟、山石水月，更是要用书香酿造这座园子的底蕴和灵魂。

一年年，书房在实小不断生长：三味书屋、生日书吧、教师读吧、钟摆小书、旧书奇缘、世界的书……读书，其实是校园里最自然的事，如同每一个轻轻地呼吸。实小青年教师们在"端、勤、毅"的熏陶下，找到了"优、雅"教师成长密码——阅读。又一个春风沉醉的晚上，一群青年来到"一亩花田"，种桃种李种春风，诞生出"青年夜读"——实小园子里的"青春说"。

一群年轻的力量，相同的爱好，固定的时间，提前的深度阅读，现场的大声朗读、分享交流、思维碰撞，呐喊出教育心声……

"夜读"的缘起其实很寻常。从 2017 年开始,青年教师自发组成了"青年教师夜读团队",利用下班后的时间,大家聚在一起读书,不拘泥阅读形式,共读一本好书、导师推荐书单、案例分享交流、阅读微演讲。在阅读积淀、思维碰撞中,表达最真诚的爱,领悟教育的温度,表白最勇敢的心,遇见精神明亮的教育生活!

"夜读"的形式不需要拘泥。与书的缘分,就是你和世界的缘分。"昨日邻家乞新火,晓窗分与读书灯"。书,是精神之灯盏。一年多的时间,至今已开展了 34 期夜读会,近 600 人次的参与,青年教师们、阅读导师团队、领读者们,先是读专业的书籍,大家从一本书找到夜读关键词,继而打开阅读的视野,让思维沸腾,去领悟教育的深邃。

除了专业阅读,还有拓展人类文明精华的书籍来阅读,包罗万象,目的是锻炼自己的表达能力。青年教师们尝试迅速把阅读转化为演讲能力、概括力、思想力,给语言赋予色彩和质感,让语言有感染力地表达出来。

"夜读"有以下几个流程:(1)夜读暖场活动;(2)精彩原文片段朗读;(3)交流分享、思维碰撞;(4)话题延伸、案例分享;(5)领读者、导师团队进行答疑解惑、读书指导;(6)下期夜读活动预告。

"夜读"中,大家共读一本好书,通过生动丰富的朗读、发自肺腑的育人案例、真挚热忱的分享交流等,形成"苏格拉底"阅读氛围;聘请名家、名师、导师团队推荐"阅读书单",博览群书,从书中寻找智慧与动力;分享交流、思维碰撞,读思结合,发出最有感召力的教育声音。

谁是"夜读"成员?青年教师团队,那是 30 周岁以内的青年教师;领读者团队,由三校区人员组成;阅读导师团队,各校区公认的"读书达人"们。

"夜读"的成果是夜晚开出的丁香花。

读书手记:读书留痕、阅读摘抄、读书笔记、阅读心得、思维导图等等。即使青年们是互联网的原住民,纸质的温暖和踏实,也是我们的向往和行动。

"苏格拉底"读书场:每月一期的读书会,通过新媒体——"青春说"有声微信，发出最教育的声音。

"夜读"的青春说，让你的视角改变，世界从此不同。一回回灯下读书，一场场朗诵会，实小青年教师"夜读"的力量，如同十里春风，吹拂着青年教师的点点滴滴，带来了一个又一个美好的故事。

——"温暖"：走近王开岭先生，让思想醒着，做精神明亮的人，绘制教育的温暖图腾。

——"童心"：师者就应该是一位长大的儿童，读懂儿童，呵护童心，保持童真，欣赏儿童独特的美，与儿童一起遇见最美的自己！

——"初心"：师者，胸怀大爱之心，温暖孩童年华，点亮童年梦想，唯初心育人，方得始终！

——"花火"：育人，必先观察自己，然后改变自己，唯求改善而改变，不必期待完美！

——"种子的信仰"：坚定"育人初心"不动摇，传承"范贤精神"，聚合"榜样的力量"，做精神明亮的歌者与行者。

——"安静做真实的教育"：于教育而言，安静就是心灵化运营，是教育的转向，一个眼神、一个拥抱、一声安抚，教师与学生、家长之间的心灵反应打开了教育的大门，与自己对话、与世界对话、与心灵对话，寻找到更辽阔的教育意义。

——"儿童立场"：儿童是美的，儿童立场便是美的，教育便是美的。每一个儿童都是独一无二的。大自然希望儿童在成长之前就要像儿童的样子。

——"自由"：教学的核心是学生的学习，不是限制学生的，不是束缚学生的，而是鼓励学生、解放学生，让学生创造性学习并享受学习的快乐。

——"幸福"：有心的地方，就会有发现；有发现的地方，就会有欣赏；有欣赏的地方，就会有爱；有爱的地方，就会有自由；有自由的地方，就会有幸福！

……………

一回回灯下读书，一场场朗诵表达，一次次分享交流。实小青年教师"夜读"

的力量,如同十里春风,唤醒了青年教师思维的场,带来了一个又一个美好而有深度的阅读"场景"。我们就随意看几个吧——

场景一:"温暖"。冬日的夜晚,"夜读"第 6 期的主题是"走近王开岭先生"。让思想醒着,做精神明亮的人,共同绘制教育的温暖图腾。

场景二:"儿童立场"为什么是儿童立场?其实每一次夜读主题关键词的选择都是非常慎重的。有时候会反反复复讨论很长时间,但是"儿童"是最早确定下来的主题词,而且从来没有改变过。

2018 年 3 月份那场夜读中,年轻人一起提炼出了关于儿童教育观的夜读经典语录:童心是那可贵的纯粹。儿童是简明的、纯粹的。儿童的内心是高尚、善良、温情、正直与诚实的,儿童的世界是最真诚、最纯洁的。儿童总是以她的眼睛看世界。教育啊,你轻慢了、忽略了、挤压了童心,那绝对是行不通的。教师,就应该是一位长大的儿童。让我们做一回儿童,用儿童的视角来审视,来思考。

场景三:种子的信仰。90 多年里,一批又一批的优秀中国共产党员,始终坚守共产党人的政治信仰,他们的人格力量和先进事迹,曾经感动和激励了一代又一代年轻人,他们身上所展现出的信仰的力量,是我们"不忘初心,继续前进"的不竭动力。同样,百年老校不缺少风骨和根基,"以贤为范,超越自我"是张家港市实验小学一直传承的教育初心。

一句话,一首诗歌,一本书,一盏书桌上亮着的灯,在小径分岔的花园里,青年们离开白天的忙碌和喧嚣,来到"一亩花田",经过暖色的灯,路过在月光下各自生长、毫不掩饰生命力的绿植和花朵们,然后团坐下来,一起打开书,打开世界,去找到自己。

让读书自己从时间里流出来。

人间温暖,夜色清朗,青年读书,未来可期。

三点读书

校园西北角，三味书屋旁，一间诗意的书吧——最美的光阴，就静默于此。说其静，其实不然，那是思想最为繁盛之地；繁盛还不够，那是一种奔涌，一种迭替。一间书屋打开了自由的思想、丰富的视野，打开对教育的不同认知通道……其中，三点读书，谓之"午后甜点"，亦如"思想森林"。

"找好书看，就是找一个制高点（木心语）"，与书相约，即与最好的生命相约。"三点读书"是张家港市实验小学教师专业阅读的读书品牌。所谓"三点读书"，不是具体到某个时间，它是一个概念。一天中，剪一段时光，养一种读书态度，在你的"三点读书"时光，一盏茶，一卷书，悠悠地读，静静地品。

每一天，"最美的光阴"打开门，每一天，都有为你准备的一场读书沙龙。三五书友相约，不见不散，只为书……每一天，核心读书发布者自由邀约，曼妙的音乐、香浓的咖啡、温暖的阳光，你可以用整个灵魂与发布者、与书友分享对话。每人手持幸福卡刷积分，学期结束，积分会为你翻转惊喜。

具体规则：

1. 时间：不同的学科、不同的时间段：每天分两场，上午十点一场，下午三点一场。活动约 1 个小时。

2. 地点：最美的光阴——教师书吧。

3. 提前一周公布每天每场的读书会核心发布者、读书会活动主题等。

三点读书，给老师一个打开书的专属时间和空间，打开书，就是打开生命，在书里多呆一会，生命便在这里尽情地绽放。

有时候，一个人读书，很美。因为，你在书中自由着。想象着这样的画面，是否让人沉醉。台湾的诚品书店，有一面墙，几句话，让人心动："或坐或躺或倚，有人的地方，手握一卷书，安静阅读；手持一话筒，侃侃而谈。"

有时候，一群人读书，更有韵味。因为，你所在的这个场域有了无限的辽远。

如果把它看成是一幅作品的话，那么，这伟大的作品正通过你、我、他，相互影响着。

木心说："天才总是一群一群地降生。"你看，七星社的诗人，龙萨、杜·贝莱和马洛是知交；法国莫里哀、拉辛、高乃依和布瓦洛彼此相识；俄罗斯小说家们也互相往来，甚至和法国同行都保持书信往来，如屠格涅夫和福楼拜。如果一个人想要避免被过滤，那么他最好联合或参与某个小群体，而不要保持孤立。

教师，应该过上这样的读书生活。读着，讲着，谈着，寻找优雅的教育人生，一切就从"三点读书"微沙龙开始。最美的光阴，那是属于每一个我们的美妙时光，温馨的天地。促膝而坐，安安静静地读，滔滔不绝地谈，津津有味地品，我们彼此分享，彼此顿悟，这是一个由书构成的世界。深吸一口气，那是书的味道，是世界的味道，是思想的味道，弥漫在每一个现场的你的身边，悄悄地拉伸着你生命长度和思想的深度。

借助这个平台，我们开展了丰富的读书活动，制定了教师专业阅读路径。有精有略，因需制宜；眼到心到，读到实处；言意兼得，读出真效。书成了我们生活中一道可口的"美餐"，我们每天都要去"品尝"它。在温馨轻松的氛围中彼此分享读书的顿悟和教学的经验。一本书，它改变不了世界。但它影响着读书人的心。读书多了，收获多了，也就"好为人师"了。

数学组的郁蓉老师以自己的教学经历为例，在一些看似平淡无奇的育人故事中践行了她在书中读到的话："不管做什么工作，要做出滋味来，请用上大脑。"书中的劝勉已经成为她工作中的行为准则。

语文组周春燕老师在融会贯通书本知识的同时更侧重教学实践。她就阅读中的一些心得结合自己在工作中的体会做出了两点思考：第一，给学生足够的学习时间，把时间还给他们，解放学生也解放教师；第二，备课时多涉及本学科以外的知识，尽量做到旁征博引，使课堂更具吸引力。

信息技术组赵勇老师用幽默的语言阐述了自己独创的"读书暖被窝"理论——

读书能够调动身体内的"爱国细胞"和"责任血液",能够让人热血沸腾,充满正能量,驱赶被窝的冷气。

"要用心教书,用爱育人。""教师要用爱走进学生的心灵深处。""读一本好书如同与一个高尚的人交谈,因此读书不应是应付,而应该是发自内心对知识的渴求。""教师的精彩在课堂,课堂的精彩在课外。""读书让您更具教师魅力。"……一句句经典的话语,一个个独到的见解,让"三点读书"微沙龙活动的学术氛围浓郁起来,读书,是个永恒的主题,古训道:读书破万卷。战争年代,周恩来读书是为中华之崛起;和平时期,读书依旧是中华民族实现"复兴之梦"的重要基石。对于在教育一线的工作者来说,肩负的不仅仅是传递知识的工作职责,更是担负着中国"教育梦"实现的重任。教师,应该过上这样的读书生活——在书中寻找优雅的教育人生!

三点读书,用贵族一样的心情相恋每一本书,发出内心的声音,汇聚一条思想的河流。因为三点读书,教育理论丰富了;因为三点读书,自我发展的"坐标"明晰了;因为三点读书,课堂驾驭得更灵活了;因为三点读书,老师成了孩子的良师益友……手握书香的一群人,从此,天地间,第一人品是读书!

第二节 梦想无边界

这里的梦想都从儿童中来,在问询了一个又一个儿童后,我们为他们提供了这些可以"实验梦想"的场所,而这些"定制化"的梦想课程馆又不断衍生出了一个又一个梦想课程。于是,一批又一批孩子在这里找到了自己最初的梦想和未来的无限可能性。

梦想艺术馆——尊重童年,播种艺术希望

翻开历史、纵观当下与未来,刘慧校长一直认为,艺术的眼光要穿越到每一个孩子长大以后的未来,艺术不仅是会唱一首歌、会画一幅画来得那么直接与简单。在儿童的生命中,要种下一颗艺术的种子,静待发芽、开花,孕育一种对美的向往的生活态度和审美方式。让每一个孩子拥有艺术的修养与审美的情趣,在举手投足间散发艺术的涵养与气质。从而面向一位或一类儿童兴趣、需求发展的"艺术私人定制"应运而生了。我们告诉全校孩子,只要有特长,只要有需求,随时可以进行私人定制展,不需要等到长大,现在就可以。定制涉及多个领域:独唱、独奏、独舞音乐会,陶瓷艺术个人展,水墨艺术、线描时空等。

学校开创了"导师制",对儿童私人定制的展演进行引领、指导和跟踪研究。私人定制的主人公可以邀请主持、助演团队、伙伴、家长、教师等来演出和观看,自由组织,自由展示,自我、家长、伙伴评价结合。导师的人员保障来自校内与校外,校内有教师,校外有家长、家委会成员、公益志愿者、专家组成的导师团队。采用导师和儿童双向选择,除师生一对一,联动家庭、社会有艺术专长的专业人士,共同开展周期课题研究,提供个别化、针对性的专业指导。

前期经历了经典熏陶的学习过程,资源库的建立,提出问题,制定周期计划表,唤醒目标意识。在体验探究过程中,对前提问题的解决,对展演的准备、进行和后期的资料整理,对整个展演进行自我、教师、同伴、父母等的多元评价,用讲述、案例等多种形式呈现与记录互动分享交流的成果。

学校利用午间、双休等学生在校或课外休息的时间段,开放学校艺术馆,搭建舞台。同时,提供多渠道,让儿童与导师到博物馆、美术馆、保利剧院学习、演出,到美术馆、少年宫等拜师学求艺;到大自然、生活中寻找素材与灵感;利用微信等资讯平台推送,让儿童欣赏到更广泛的艺术作品,与导师一对一进行深入的研究性学习、创作,以帮助有更高需求的他们欣赏感受、体验探究,满足他们不同的

学习需求。呈现的小课题成果屋，有计划书、调研报告、画册、微电影、原创书等。假期中儿童与导师的研究已经呈现了绘本、摄影、原创书等，研究小有收获。

儿童一生的成长始于艺术，艺术是人的整个精神、心灵世界的缔造者。

分享陆修哲同学故事：

每一段机缘都会有一段心路历程，每一段机缘都蕴含着成长的希望，每一段机缘都将成为一份美好的童年记忆。

陆修哲，一个天生胆小、内向的孩子，不善与人交流，但热爱音乐，音色音质俱佳，很自然，他被校男童合唱团的老师相中。而陆爸也是一个音乐爱好者，由衷地希望自己的孩子能够发展特长，学出个性，成就一个独特的自己。但是，事情并没有想象的那般美好。进入合唱团的修哲，总是一个人我行我素，老师的要求对他来说是枷锁，约定的规则对他来说是拘束。他不适应，不习惯，不开心。他开始逃避，不去参加训练；他开始违规，与同学发生争执；他开始退缩，默默不愿交流……老师的教育、家长的开导，都没有挽回他在合唱团的位置，他黯然离开了。

离开意味着放弃，放弃的可以是一次训练机会，但不应该是对音乐的梦想，更不应该是音乐对一个有潜质孩子的转身。

陆爸找到了音乐老师，倾诉自己的孩子从牙牙学语的时候就喜欢各种各样好听的声音。随着渐渐地长大，孩子对于音乐有一种不能理解的热爱，《中国好声音》中看到每个选手唱什么都如数家珍！那个时候最爱去的场所不是游乐场所，而是KTV！一家人，在一个空间中听他吼得声嘶力竭，听他唱得如痴如醉，看他唱得自我陶醉的样子让不爱唱歌的人都会感觉唱歌确实是一种享受。

进入小学，修哲越发地爱唱歌了，在音乐课上，他听到一个名词——私人定制音乐会，于是在音乐老师的鼓励下，他毫不犹豫地选择加入私人定制的行列。首先从找个好老师开始，在实小这样一个师资素养极其优秀的摇篮，孩子的音乐老师成了最基础的保障，然后就是少年宫、市艺术中心柔性专家的介入指导，正音、辅导，歌唱故事开始发生……

不大的 T 台上，灯光照着那个小小的男生，还有他大大的梦想。首场演唱秀，陆修哲很帅！"我是歌手"的范儿绝对倾倒一大片。

刘慧校长和园子里的人，尊重着时光里每一个为梦想而努力的童年。她走向那个小小的身影，亲自为陆修哲颁发"私人定制"奖杯。她单膝跪下，与孩子平视着，然后用手掌托住孩子的小手，他们共同托着一只水晶奖杯，托举着一个未来的梦。

"陆修哲，今天，校长妈妈能为你做的事情就是托起你的梦想。有一天，你成为真正的歌手，别忘了，回到母校，再办一场演唱会。"孩子的眼神，很亮很亮，就那样一直看着校长妈妈，一眨不眨。因为幸福来得太突然，舍不得眨眼吗？前来拍摄助阵的爸爸妈妈，打趣孩子被幸福震傻了。而帅小子还是一眨不眨看着校长妈妈，一语不发。突然陆修哲蹦出了一句话："我第二场演唱会比第一场演唱会更好。"可以想象的是，超越梦想的未来；无法想象的是，当梦想超越，那无法预测的美好。

好样的，陆修哲！这个园子里，有很多很多梦想，有很多很多"陆修哲"！

这样的故事有很多很多……在每一个教育者面前，可贵的不仅是一幅"作品"，一场"表演"，更重要的是它传递出了儿童的品格修养、审美品质与精神力量。

从梦想艺术馆的走廊出来，向着东边，向着春天走去，那里有一座陶艺吧。

陶艺吧——让童年有童年的样子，让成长有成长的美好

鸣蝉长吟，油蛉低唱，蟋蟀弹琴，轻捷的叫天子忽然从草间直窜向云霄里去了——这是鲁迅先生童年的百草园印象。而在百草园东、紫叶李树下有一间有故事的陶艺吧，关于它的故事要从它如何来到百草园说起。陶和瓷，在中国人的几千年历史长河中，从未曾缺席。接地气的生活器具到阳春白雪的观赏器物，从河姆渡文化到半坡遗址的质朴，再到现代抽象的表现主义，对陶瓷艺术的喜爱融入了国人的血脉之中。

依稀还记得六年前，两名五年级男孩代表着痴迷陶艺的孩子们，将想要个"玩泥巴"的地方的诉求告诉了校长妈妈。孩子们的诉求，是孩子们一时的兴致还是真正的喜爱呢？校长妈妈自然有独到的鉴别之法："如果这一学期下来，你们的作品能够积攒到举办一个私人定制展，校长妈妈就给你们想办法。"一个学期过去了，这些孩子们克服了自己都没有预料到的困难……从制坯到上釉，再到处寻求可以烧制的窑炉。可以说是求资料、求老师、求小伙伴、求父母，利用自己能想到的各种资源，去找能帮助自己实现伟大梦想的"天使投资人"。失败了，不怕！重新再来！一件件积攒着能举办私人定制展的作品，终于如期举办了自己的陶艺作品私人定制展。

孩子们的陶艺私人定制展，震撼了校长妈妈，是其稚嫩的陶艺作品吗？是孩子们的执着，是孩子们用自己的行动遇见了那个最美的自己，实现了自己的目标。虽然校舍紧张，虽然陶艺教室可有可无，但对于孩子们的承诺却是必须要实现的。对于校长妈妈的承诺、孩子们的愿望，作为学校的管家婆们——总务们觉得自己必须要做出一点点"牺牲"了。于是，他们把自己的办公室与仓库搬到了门卫旁的小单间里，将原先的办公室与仓库打通，陶艺教室有了可以落脚的地方。但是离校长妈妈心目中要给孩子们的那个"陶艺吧"距离还是很大，她给孩子们的"陶艺吧"要让孩子们在晨光中看着手中的陶泥变幻出可人的陶艺作品，但又怕日落的夕阳让孩子们面对失败而沮丧，于是东面便出现了两扇大大的落地窗，西边种了几棵紫叶李；为了陶艺吧能够让孩子们接触到陶艺大师，感受、学习到中国传统的陶瓷文化与技艺，特引入了江西景德镇的"功夫小瓷"团队，作为孩子们的校外"金牌导师"。

虽然，那些孩子们都毕业了，陶艺馆已"生长"了六年。但是在陶艺吧中不变的是如琢如磨、如切如磋，土与水以高温为媒介，用想象和耐性，一点点塑成型。

如果陶器会说话，她们说些什么？一座陶艺馆，三两自学成才的老师，成群来往的"陶迷"娃，构成了梦想陶艺馆的日常。捏泥、拉坯、盘条……需要靠摸索出的手感。有时候也需要淬炼72小时后见分晓，有时失败，有时惊喜，有时就是想要的样子,每一步都需要恰到好处。

在这座陶艺馆里,大半时间是静悄悄的。然而陈列其中的陶瓷器们,给我们讲了很多有意思的事情……

比如,吴沛泓同学的作品——一个自己制作的烟灰缸。老师问他:"为什么要做烟灰缸呢?"

"爸爸总是抽烟,那对身体多不好啊!"

"那也不能做个烟灰缸给他啊"

"老师你看,我做的烟灰缸很小很小,爸爸抽了几根烟,那烟屁股就放不下了啊!他就会觉得自己抽了很多很多烟,就会少抽烟。说不定,慢慢地他会把烟戒了。"

这段对话老师一直记得。是的!每一件孩子的陶艺作品的背后都有一个孩子们的故事,作品或具象或抽象、技艺精致或稚嫩,但这只是表象,作品本身是一载体,承载着其思其想、其忧其喜。

如今,陶艺吧周边的展柜里,手绘图案装点的瓷盘们说:"'陶迷'娃热烈讨论烧制陶器的主题,永远占据榜首的是再现百草园里的童年生活。孩子们心中装着小桥流水、小径分岔、莲叶田田、草木葳蕤……当然更少不了那两只所有孩子的萌宠——大白鹅。"这是两只鹅兄弟。但显然孩子们并不满足这样的关系,他们想要一只大鹅,很大又很温柔,一只小鹅把纤细修长的脖子轻轻靠在大鹅身上。他们是母子?父子?祖孙?每一种猜想都是一种幸福温暖。大鹅说:"老师,我又失败了,现在的感觉就像被车子从身上压过。"曾经一个女孩这样哭诉。然而,这位接近崩溃的女孩依旧没有放弃对陶艺的热爱,一次次从失败中再抬头,不断地尝试、思索、再尝试、再思索……这才有了两只鹅的传说。

在陶艺吧的墙上挂着这样的作品,是鱼戏莲叶间?不,领头的大鱼告诉我们,这是吴沛泓同学留在园子里的那句话:"小鱼的尾巴动了,百草园的春天到了。"听听,我们居然可以成为报春的首席执行官!鱼儿们得意地摆动尾巴,游到了东西南北,游进了艺术馆的墙上。最美学子九条守则,社会主义核心价值观风铃,是谁的创作意图？风铃说："老师，瓷片碰撞在一起的声音真好听。校长妈妈开讲'核心价值观'系列也很好听，我能不能做一套核心价值观的风铃？"如此有趣的创意一下子引来了其他小伙伴的围观，并请求参与到风铃的创作活动中。于是有了价值观系列风铃、十二生肖系列风铃、日月星辰系列风铃。

安静的陶艺馆、温柔的老师、自主的学子、自由的选择、古老的你、童年的我，听见，你在说，如果陶器会说话，是不是在百草园呢喃："让童年有童年的样子，让成长有成长的美好。做精神明亮的人，过正常而积极的童年生活！"

如果说陶器物语是用泥与火相融交淬，奠定了孩子们的童年模样，那么，一方幕布则是将光和影，历史、现在与未来重叠，埋伏了孩子们的童年线索，明亮了孩子的心灵世界！

视听房——光和影的折射，审美的鉴赏与创造

"看电影啰，看电影啰！"此话一出，男女老少，估计无人不欢，无人不爱。想起儿时村里放电影时的热闹场景，一幕一幕仿佛就在昨天。一块幕布，一个放映机，台下板凳座无虚席，那样的场面如今看来真的是蔚为壮观。说到看电影，每一个儿童都会津津乐道，那是他们的最爱啊！

有人说：一个人的精神发育史就是他的阅读史。阅读的形式，随着与时俱进不断调整，从当初的竹简到后来的纸张，如今的影像欣赏从本质上来说也是一种阅读。电影以其独特的视觉、听觉魅力给人以直观、感性的力量，完整地塑造着儿童们的精神世界，让儿童从电影中汲取教育的力量，这是一种潜移默化、润物无声的教育办法。

电影该怎么看呢？我们要跳出传统意义"看"电影的固态，打开电影阅读的新样态。为此，我们以课程为构架，探索走向深层次的电影阅读，走向电影审美的鉴赏与创造。

一间适宜的视听房就是一个精神世界的领地。随着信息化的发展，看电影的途径变得更加多样化。从智能手机到数字电视，从家庭影院再到大型影院，儿童观影更为便捷了。就学校而言，如何才能让儿童在校就能进行电影阅读呢？

依据儿童身心发展的特点学校进行了相应的场馆设置，巧借读吧幽静的环境，我们在里面开设出一个视听房。在这里既能让儿童静心阅读，浸润在书香的芬芳中，又能让他们开启一场影音之旅，享受声光电的视听盛宴。此外，我们充分挖掘现有的教学资源，将圆融楼和阶梯教室作为儿童电影阅读的另一个平台，使得年级共享阅读成为可能。

在每间教室里开展电影课程，就是用电影故事书写我们的教育传奇，创造一段温暖至极的电影旅程。儿童的一生将因这些电影的润泽而变得与众不同，积极而主动的书写美丽人生。以此为路标进入更多的影像，生命就在这个过程中逐渐深邃和丰盈起来。教室是师生共同生活和成长的地方，师生在教室里不仅共同缔造学习生活，更是在共同缔造我们的精神生活。

一场别致的电影就是一次超文本的阅读体验。学校的电影课程就像一束光，照亮了儿童们的心扉，明媚了他们美好的童年……

光和影的世界是教师带给儿童的最好惊喜。光给予影的存在，影赋予光的生命。学校开发的电影课程根据不同学生年龄阶段的心理特点和学段的规律，精心选择适合学生观看的优质电影，师生以电影文本为核心进行一系列的鉴赏与创造性的活动。它是师生共同完成的一道美丽梦想，是视觉与空间的多维阅读，它突破想象力的平面范畴，带领学生进入立体的多媒体的趣味世界。

操作上，我们进行分层阅读，阶梯课程；欣赏为主，过程开放；资源整合，分享快乐。每一次观影前，老师们都带领儿童先了解电影的基本信息、主题、推荐理由，欣赏电影唯美的海报。老师和儿童们一起看电影，银幕前留下了师生灿烂的笑容，电影润泽童年的生命，学生在看电影、评电影、写剧本、演剧本、谈经典台词、精读和设计问题，评参与、谈收获等系列活动中，直达苍穹，感受经典的魅力，丰富当下的生命。

一堂趣味横生的课程明亮了儿童的世界。每一个课程的诞生，都有其存在和发展的价值体系。就电影课程而言，不仅丰盈了儿童的学习生活，更是一种全新的价值取向。

美好的动画光影，收获希望、梦想、纯真、友谊、自信、勇敢、诚实、爱、敏锐的感受力等，这也成为儿童获取各种正面而美好的品质的有效方式。儿童电影课程的核心是通过故事中的矛盾和人物内心的冲突揭示童年成长的秘密，揭示儿童成长中普遍的、共性的问题。我们可以让儿童通过角色自居直面这些问题，继而通过体验人物内心的挣扎与斗争找到解决这些问题的途径，打开属于自己的那一扇窗，成就一个更好的自己。

在电影课程中师生的生命都能得到成长，它提升的不仅是学生的知识水平与道德水平，更有生命境界的不断拓展——在岁月中积淀出属于自己的故事、语言、密码，拥有共同的"电影故事"，经历别样的生命旅程。鲜明的电影人物、感人的故事情节，在电影欣赏中帮助儿童寻找人格榜样，树立人生目标。儿童们的生活因为这些电影而明晰了方向，从而明亮起来。

一部里程碑式的影片就是引航童年心灵的转向。电影是有力量的，在浩如烟海的影片中，总有那么几部能直面社会现状，直抵人心，一时激起层层涟漪，成为一个时期的焦点。

就说说《流浪地球》吧！现下的生态环境持续恶化，这已成为全人类共同面临的困境。当这部"中国制造"的科幻电影以世界级精良制作的姿态横空出世，自然引发了校园热议。影片给每一位观影者带来了巨大的震撼，带着这股震撼，我们开展了"流浪地球"专题活动。让全校师生卷入这场电影风暴中来，以不同层级的活动来助推阅读的深入展开。从学生小组的阅读交流，到班级的阅读分享会，再到学校公众号的"校长妈妈开讲啦"的回声专栏，激起了大家对生存环境的再思考，引发了大家对"教育"和"成长"的再认识。

我们以经典电影为平台，开展丰富多彩的电影活动，使教室里的活动精彩纷呈，学校的精神生活丰盈充实。这有助于我们打造优秀乃至卓越的班级，通过这些电影促使儿童们心理健康成长，能够正确应对成长中的各种困难和危机，找寻自我生长的心灵转向，为生命成长积累更多的积极因子。

从儿童的成长高度出发，精心为儿童创设适宜的电影阅读环境，设置一套系统化的电影课程，儿童的成长路上将会有更多的精神积淀。如今，儿童电影课程成了全校师生智慧与行动的密码。儿童电影课程开发这几年来，师生共同穿越了二十多部电影，温暖儿童生命，滋养儿童心灵，陪伴儿童成长，帮助师生建构起丰厚的精神世界，让师生生活更加幸福完整。

"科学和艺术总在山顶重逢。"这是法国作家福楼拜对于这两者关系的阐释。在享受了声光影音的饕餮大餐后，孩子的思维需要回归理性，梦想需要走进现实。那间 STEAM 教室就见证了科学技术与人文艺术的交融。

STEAM 教育——定制基于项目的 STEAM 学习

实验小学与 STEAM 的遇见，是源于 2014 年第 2 期施久铭先生的一篇文章《STEAM 视野中的课程改革》。此文阐述了 STEAM 的教育理念和课堂教学特质，同时也提到，奥巴马政府多次强调了 STEAM 教育的重要性，把 STEAM 教育提到了一个非常高的战略地位。这也让学校敏锐地察觉到了 STEAM 教育的重要性和必要性。实验小学刘慧校长第一时间就联系了施久铭先生，跟他进一步深入探讨了 STEAM 教育的前景和操作路径，然后又马上召开了班子会议，大家一起学习、商量，最后达成决议，学校认为，STEAM 教育所强调的能力恰恰是学校教育相对缺乏的东西，也是学校长期以来不断在素质教育中渴望达成的目标。因此，学校一致决定要在实验小学率先开展 STEAM 的实验研究活动。

2015 年 9 月，张家港市实验小学基于 STEAM 的前沿理念，在教育局的支持下，确立了学校科学老师作为 STEAM 项目的主要参与老师,同时,也与国际知名教育产业公司——培生教育集团进行了以"STEAM 定制项目学习"为战略项目的合作。

全方位定制化的师资配备

学校集中了学校科学教研组 13 名科学教师的力量,以团队的方式进驻 STEAM 项目研究。初期,邀请了来自英国并具有丰富 STEAM 课程教学经验的外籍教师,为学校科学、综合实践、计算机老师进行了为期两天的培训。培训的主要内容涵盖了 STEAM 课程的通识性理论讲解及根据张家港的本地化课程建设指导等。除此以外,学校的科学教师也会与其他科学老师一起研讨科学与 STEAM 的融合。在具体实施上,学校目前是以社团化的方式在开展 STEAM 项目研究,每学期有专职科学教师任教 STEAM 社团,其余教师协同配合。从确定研究主题,到商讨研究路径、寻找研究材料等都是通过定期的教研组活动集体商讨、确定的。

为了更好地"专用"的硬件设备

基于 STEAM 科学、数学、工程与技术的整合性,原本的科学实验室还不足以满足学生的 STEAM 项目研究,为此,学校耗资 10 万元左右,专门开设了 STEAM 专用教室。STEAM 专用教室设有工具墙,学生进行项目研究需要用到的工具一目了然,便于取用;设有电脑一体机,便于学生进行资料的查询、整理、汇总;设有材料柜,便于学生存放近期项目研究的材料;设有展示墙,可以展示学生作品,相互评价,相互促进。学生在专门的 STEAM 教室里进行项目研究,更有氛围,更加方便。

基于学生核心素养的实施过程及收获

从 2015 年 9 月到 2016 年 7 月期间,学校与国际知名教育产业公司——培生教育集团进行了以"STEAM 定制项目学习"为战略项目的合作。此后,实小以"设计喂鸟器"和"制作肺活量计"两个项目课程为载体,开展研究和探索。在项目研究过程中，孩子们学习"像科学家那样去研究"的思维策略，开展"像工程师那样去解决问题"的行动实践。提出问题、方案演讲、模型制作和测试、数据分析和产品说明，这些标准化的环节和步骤锤炼着他们的表达能力、合作意识、批判思维和动手操作的能力，逐渐形成"有效率有品质"的思维。

2016年5月12日，还承办了2016年STEAM课程教学研讨会，来自全国各地近一百所学校以及教育相关单位共200多人参加了本次活动。至今依然清晰地记得一个课堂上的小故事，那是在"制作肺活量计"的课堂上，老师让学生分组学习，有人负责画设计图，有人负责设计方案的撰写等。设计结束，老师要求孩子上前交流、汇报本小组内的设计成果。这时候，一个小组中的一位女孩子，她其实是整个图纸的设计者，但是当老师请她上去的时候，她迟迟不动，眼睛都不看大家，组内其他学生纷纷催促也没有用。这时，组内另一个男孩，马上一拍胸脯说，我来吧。这个男孩便拿着这份设计图走到了前面，他说："首先申明，这幅图，不是我设计的，是那个女孩设计的。我来讲述她的设计理念，如果我讲得好，说明她设计得好；如果我讲不好，那就是我还没有理解透彻，请大家谅解。"顿时，班内响起了热烈的掌声。我想，这自发的掌声，一定是对孩子们合作精神的赞叹，更是对STEAM教育带来的学习方式、学习兴趣转变的极大肯定。

从2016年9月至今，科学组的教师们，精诚合作，根据本土特色、学生特点以及科学学科内容，力求自主开发STEAM定制课程内容。结合学校"定制课程"这个主课题，我们科学组从研究的主体、主题入手，让定制理念和STEAM课程无缝衔接。比如说，我们研究的主体，从开始的试点班级整班参与，到科学教师推荐学生参与，再到学生自主申报，教师从中选择，双向选择逐步实现着"定制"。再说研究主题，也不再是像一开始那样是由教师确定的，而是征集了学生研究的兴趣，和学生一起商量讨论研究出来的，真正基于儿童生长的需求，基于儿童探究的兴趣，让儿童享受到自己定制的STEAM项目研究课程。

2018年5月，在江苏省中小学教研室科学教研员卢新祁老师的关心和支持下，学校又承办了"江苏省小学STEAM课程建设推进活动",全省300多位专家、教师参会。期间,STEAM社团的学生所表现出来的表达能力、有序有效的合作讨论、认真投入的实验操作以及切中关键的数据和问题分析,让来宾们或会心微笑或啧啧称赞,充分感受到STEAM课程教学实验所带来的课堂模式的变革、学生素养的提升。

自2015年9月开始"STEAM定制项目学习"研究以来,张家港市实验小学先后被评为"江苏省中小学STEAM教育项目试点学校""中国STEAM教育2029行动计划领航学校"。学校基于国家意志、时代需要和学生的发展需求,陆续自主开发了"我们的城市之排水系统""我是小小建筑师""迷你自来水厂""太阳的力量"等10个STEAM定制学习项目,同时STEAM辅导教师们还通力合作完成了对"我是小小建筑师""迷你自来水厂""太阳的力量"等STEAM项目学习相关材料的整理,印制了系列校本教材。

定制基于项目的STEAM学习,将个体世界、知识世界、真实世界建立联系,让学生经历解释现象的科学过程、解决问题的工程过程,并逐渐形成专家思维的大观念,使得学生的学习从单点学习、单项学习、单面学习逐渐向联合学习、整合学习、融合学习转变,真正将发展学生的"科学精神""学会学习""实践创新"素养落到了实处。四年多来,参与"STEAM定制项目学习"的学生们无论是正确价值观,还是必备品格亦或是关键能力,都有了长足的进步,获得了全面发展、自由发展、充分发展的力量。

来,认识这个"造汽车的"小学生

STEAM社团曾经有一个孩子,被称为"造汽车的小学生",在他身上或许能够折射出我校STEAM项目定制学习的些许收获。这个刚毕业的同学叫曹汉霖,从三年级开始在学校参加STEAM项目学习,在他六年级的时候,陆陆续续用了将近三个月的时间打造出了一辆可以开的原型车。

最初,他看到电视上播的电动方程式赛车觉得很厉害,后来代表学校参加机器人比赛的时候，听到高年级组的选手议论基于电动车平台的自动驾驶机器人，觉得很有趣。于是比赛过后，他就慢慢产生了造车的想法，专门查阅了几本关于电动汽车方面的书籍。在得到了 STEAM 社团老师和家长的极大支持后，他从五年级下半学期开始了前期的知识准备，包括查阅汽车发展史、汽车结构、拆装乐高汽车模型，就连老爸去保养汽车时他也会一起钻到车底下看一看底盘构造。进入六年级以后造汽车的事就被提上了日程，一方面是面临升学考试的压力，另一方面也是想挑战一下自己：作为实小的学子能不能以小学生的身份造出一辆可以开的小汽车。

六年级放寒假前，小曹同学就做了一个项目计划：首先利用平时时间完成结构设计，在寒假前完成动力总成和零部件采购，最后利用寒假完成总装和修改测试。看到计划老爸也很高兴，不但答应帮忙，还说要投资 4 000 元作为造车的费用。

从车身设计、动力系统、转向结构到刹车系统和电控系统，任务越来越难，越来越艰巨。其中，电控是真正的难，电路线束全靠自己排，开关要怎么装，小曹一头雾水。这个时候全靠 STEAM 社团的老师给了专业而细致的指导，把每个功能对应的子电路连好最后再接入主电路的思路和方法，一步步实现了大灯——示宽灯电路、刹车灯——刹车断路器电路、频闪器+前后左转向灯电路、频闪器+前后右转向灯电路、应急指示灯电路、喇叭等等功能。一边接线一边测试一边更正，但是因为 60 V 电压已经超过了 36 V 的安全电压上限，所以，小曹同学是在老师和家长的帮助下完成了这一系列的安装和测试。汽车总体结构组装完成时，还没有来得及兴奋，就发现汽车的车轮是反着转的，一开始他还以为是电池的正负极接反了，但是老师很快为其指明了问题所在：三相电机在相位顺序有错误的情况下会反转。重新按顺序连接之后小车果然向前行驶了！

曹汉霖同学凭借着在 STEAM 项目学习中积累的知识、技能和历练出的科学精神、意志，从零开始设计、整体布局，尺寸确认、重量控制、结构方案、施工工艺、加工技术，在家长和老师的帮助下，他一步一步地把小汽车从想象变成了实体。小曹说："忽然好想回到项目开始的时候，可以享受面对问题解决问题的每一天。"小学生造汽车,收获的不仅仅是那辆车,更重要的是他面对问题时正确的价值观、解决问题时所拥有的必备品格和关键能力!在张家港市实验小学这个园子里,因为定制,因为 STEAM,孩子们的童年更加正常而积极,孩子们也必将成为一个又一个精神明亮的人!

第三节　没有围墙的学校

适合的教育才是最好的教育,没有围墙的学校才是自主成长的乐园。为更好地落实立德树人的根本任务,充分发挥课程的育人功能,我们深度思考"什么课程对儿童最有价值""什么课程最适合儿童需求"。我们着眼未来,立足当下,唤醒校园内的资源,发现校园外的世界,为儿童定制"最有价值"的课程。打开校门,没有围墙,创造浑然一体的校园生活,更好地为学生的"群体学习""个性化学习"服务,促进每一个学生德智体美劳全面发展,促进每一个学生自由发展、充分发展。

爸爸的有机芽苗菜

家长资源是学校最为丰富的校外教育资源。每个家长来自不同的工作领域,有着不同的专业背景。其中还不乏行业的精英、道德的模范,有着丰富的人生阅历,广泛的兴趣爱好、特色绝活,这是每一位孩子身边最宝贵的资源。为了让孩子们近距离地接触生活、亲近生活、感受生活,获得更多的课外知识,拓宽视野,在学习中理解生活的真谛,养成良好的品德,学校鼓励家长走进校园,走进课堂,充分利用可以利用的空间,开发适合的课程,为孩子的学习与发展提供优质的服务。事实上,无数的家长,无数的家庭渴望参与到孩子的成长历程中来,希望走近甚至走进学校，做一些力所能及的事情，同时学习如何科学地教育子女，与学校共同形成合育。

1. 不一样的老师

"家长进课堂"活动开展以来，家长重视，力求让孩子们得到更多的收获；孩子喜欢，感受到家长们个个都很"厉害"，各有所长。对学校而言，家长引入了更多的教育资源，丰盈了课堂，让孩子的成长更具活力。这些资源主要源于以下四方面：**一是家长的兴趣特长**。很多家长都有自己的兴趣特长，其中一些兴趣特长正是我们希望孩子们去关注和培养的，也是孩子们感兴趣的。比如：讲故事、烘焙、手工制作、车模、船模、摄影……**二是家长的专业知识**。同样的知识，由更专业的人员讲述，信服力会更高。比如，牙科医生妈妈讲解爱牙护牙知识，孩子们更认可；医生讲解消化系统的工作原理，远比科学老师讲得透彻；警察爸爸对于"如何防范坏人，保护自己"的讲述一定比老师和普通家长更精彩。**三是家长的职业资源**。利用家长的职业资源，把社会资源融入课堂。模拟小交警，了解交通法规；成立模拟法庭，普及法律常识；观察气象站，关注气象变化；参观污水处理厂和自来水厂，感受"自来水"的来之不易。**四是孩子感兴趣的、困惑的话题**。家长对孩子们感兴趣的、困惑的话题比较了解，这些可能是学校传统课堂中没有涉及的内容，但孩子们又很想知道或有困惑。比如，我们是从猴子变来的吗？我们的身体是怎样工作的？这个魔术是怎么变的？细心的家长就可以对大家都很关注的问题，先进行前期的知识梳理，再用浅显易懂的方式跟孩子解释。

"家长进课堂"活动中，丰富多彩的课堂教学内容、生动有趣的多样表现形式、不一样的视界、不一样的课堂，孩子们感受最深也是最期盼的还是那群不一样的老师——家长。

2. 不一样的课程

随着"家长进课堂"活动的不断推进，老师们参与其中的同时，也常会思考：如果有时间（或活动经费），我们可以就这个主题再开展怎么样的研究，学生又会有怎样的收获？教师的课程意识逐渐形成。"爸爸的有机芽苗菜"课程就是继"家长进课堂"活动后研发的。

学校课程体系的建构，应当坚守儿童立场，让儿童"站在"课程正中央，充分考虑儿童个性发展的差异化、学习需求的多样化，并以这种需求为指导，结合学校的可能条件，努力建构最适合的课程体系，以适应每一个儿童的发展需求。

一（5）班的小李爸爸在张家港市金麦穗集团工作，公司每天可生产30吨无添加黄豆芽，同时拥有先进的"有机芽苗菜"实验室和种植基地。小李爸爸给孩子们介绍了豆芽的生长过程，他们可能还不太理解"绿色蔬菜""无公害蔬菜""有机蔬菜"这些词，但他们被一盆盆绿油油的有机芽苗菜迷倒了。有机芽苗菜即使在初冬，也是生气勃勃，不仅好看，还好吃，又健康。看着孩子们意犹未尽的神情，徐老师在得到小李爸爸和家委会的支持与认可后，向学校申报了班级定制课程——爸爸的有机芽苗菜。

儿童定制课程体系的建构，为了人、依靠人、成长人，是一个课程体系与人的素养同生共长的过程。学校鼓励教师、家长、学生以及社会各界有识之士，都积极参与到课程体系的建构中来。一是让教师成为课程建设的主体，充分赋予教师课程开发与实施的权力；二是让儿童成为课程建设的参与者，倾听儿童的内心需求，尊重儿童的课程选择，发挥儿童的聪明才智评价课程、优化课程，真正让课程适应儿童；三是让家长及社会各界有识之士成为课程建构的参与者、助力者。

"爸爸的有机芽苗菜"课程中，学生关注的问题有：豆芽是怎么生长的？什么是有机芽苗菜？有机芽苗菜怎么种？有机芽苗菜的味道如何？……我们发现：不同学科的老师或许只能在课堂上进行简单的讲解，而无法更深入地开展此话题的研究。而通过班级定制课程的研究，我们可以集多学科老师、家长和社会资源，共同为孩子创设条件，提供更适合孩子的学习方式，专门就这一主题开展持续、深入的探究。

学校就此课程成立了由教师团队（班主任、语文老师）、家长团队、专家团队

(小李爸爸、"有机芽苗菜研究"的教授、学校的科学老师)组建的"金三角"导师团。导师团就课程的研究价值、课程的目标、开展的方式、导师团的分工、实施的步骤、活动收获的展示等多个环节展开了积极有效的沟通。

研究价值

孩子们经历从观察种子宝宝、播种种子宝宝、照顾种子宝宝到观察和记录芽苗的变化、"收割"亲自种植的芽苗菜、品尝芽苗菜的过程。

在这个过程中，我们引导孩子们关注：

* 种子是有生命力的，在一定的条件下能长大成芽苗菜。

* 种子发芽是有规律的，先生根再发芽长叶，当芽苗菜长大到一定程度后，芽苗菜会变"老"。

* 从种子宝宝到可爱的芽苗菜，需要三周左右的过程，餐桌上的芽苗菜来之不易，其他菜也是如此，都需要付出劳动和时间，我们要珍惜。

* 通过认识有机芽苗菜的优点（无污染、营养丰富），同时了解土壤栽培、无土栽培的优缺点，初步形成饮食追求健康的理念，意识到土壤、水、空气被污染了。

* 独立种植芽苗菜的过程中，学会用文字、图画等方式描述观察到的现象，家人的参与能更好地指导好学生的观察与记录，同时体会到交流分享的乐趣。

课程目标

1. 了解"有机芽苗菜"的优点，产生对"有机芽苗菜"研究的兴趣。通过实地考察，了解有机芽苗菜的生产流程，真实感受到有机芽苗菜生长过程的神奇，种子力量的强大。

2. 学会种一盆自己的"有机芽苗菜"。学习"有机芽苗菜"的养护方法，开发属于自己的芽苗菜系列。

3. 在观察与交流中，培养孩子们的观察能力和语言表达能力，从小培养对科学的兴趣，形成一定的探究实践能力，引导孩子向健康的生活方式发展。

开展方式（示意图）

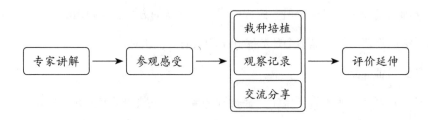

"金三角"导师团成员	具体分工
班主任	细节上关注和指导好孩子们如何养护芽苗菜
语文老师	指导好部分孩子观察的记录，尽量真实描述即可
家长团队	关注和指导孩子每天的观察及记录（文字或拍照）；协助科学老师设计展示架
小李爸爸	跟孩子沟通芽苗菜问题的相关互动（前期启蒙和种植的指导）
教授	专业问题的技术指导，参观时讲述
科学老师	孩子在校时观察和养护的指导（后期的养护的指导）

从导师团的分工不难发现，不管是老师、家长还是专家，所有的活动都是围绕学生展开，共同目标是指导和关注学生在此过程中的每一个环节。

从儿童的生活实际出发，在孩子关注的问题上找到可开发研究的课程，教师、家长和社会资源融合一起，多方沟通，为孩子们量身定制"爸爸的有机芽苗菜"班级课程，是一次有效的尝试。未来还会继续开放适合孩子发展需求的班级定制课程。

不一样的课程，多项活动串成一主题。"爸爸的有机芽苗菜"课程，先后经历了课堂启蒙、参观感受、栽培种植、观察记录、分享交流、评价延伸等多个活动，活动场合多次转换，活动形式有分散有集中，活动氛围有安静、有活泼，所有活动的开展始终围绕"有机芽苗菜"研究一个主题。

不一样的课程，课程指导老师"众多"。这是学生第一次感受到，整个学习过程中，有不同的老师进行专业的指导。每天中午，一吃过饭，孩子们就迫不及待地把自己的芽苗菜搬到太阳光下和自己一起晒太阳，边晒边聊。聊天的内容主要集中在芽苗菜水多水少、苗黄苗绿、苗多苗少这些话题。他们很奇怪的是：语文老师和科学老师会跟他们一起"聊天"，在聊天中，他们的观察越来越专业，描述越来越精准。当然，他们的老师还有"李老师"（小李爸爸）和"教授爷爷"。

对教师而言，课程的开放性，拓宽了教师课程开发的思路。"爸爸的有机芽苗菜"课程，给我们提供了一个深挖家长资源、用好用实家长资源的案例。基于低年级学生的表达能力有限，我们尝试进行了空间和时间都无约束的敞开式的、闲聊式的指导方式。课程最后以开放性的多元评价来引导孩子表达自己的收获。孩子们或用幼稚的拼音描述，或用照片加简短文字来表达，或用尺子量一量，或品尝芽苗菜的清香……

3. 意料之外的课程延伸

德国著名的哲学家雅斯贝尔斯在《什么是教育》中写道："教育的本质意味着，一棵树摇动另一棵树，一朵云推动另一朵云，一个灵魂唤醒另一个灵魂。""爸爸的有机芽苗菜课程"亦是如此。

课程最初的参与者是一（5）班的孩子、家长及少数几个老师。他们把孩子们的有机芽苗菜统一放到教学楼转角的走道内，宽敞的环境，方便孩子们观察芽苗菜，也便于给芽苗菜浇水。刚开始，大家对这个新开辟的空间没有特别留意，大家的第一感觉就是，这是老师带孩子们在种东西。可寒冬腊月时节，能长出什么呢？或许是原本大家都没留意的原因，一周后的芽苗菜展示架上，一盆盆芽苗菜展现的勃勃生机，着实惊讶了过往的老师、学生以及进校园接孩子的家长。冬日里，阳光照射下的那抹绿，显得那么美好。慢慢地，有师生、家长驻足停留，观赏芽苗菜。当他们听到这是可以放心吃的芽苗菜后，他们对芽苗菜的关注更多了，更让他们惊奇的是，芽苗菜收割一茬后，过一段时间还会再长出来。

一些追求"健康饮食"的老师，开始了在家自己种芽苗菜的研究，不时与科学老师探讨种植要点；中高年级的孩子们，也开始在课前课后询问科学老师，那些从没见过的芽苗菜品种：松柳、油葵、麻豌豆……看看每每经过芽苗菜展示架都要多瞧几眼的孩子,科学老师也在思考:如何将"有机芽苗菜"课程倡导的健康理念,传递给更多的学生?

基于对"爸爸的有机芽苗菜"班本课程的思考,考虑到其他年级的学生对芽苗菜的好奇与关注,科学老师首先拓宽参与芽苗菜研究的"面",让更多学生知晓有机芽苗菜的健康理念。先后通过以下方式,有以下学生参与了芽苗菜课程的体验式研究。

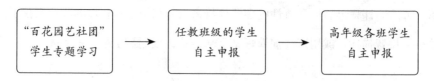

科学老师全程参与到学生的体验过程中,在每个细节上给予指导。所有参与的学生经历了准备有机基质—播种—浅埋—浇水—观察记录—收割芽苗菜—品尝芽苗菜的过程。学生经过比较枯燥和漫长的观察期,最开心的就是在阳光下"收割"芽苗菜了。

随着有机芽苗菜课程研究的不断深入,老师们也在为一件事犯愁:一方面,每开展一期芽苗菜课程研究,就需要较多的有机基质;另一方面,每一期芽苗菜收割后,剩下来芽苗菜的根和有机基质就没用了。小李爸爸知道后,赶紧给老师们"支招":这些剩下的芽苗菜的根和有机基质,可以通过堆肥的方法,实现有机基质的反复使用。经过小李爸爸的指导,科学老师通过堆肥,实现了有机基质的自给自足,再也不用购买有机基质了。

艺术博士的"立起来剧场"

物型课程理念指引下,我们基于儿童身心发展需求、兴趣倾向以及经验与能力,为每一个儿童设计的个性化课程。让孩子们在艺术的世界中,朝向生命最美好的天地去发展。

艺术博士的"立起来剧场"课程传递的价值意义在于支持学生的审美发展、生命成长。在这里我们遵循儿童天性，尊重儿童个性，从儿童的兴趣出发，通过丰富多彩的社团课程，让他们的艺术水平和修养得到更深一层次的提升和发展，创意思维得到极大的拓展。同时，也为他们提供绽放自己个性的精彩舞台，让孩子们在成长的光影里，在艺术的世界中，发现自己、认识自己，在最适合的课程里遇见最美的自己！

什么是立起来剧场？

"立起来剧场艺术统整课"从安徒生儿童文学奖得主曹文轩先生笔下的文学形象"菊花娃娃"出发，借助校园天然物型场，致力于从儿童戏剧和建筑学启蒙的角度，培养学生整体思维能力和艺术通识素养。由艺术博士牟艾莉老师参与课程策划与引领。这里所说的剧场课不等于简单的表演课！它是一门综合的艺术，涵盖了多个艺术门类，是一个神秘的"容器"，通过创意绘画、手工、编写故事等多种表现形式，启发孩子关注当代问题，面向未来思考，让他们具有设计师思维，进行个性化创作。立起来剧场，它不是一个现实意义的剧场，而是一个思想的剧场。

在课程实施过程中，我们从四年级孩子中精心选拔了对这个课程感兴趣、艺术表现力强、语言表达能力佳的24名学生，以项目式小组的形式组成学习共同体，利用每周三下午的时间，进行集中授课学习。

名牌设计源于多彩的空间灵感

社团成立了，它是不是该有个性鲜明的名牌呢？百草园的翠绿葱郁、香水月季的五彩缤纷、鸢尾的摇曳生姿……交流、构思，校园的一草一木打破孩子的思维定式，激发了他们的创意灵感。于是，下笔……引导孩子们笔尖飞扬，在艺术的空间里，摈弃了一笔一画写规范字的要求，不是写字，而是奇思妙想地来画字。字中有画，画中有字。字体变化丰富，亭亭玉立的荷花、朝气阳光的向日葵、郁郁葱葱的大树、弯弯曲曲的藤蔓、奋力生长的小豆苗、胖嘟嘟的毛毛虫，这些校园中常见的物，耳濡目染的型，就这样成了笔画的一部分，万物日常的形态潜移默化地浸润着孩子的观察与学习，成为孩子内心无声的艺术表达，是他们笔下对艺术的独白。每个字不再是纯粹的"字"，每个字就是一幅画、一个具有情景性的故事！立起来剧场，从设计名牌开始，让课程变成美丽的"火花"。

原创形象有了广阔的背景

曹文轩笔下的108个菊花娃娃是"立起来剧场"的原创形象，在"立起来剧场"这个舞台上，它可以无限地生长、衍生、绽放，去撬动起学生的梦想世界。为了让故事更加丰富，课程导师引导孩子寻找菊花娃娃生动的活动背景，到小溪边去，到草地上去，到花丛中去，樱花雨下起来，睡莲醒过来了，孩子们带着菊花娃娃走入校园实景场，不仅设计出了画面，孩子们还编写了语言故事，有了绘本的元素。每个娃娃身上都有一个独特的菊花标志，生动的画面刺激了学生创作的热情，每一个原创形象，都充满着孩子们特有的艺术畅想。孩子们还把制作好的场景带进百草园，创编了跌宕起伏、趣味横生的故事，讲给更多的孩子听。通过浸润实景的创造性艺术创作，让原本简单的符号，变成了一个个具有生命力的故事，孩子们用自己独特的艺术语言，找到适合自己的创作方式，引起欣赏者的共鸣。

多种物型给予多角度捕捉灵感的可能

富有创造性的设计思维，是在一个基本框架下的突破和颠覆。在常规形式下，突破常规，表达个性化的艺术语言，于是，同样一根斜枝、同样一个树影、同样一滴水珠，会让你联想起怎样的画面呢？课程导师引导孩子们观察、想象，让它转变思维角度，也许它可以是立起来剧场某个原创人物隐藏起来的更大物体的局部，可以是身体的某一部分，还可以是原创背景中动物、植物、景物、生活用品的组合……激发学生的发散性思维，简单的一片叶子变成了温馨的大床，一方阴影变成了一座城堡，变成了宇宙星球，变成了军事潜艇，变成了发射成功的嫦娥一号，甚至变成了正拿着钢笔写信的手……就这样奇思妙想着，他们创作的画面绝非是我们成年人眼中模式化标准化的"精雕细琢"，甚至不够完美，但都是他们内心世界的真情流露。儿童就是儿童，孩子们的好奇心、探索精神和创造力，都洋溢在了画面中，这才是他们应该表达的东西。

用艺术创造"无用"之物

艺术来源于生活，又服务于生活。每天，我们还会产生很多"无用之物"，对这些"无用之物"，如何让它们获得"重生"？在"立起来剧场"课程中，引导儿童从兴趣爱好出发，创造体验式活动去观察、研究、创造世界。于是，一个个盒子故事就诞生了。孩子们收集了很多生活垃圾盒：牛奶盒、快递盒、饼干盒……包装一下，涂上绚丽的颜色，再画画剪剪贴贴，奇思妙想，把它们变成了各种各样的卡通造型，各式地贴形象，各种立式小景，给予校园空间更多的色彩与变化，更丰富的校园景观，更生动的校园故事。孩子们凭借他们的天赋，构想奇妙生动的世界。

创意家庭情感关爱故事《谁来陪陪我》，就是孩子们利用生活中废弃纸盒和彩纸来制作，剪剪贴贴画画，并把文字故事，用制作的一个个纸箱实物场景来再现。他们用双手搭建了一间间不同场景的小房间，制作了一件件不同的家具，摆上了一个个不同的装饰。尺寸的大小、前后的距离、色调的和谐、人物的穿插……孩子们都会在细节上反复讨论斟酌。

制作探讨的过程中，孩子的审美教育和情感教育也得到了升华。变废为宝，无用之物大有作为。

艺术博士的"立起来剧场"借助校园丰富的物型，构成了广阔的生活背景，孩子们通过多角度观察，激发发散性思维，灵感就闪现奇妙的火花，孩子们的思想就在这样的艺术创作中不断地播种、生根、发芽，逐渐枝繁叶茂，创造性思维正在起飞。

作家的文学课

校园,理当氤氲书香。张家港市实验小学,一座小径分岔的园子,一种叫书的植被欣欣向荣,那是一座花和植物的王国。花,次第开;书,一本本地盛放;书房,一间一间地生长。

当阅读经由书、读者与创作者之间,再沉浸于大自然美好的环境场域中,必将产生一种深远的联结。它让学生走入文字深处,让时空巧妙交汇,让创造在自由里无限延展。更美妙的是,它能反推环境场域,通过丰富的实践,不断生长出与阅读更加熨帖、更加深厚的课程来。

"作家进校园"这样的课程,专为儿童的阅读特点定制。它潜入学校的百草园、三味书屋以及各大"书房",它帮助儿童更深入地走进作家、作品,触摸到文字的温度。学校与"新华书店""张家港市作家协会"等合作,定期邀请学生喜闻乐见、耳熟能详的作家进入校园,聆听他们对文学作品的解读,了解他们在文学创作时的心路历程,感受文学的魅力。

课程活动开展以来,三校区迎来多位知名作家与学生面对面。

著名儿童文学作家、国际安徒生奖获得者曹文轩教授带着他的新书《蜻蜓眼》走进张家港市实验小学,走近每一位师生,开启了一场关于"中国故事,人类主题"的文学分享盛会。他以巡回演讲的形式在南、东、北三个校区做了精彩讲演。"阅读,可以让你成为有境界的人;阅读,可以让你成为动作优雅的人;阅读,可以让你成为高贵的人",曹教授以讲故事的方式将阅读的涵义娓娓道来。讲座以外,曹教授还给实小留下了墨宝——"书书成阶,步步登高",勉励孩子们不断阅读,登上更高的山峰,拥有更远的视界。

著名儿童文学作家梅子涵先生来到学校,呈献了一场关于读书、关于文学、关于生活的精神饕餮。梅子涵先生给孩子们讲了三个老故事,都是发生在战火纷飞的年代,那时的人们物质无比缺乏,但因为对阅读的热爱,在书籍的滋养下,精神却依然高贵。精彩的讲述感染了在场的每一位师生，并领悟到"读书，能让人的脚步走到更远的地方去，能让人的心灵穿越无法克服的障碍"这句话的含义。梅子涵先生精彩的读书故事，不仅在场内发生化学反应，引发对故事、对战争、对生活的思考，更像一剂催化剂，激起了大家对于文字的浓厚兴趣，以及写好故事的积极探究。

苏州市作家协会会员、著名作家燕玉梅走进学校，为三到六年级的家长们做题为《打开写作的"黑匣子"》的专题讲座。活动中，燕老师以鲜活的事例、生动的语言引导家长科学指导孩子阅读，建议家长重视孩子的"旅行"，在旅行中观察身边的人、事、景、物，不断丰富孩子的生活阅历。在孩子的心中播撒下读书的种子，激发孩子们阅读与写作的热情。燕玉梅老师还为我校精品社团"阅读与写作"班、"辩论社团"和部分爱好文学创作的学生讲述了一堂主题为"少年梦、中国梦"的童话写作指导课。在老师生动活泼、风趣幽默的点拨下，文学的种子在孩子们心中悄悄地萌芽。

著名儿童文学作家、资深编审、心理咨询师保冬妮老师在"世界读书日"来到了校园，给孩子们讲述《如何写出心中最美的童话》。冬妮老师结合自己的作品娓娓讲述，同学们静静聆听，默默笔记……在她的讲述中，同学们知道了写好童话是有方法的："天真的目光、优雅的情感、深邃的思想、独特的表达"是写好童话的秘诀，"奇异与荒诞之境"是童话故事的审美品质，"象征与隐喻之美"是童话与生俱来的美学特质。

著名作家、中国寓言文学研究会副会长兼秘书长安武林老师在丹桂飘香的日子走进学校，带来一场"让文字更响亮"的精彩讲座。安老师的讲座趣味盎然，从贫寒的童年时代开始，娓娓道来，幽默风趣。"我们的阅读和写作要有灵性，要体现文字的灵性，要让生活更有意思！写一个人，就要抓住他与众不同的特点……"安老师的讲话没有华丽辞藻的修饰，话语间却带着一分亲切，一分淳朴，让人自然而然地领会其间蕴藏的道理。安老师的作品充满童心、童真和童趣，他撰写的系列书籍，总是牢牢吸引孩子们的目光。他们驻足良久，静静阅读。遇见是一种力量，实小学子们与安老师的这次美好遇见,像阳光照耀进孩子的心田,给予他们不断向上的生长力量。

张家港市本土作家任文浩老师也被邀请到"范贤讲堂"。作为"三味讲堂"第一任"堂主",任老师与学生共读曹文轩的经典作品《草房子》。他说:"一个人其实永远也走不出他的童年",十分耐人寻味。关于作品、关于阅读,任文浩老师和孩子们从作品的内容到人物的性格再到作家的写作特色,一一道来。通过这样的交流与对话,学生不仅把书读懂了,更把作者也读懂了,并触类旁通,学到了很多阅读文学作品的方法。

以"作家进校园"为媒介,"学校定制课程"——阅读课程不断生长,与此同时,物型课程也在不断丰富。

就像一束光亮,每一个走进书房的人都在用书香点亮着孩子们思想的灯塔。孩子们遇见书,走进书,喜欢书,以至于纷纷开始写自己的书。于是"我的世界是一枚果实"30本原创书有了,他们可是"儿童定制课程"模块下物化的产品。梅子涵先生为这些书写了序,曹文轩先生题词:书书成阶,步步登高。对于孩子们来说,这30本原创书意义非凡——这是第一本属于自己的原创书,第一次获得版权认定,第一批被张家港市档案馆、图书馆收藏的小学生作品。这些原创书籍将永久收藏在实验小学的三味书屋里,与世界各国大师的作品比肩。这也是三味书屋的镇馆之宝。以后的每一年,第二季第三季原创书也已经像绿树繁花一样,满园生长。

每一个书房里,一期一期如火如荼地开展着各种创意阅读活动。"分享,阅读的温度"好书推荐活动、"读《不一样的卡梅拉》,成就与众不同的自己"创意阅读活动、"我与书本比身高"创意阅读活动、"一卷春风"阅读大会……学生推荐书柜、私人订制书柜和原创书柜是特色阅读活动。每次推荐主题都不一样,有"漫画的世界""动物王国""为你读诗"等,由各班孩子推荐最有意思的主题书籍,汇聚在一面书柜上,交流分享。不同的主题,相同的目标,孩子在有声有色的阅读活动中成长、收获。

"一卷春风"阅读大会,依托"阅读灯"项目,给孩子们一个坚持阅读的支撑,给家庭一个亲子阅读的时光,给孩子们一个美好的阅读童年。在阅读大会上,各校区的学生纷纷亮出自己的书单和阅读成果进行阅读冲榜,根据自己的阅读书目,进行各种分享:摘抄、讲故事、思维导图等。活动中共有 2 000 多名学生进行了阅读思维导图的绘制,评选出 300 位阅读小达人,并展示了自己的"三味小书房",跟大家分享了自己的阅读故事:诚信购书、生日书吧、讲故事比赛、好书推荐、"我与书本比身高"、辩论赛……

这是物型课程与阅读课程交汇融通的力量。针对儿童在语文课程学习、课外阅读积累和文化素养提升中的不同需求,实小的园子还会生长更多的物型文化,"范贤讲堂"还将进一步打开大门,迎来更多校外的作家、学者,感受课堂以外的惊喜与满足。相信,每一个儿童,会拥有更富足的精神世界。

体育教练的游戏

学校的百草园以"儿童中心、游戏精神"作为文化元素,让环境成为游戏的资源,激发儿童游戏的冲动,洋溢着独特的游戏魅力,是一个绝好的课程资源,是一个天然的课堂。由体育教练开发的游戏课程在这样一个有利于张扬个性的"学习场"中,将体育课程与校园自然环境融为一体,把学生带离教室,来到"百草园",结合运动技术特点及学生的能力,利用校园现有环境资源,创设安全、趣味、有寓意的体育游戏,模糊了课堂和游戏的边界,学生的个性在宽松、自然、愉悦的氛围中得到释放,在自由自在而又奋发进取的氛围中展现生命的活力。

呼吸大道、湖上双桥、童心迷宫、时光隧道……一处处专为儿童设计的场景,为童年提供了不同的游戏角落、多元化的空间体验。这个空间还有种种关乎游戏精神的考量与打磨。喜欢游戏是孩子的天性,在这个场景下的体育课堂可以唤醒儿童内心深处的野性,可以让每个孩子都能发自内心地去动,去玩,去蹦,去跳,这样体育才能成为他们真实的一种生活方式。

游戏在"呼吸大道"——创意图形跑

校园里的路,会呼吸。走在路上,你会看见,细长的绿色生命线;会看见,在每一个季节都盛放的花田。孩子们说:"水泥路不见啦,来到童话世界啦!"

创意图形跑,就是沿着"呼吸大道"绕花坛进行图形跑,通过图形跑的轨迹记录下来,轨迹生成的"S"形、"O"形、"Z"形、"W形"等图案,对孩子们产生了强烈吸引力,吸引越来越多的孩子积极投身到跑步中来。孩子们席地而坐,你说我画,根据图形跑的难度来设计,而主导设计的过程,就是创作过程,不断实践,不断优化,孩子在这个过程中的感受不是像跑步那么单一,这也是创意图形跑带给他们的最大乐趣和收获。

游戏在"湖上双桥"——欢乐蹦蹦跳

在百草园的"湖上双桥",看似布局很随意,一块块错落有致的石块,成为孩子们欢乐蹦蹦跳的游戏区域。低年级的孩子,三五好友边唱儿歌边玩着:"捡石头,丢石头,跳呀跳房子。左脚抬,右脚跳,转了一圈换脚跳……跳来跳去,一块石块,就能度过欢乐的午间时刻。""我先跳完了,我赢了!""单脚、双脚……哈哈哈"中年级孩子的欢笑声,在这片场地上自由组队,自主设计各种图形运动,按照商量好的规则开展双脚夹住沙包跳、两个伙伴手拉手合作跳。无论是传统的还是经过创新设计的跳房子游戏,都让孩子们的运动能力和同伴沟通能力得以发展。孩子们在游戏中锻炼了协调能力和平衡性。校园里多了这一小块乐土,学生的笑声多了,身体好了,合作交往能力也在玩耍中渐渐提高。谁说游戏不是锻炼不是教育呢?

游戏在"童心迷宫"——趣味钻钻钻

一棵棵一人多高的树木围成了一座绿色迷宫，平时是孩子们探险、捉迷藏的好去处。用一点带游戏精神的眼光去看，它就是一座精心设计的学习场所。如果说"玩"是儿童的天性，那么如何让学生在"玩中学"，如何在教学中渗透游戏化元素，通过"玩"激发学生的学习动机，使他们在"玩"的过程中自由、快乐地学习和探索？

郁郁葱葱的珊瑚树、错综复杂的道路，都是迷宫的组成部分。孩子们身临其境，走进了现实版的《迷宫探险》游戏。一个个孩子钻进满目绿色、清新怡人的树林中，专注于树木的形态、路上的小草、地上的石头，沉浸于如何找到出路。"这边没路，退回去，再找出口……"你一言我一语，孩子们的眼睛、大脑、双手一起动起来，讨论破解迷宫。这个游戏过程，提升学生学习的积极性和主动性，丰富孩子的视觉和解决问题的能力，其实质是在"设计交互"的学习过程中获得学习的成就。

游戏在"时光隧道"——花样爬爬乐

"时光隧道"是每一个孩子的花果山和水帘洞，除了幽暗弯曲的隧道，更让孩子们感兴趣的还是那一座高低起伏的假山，攀爬、登高，像小猴一样灵活，像小鹰一样无畏，他们尖叫、跳跃、穿梭、躲藏，快乐地大笑，一个个都是撒野的顽童，自然地沉浸其中。

来吧！孩子们，伸伸手臂、弯弯腰，蹬蹬腿，"爬爬乐"游戏真有趣！"向左爬、向右爬，手脚交替向前爬，爬到假山翻过去，沿路返回就 OK"。玩耍、游戏是儿童的一项权利，在游戏中体验与同伴参与体育游戏的快乐，锻炼孩子爬行的技能，克服对黑暗的恐惧心理，锻炼全身协调能力。

他们的这种权利只有得到尊重和呵护，百草园才能成为孩子向往与留恋的精神家园，它弥散的魅力才会成为萦绕在孩子心头永远的温馨回忆。在这里，学习不再局限于课堂，课程不再一成不变，任何情境都变成了孩子自我体验、自我探究、自我反思、自我成长的空间。

生命价值的独特体验，旨在激发学生的主动性和创造性，使学习成为一种奇妙的旅行，抵达孩子的灵魂深处。通常我们成人做事注重"有意义"，儿童则关注"有意思"。北京大学教育学院副院长尚俊杰一直在研究推广基于学习科学视角的游戏化学习。他认为，游戏的三层核心教育价值游戏动机、游戏思维、游戏精神，其中游戏精神是最具价值的，强调学习者以对待游戏的精神和态度对待学习的过程和结果。"三者的核心联系就是高效学习的深层内在动机。"尚俊杰说："游戏化体验式学习正在改变我们的教育。"

在实践领域，已经诞生了一批"让学习更有意思"的教学创新成果。把整个校园变成了一座可体验、可扫码的课程馆，让学生在游戏中学习，取得了可喜的成果。学生只有在"有意思"的学习中，才能更好地抵达"有意义"。

第七章 展望——浑然一体的教育

清晨,当一个儿童走进校门,我们应该意识到,他不只是来学习的,他还是来生活的。

当小学成为儿童生命与生活周期中的一个重要部分,我们不禁追问:什么是小学?小学究竟应该干什么?这两个问题是所有学术的起点,也是理想出发的地方。小学和大中学幼儿园有没有区别,它值不值得作为一个独立的周期来区别对待?

小学是整个童年生活的载体。小学的珍贵在于它是人生一个极其宝贵的、特殊的生命周期，它盛放于整个童年。因此，我们谈小学教育核心一定是基于童年，围绕童年，把周期缩小到童年上来。

那么，童年又是什么？童年，埋伏着人生最重要的线索。无论人格、性情、智趣、行为习惯和思维方式，童年都起着为整个人生奠基的作用。童年时代的孩子最该追求的，并非知识，而是幸福感，是带着幸福感去生长，是个性化和有创意的生长。小学应该专注"人"的发育，是种子和基因，是为生命的前途和远景而储备下宝贵的"线索"。

为童年，究竟该设计怎样的生活？既然整个人生的童年几乎都是在小学阶段度过，那么小学要考虑的，就是如何提供一套完整的和童年相匹配的生活系统。

2018年始，张家港市实验小学正式提出具有战略意义的学校宣言：过正常而积极的童年生活。让每一个孩子正常地生长，积极地成长。用"生活"来托举课堂，用"生活"来孵化教育。我们必须寻找和童年相适应的、匹配度更高的教育内容，搭建舒适度、自由感、成长性更高的生态环境和童年秩序，构建浑然一体的教育生活生态。

解放心灵：一个人，永远不要停止对自己的想象

叔本华有一个哲学表达："世界是我的想象。"刘慧校长由此引发自己的思考："一个人，永远不要停止对自己的想象。"

停止，意味着闭塞，意味着终止了生长和更新的欲望，停止了那种叫"追求"的东西，精神上不再做深度的思考和探究，早早地给自己的知识结构和精神世界划了句号……

想象，是儿童的天性。天马行空、思想驰骋是他们不自觉就有的意识形态。让儿童葆有想象力，才能激发更多的创造力，为儿童适应这个多元变化的时代培养未来素养埋下线索。

"一个人，永远不要停止对自己的想象"是对儿童的深情召唤。鼓励儿童大胆地接触丰富自然的生态环境，与这个物物相关的世界发生奇妙的反应；唤醒儿童自由生长的思维，体验想象的灵动；支持儿童敢于挑战权威，通过自己的观察、实践、研究，支撑自己的猜想与发现。

"一个人，永远不要停止对自己的想象"应该成为教师的自我警醒——"超稳定状态""温水煮蛙""日复一日地自我重复""靠惯性料理职业和人生"……固化了的生活是否关闭了想象的时空，掩盖了一个事实：作为教师，我们是否早已停止了对自己的想象，或者我们的想象力正在大幅度衰弱。

对于自己的现状，教师是否满意？是否应有另一个状态的自己？无论于职业，于人生，于家庭……苏格拉底告诉我们：未经审视的人生是不值得过的。

审视自己的现状，寻找适合自己的方式，激发、激活工作与生活的动力，重拾想象的羽翼。譬如，用阅读的方式，搭建精致的语言系统，提升审美能力，正视价值观……譬如，组建一个项目团队，开发、研究系列兴趣课题，关于生活，关于教育，主题不限。譬如，也如学生那样，来一场研学……生活会因此而打开，打开是一种状态，一种心态，是一种接纳、尝试、改变。

自我选择：也是"相互成全"的故事

当教育新概念像丛林一样深不可测，教育该以怎样的姿态面对孩子？教师，又该选择怎样的教育生活？这将直接影响人的成长、生命的质量。我们相信梭罗的话：人类无疑是有力量来有意识地提高自己的生命质量的，人是可以使自己生活得诗意而又神圣的。

不是去对抗，也不是消极地等待钢筋水泥的丛林自己会长出绚烂的花朵，而是要清醒地去做点儿什么，人生在世，总要有所追求。每个人都需要认真追寻自己人生中最重要的事情。

作为教师，必定是自己先有了心灵空间，才能容纳他人的空间；美、爱、善……只有自己拥有它们，才能传播并渗透到教育的过程中。作为学生，要心中有梦、善于接纳、敢于突破，每个孩子都是派往成人世界的天使，他们都可以长成自己想要的模样。

教师们要安静下来，选择做动人的事情。眷恋玫瑰的教师，带领一个班的孩子一起种玫瑰，播种、观察、临摹、写作，一朵玫瑰花发展成了一个精致的微课程；喜欢诗歌的教师，领着孩子沉入诗性的伊甸园，读诗、品诗、写诗，每年春天举办一场"百草园的诗会"，每一个平凡日子都过成了诗；钟情小动物的教师，送每一位孩子一只小仓鼠，喂养、观察、拍照、写作，小仓鼠的课程持续了整整一年，一个晴朗的午后，她和学生抱着仓鼠晒太阳，当一只仓鼠窜入下水管道，那紧趴草地、卷起衣袖去活捉仓鼠的画面，定格成了最生动的课程事件；一群青年教师组建的"夜读"团队，每月一聚，在学校的三味书屋，在城市的文艺空间，在古老的香樟树下，品读专著，分享教育，每位参与者都保持着内心的诚实、精神的诚实，经历一场又一场时间、空间和所有感官都合而为一的体验。

学生会投入进去，做这场花园叙事的主角。他们在这个园子里发奋研究，发现植物、动物的百变生态，也发现它们之于这个世界的价值意义，去探究它们的生长和生活，去设计自己的学习系统，以发展自己为第一要素；他们在这个园子里浪漫诗意，落雨成诗，飞叶成画，秋有凉风冬有雪，邂逅"汪曾祺门外的花"，赏读蒋勋《生活美学》，一种烙印在骨子里的高雅性情，可以在这一刻悄悄萌芽，成为人一生幸福的线索；他们在这个园子里欢腾热闹，设计有仪式感的节日生活、庆典活动，寻找到一条打通教育和生活的艺术之路，追求并享受正常而积极的童年生活；他们，让老师从不停下奔跑的脚步，学习、阅读、研训，教书、育人、生活，只为"配得上"与你共处，共成长。教师忙于事但专于事，虽专于事却了于事，他们调整心灵的节奏，丰富心灵的"内部视觉"，提升心灵的光线。

教育，就是一个人与人、人与物相互成全的美丽故事。

积极生长：校园生活的美好节律

从某种意义上说，生活的美好在每一个日常，是一种润物细无声的感觉，像呼吸一样浸透在每一个人的小日子里。

在这样的生活里，每个人都会有一种创造美好的心境。正如教育家叶圣陶所说的："养花兴趣并不专在看花。种了这小东西，庭中就成为系人心情的所在，早上才起，不觉总要在那里小立一会儿……在这样小立静观的当儿，却默契了生之力了。"当更多人感受到这种生长的力量，他们会甘心情愿地去追寻。那枝头含苞的花已经不仅仅是一朵花，它可以让人举手投足变得优雅，愿意为了它的开放而驻足停留；枝杈间更多的"喂鸟器"与"柿子"，是人与动物之间的和谐与允诺；随手播下的种子，那是一种生命形式对另一种生命形式的尊重与期盼。当他们积攒了足够多的美好的小日子，生活就不是一般意义上的"生活"了，启迪性的事物随时都会发生。

生命之力的蓬勃就在启发着人成长的积极性，而积极是一种向阳、向光的美好。儿童的兴趣爱好、个性发展会在这一刻得到正向爆发的力量，他可以去进行不同的尝试，可以去思考自己的选择，可以去分析自己的擅长，可以去辨识自己的内心，他所获得的每一次允许与肯定，都会成为最终喷薄的分子，催生用心珍藏的自信。当他的成长更加朝向生动与主动，他们的心灵就会得到解放：也许坚持去发现自己善于研究的昆虫世界，或者去挖掘自己擅长写作的潜能，也可以尝试去鉴赏原本并不熟悉的画作，或许去聆听乐声背后蕴含的思想与情感。每一种解放，或许都是在播种，播下关于未来、关于成长的线索。

同时，作为孩子偶像的教师、孩子心目中的成人标本，其本身所携带的基因，在儿童世界中更显重要。《童年的王国》扉页上有一句话一直在提醒我们："孩子不是学你说什么，甚至不是学你做什么，而是学你真正是什么样的一个人。"那么，教师的精神状态、幸福能力、生存表情就决定着教育表情，教育表情也就决定着孩子的表情。因此，教师在日常生活细节中的表现特征，从衣着到气质，从言语到行为,甚至一个表情、一种习惯的存在,或许都将被孩子潜移默化地吸收。这将直接影响着孩子对成人世界的判断和看法,也会影响孩子自身的成长与完善。因此,教师真、善、美的价值导向,端、勤、毅的行为习惯,暖、爱、诚的内心表征,都将成为美好的童年记忆,将会陪伴孩子积极生活。

积极生活,是我们的一种态度。这种积极聚核精神的欢乐,携带对美好的无限向往。

教育家杜威说:"教育即生活。"当每一棵树被赋予价值的琼枝,每一株草自带审美的露珠,每一朵花携来独特的言语。当学习成为每一个人主动的求知方式,成为自我的完善与完美,成为生活的一部分,教育将不再僵硬、冷漠、功利,人将不再狭隘、孤独、无绪。柔和、随性、自然发生的教育是一种浑然一体的教育,它是现实的正在进行时,更是一种教育理想,一种教育的情怀。

后 记

近几年来,张家港市实验小学教育集团总校(三校区)作为江苏省基础教育前瞻性教学改革实验项目(重大研究项目)"物型课程建设的研究与推广"的"执行学校",根据总项目组的统一部署,积极引领基地学校开展主题性研究,定期召集联盟校成员召开项目推进会议,交流项目成果,解决研究问题,形成研究合力,取得具有独特价值的研究成果,并对项目建设的"基地学校"以及"参与学校"发挥研建与实施的示范辐射作用。本书的内容是我们对项目建设的阶段性总结。

在江苏省教科院教育发展研究中心主任张晓东博士的指导下,本书由教育集团总校校长刘慧整体构思、统筹协调,并对书目章节撰写进行指导。在南校区李云华、蒋秋华、季鹞蓉、陈凌云的带领下,对相关的研究成果进行细致梳理,并对形成的书稿反复修改。

全书共分七章。第一章由刘慧、何建军、李云华、蒋秋华、陈凌云、郑艳、仇瑜芳、季鹞蓉共同编写,第二章由朱妍、仇瑜芳共同编写,第三章由蒋秋华、郑艳、仇瑜芳、李娜、邵慧娟共同编写,第四章由赵敏、陈喜燕、黄丽华、钱文君共同编写,第五章由郑艳、仇瑜芳、何湘、薛秋勤、张爱珍、赵晓燕共同编写,第六章由何湘、季鹞蓉、蒋秋华、陈喜燕、孔蕾、许峰、陆李萍、陈海虹、鲍丽芬、陈娟共同编写。同时也感谢徐丽花、王红娟、方丽敏、徐艳、许艳、徐蓉、蒋楠等老师的参与。

限于时间的仓促和撰写者能力的局限,书中缺点、错误在所难免,敬请批评指正。

张家港市实验小学
2020 年 6 月